国家社会科学基金（教育学）重大项目（VDA200004）阶段性研究成果
北京外国语大学"双一流"建设标志性项目（BW202018）阶段性研究成果

"一带一路"国家文化教育大系　　　　总主编　王定华

蒙古国
文化教育研究

MОНГОЛ УЛСЫН
СОЁЛ БОЛОВСРОЛЫН СУДЛАЛ

刘迪南　黄莹　著

外语教学与研究出版社
FOREIGN LANGUAGE TEACHING AND RESEARCH PRESS
北京 BEIJING

图书在版编目（CIP）数据

蒙古国文化教育研究 / 刘迪南，黄莹著 . -- 北京：外语教学与研究出版社，2021.4
（"一带一路"国家文化教育大系 / 王定华总主编）
ISBN 978-7-5213-2609-3

Ⅰ. ①蒙… Ⅱ. ①刘… ②黄… Ⅲ. ①教育研究－蒙古 Ⅳ. ①G531.1

中国版本图书馆 CIP 数据核字（2021）第 080708 号

出 版 人	徐建忠
项目负责	孙凤兰　巢小倩
责任编辑	巢小倩
责任校对	孙凤兰
装帧设计	李　高
出版发行	外语教学与研究出版社
社　　址	北京市西三环北路 19 号（100089）
网　　址	http://www.fltrp.com
印　　刷	北京盛通印刷股份有限公司
开　　本	787×1092　1/16
印　　张	23.75
版　　次	2021 年 6 月第 1 版　2021 年 6 月第 1 次印刷
书　　号	ISBN 978-7-5213-2609-3
定　　价	168.00 元

购书咨询：(010) 88819926　电子邮箱：club@fltrp.com
外研书店：https://waiyants.tmall.com
凡印刷、装订质量问题，请联系我社印制部
联系电话：(010) 61207896　电子邮箱：zhijian@fltrp.com
凡侵权、盗版书籍线索，请联系我社法律事务部
举报电话：(010) 88817519　电子邮箱：banquan@fltrp.com
物料号：326090001

"一带一路"国家文化教育大系编写委员会

顾　问：顾明远　　马克垚　　胡文仲

总主编：王定华

委　员（按姓氏音序排列）：

常福良	戴桂菊	郭小凌	金利民	柯　静	李洪峰
刘宝存	刘　捷	刘生全	刘欣路	钱乘旦	秦惠民
苏莹莹	陶家俊	王　芳	谢维和	徐　辉	徐建中
杨慧林	张民选	赵　刚			

"一带一路"国家文化教育大系编审委员会

主　任：王　芳

副主任：徐建中　　刘　捷

秘书长：孙凤兰

委　员（按姓氏音序排列）：

蔡　喆	柴方圆	巢小倩	陈秋实	刘相东	刘真福
马庆洲	彭立帆	石筠弢	孙　慧	万作芳	杨鲁新
姚希瑞	苑大勇	张小玉	赵　雪		

蒙古国巴彦乌列盖省阿尔泰塔弯博格多国家公园

蒙古国国家宫

蒙古国现代文学奠基人 D. 纳楚克道尔基塑像

蒙古国乌兰巴托市居民区的儿童游乐设施

蒙古国幼儿园开展奥林匹克运动主题活动

穿校服的蒙古国小学生

蒙古国小学课堂活动

蒙古国小学生展示作业

蒙古国第五届中学生中国民族舞蹈大赛

蒙古国立大学

蒙古国科学院院士、现代蒙古语奠基人 Sh. 罗布桑旺丹（右）被聘为
北京大学蒙古语教研室主任

季羡林（右）、黄宗鑑（左）与 Sh. 罗布桑旺丹在北京大学

北京大学东方学系教师吴新英（二排右一）参加教育部援建蒙古国立大学汉语培训中心项目

中蒙大学联盟成立大会

蒙古国立大学孔子学院 HSK 考试现场

蒙古国旅蒙华侨友谊学校举办"响铃节"(知识节)暨毕业典礼活动

本书第一作者刘迪南在蒙古国国家图书馆

本书第二作者黄莹（左一）在蒙古国立大学课堂上

出版说明

2013年9月7日，国家主席习近平提出共建"丝绸之路经济带"重大倡议。2013年10月3日，习近平主席提出共建"21世纪海上丝绸之路"重大倡议。两者合称"一带一路"倡议。以2013年金秋为起点，"一带一路"倡议作为构建人类命运共同体的伟大设想，在开拓和平、繁荣、开放、绿色、创新、文明之路的非凡征程中，孕育生机和活力，汇聚信心和期待，在世界范围内广受欢迎和响应。

文化交流、文明互鉴是构建人类命运共同体的人文基础。文化发展，教育先行。作为"共和国外交官的摇篮"、文化教育的主动践行者、"一带一路"倡议的踊跃响应者和构建人类命运共同体的积极参与者，北京外国语大学在党委书记王定华教授的带领下，放眼世界，找准坐标，勇于担当，主动作为，深耕文化教育相关领域，研究、策划并组织编写了"一带一路"国家文化教育大系（以下简称大系）。国内相关高校和研究机构的众多专家学者献计献策，踊跃参加，形成了一个范围广泛、交流互动、共同进步的"一带一路"国家文化教育学术研究共同体。大系旨在填补国内相关研究领域的学术空白，实现"一带一路"国家教育研究全覆盖，为中国教育"走出去"和相关国家先进教育理念"请进来"提供科学理论和实践指导，具有重要的学术价值。同时，大系服务国家重大战略，通过分期分批出版，形成规模和品牌，向中国共产党建党一百周年和"一带一路"倡议提出十周年献礼，具有深远的意义。

作为国家社会科学基金（教育学）重大项目"新时代提升中国参与全球教育治理的能力及策略研究"、北京外国语大学"双一流"建设标志性项目"'一带一路'国家文化教育研究"的课题研究成果和北京外国语大学党委的"奋进之举"，大系秉承学术性与可读性兼顾的原则，对"一带一路"国家文化教育理论与实践问题展开深入研究，从国情概览、文化传统、教育历史、学前教育、基础教育、高等教育、职业教育、成人教育、教师教育、教育政策、教育行政、教育交流等方面，全景擘画"一带一路"国家的教育风貌，帮助读者了解"一带一路"国家教育的历史与现状、经验与特点，为我国教育的发展和对外交流合作提供有益的借鉴、思考与启迪。

肆虐全球的新冠肺炎疫情严重影响了各国人民的生产生活，带来了二战以来人类面临的最严重的全球性危机，同时也再次阐述了人类命运共同体深刻内涵的世界性意义。在疫情防控常态化背景下，大系所有专家学者不畏困难，齐心协力，直面挑战，守望相助，化危为机，切实履行了响应和支持"一带一路"倡议的承诺。在此，特别感谢大系总策划、总主编王定华教授，以及所有顾问、编委和作者的心血倾注、智慧贡献和努力付出。

外语教学与研究出版社对大系的编写和出版工作给予了高度重视。自2019年项目启动以来，外研社抽调精锐力量成立大系工作组，多次组织相关部门和人员召开选题论证会，商建编委会，召开全体作者大会，制订周密、科学的出版计划，以保证项目的顺利开展和图书的优质出版。目前，大系的出版工作已取得阶段性成果，预计在2023年"一带一路"倡议提出十周年之前，将分期分批推出数量和规模可观的、具有相当科研价值和学术价值的系列专著。期望大系的编写和出版能为"一带一路"建设、中外教育交流及我国文化教育发展发挥基础性、服务性、广远性的作用。

外语教学与研究出版社

2021年4月

总　序

王定华

改革开放以来，中国各项事业取得了巨大成就。中国经济和世界经济高度关联，中国一以贯之地坚持对外开放的基本国策，构建全方位开放新格局，深度融入世界经济体系。2013年9月和10月，习近平主席在出访中亚和东南亚国家期间，先后提出共建"丝绸之路经济带"和"21世纪海上丝绸之路"的重大倡议（以下简称"一带一路"倡议），得到国际社会的高度关注。其中，"丝绸之路经济带"东边牵着亚太经济圈，西边系着发达的欧洲经济圈，是世界上最长、最具发展潜力的经济大走廊；"21世纪海上丝绸之路"串起连通东盟、南亚、西亚、北非、欧洲等各大经济板块的市场链，发展面向南海、太平洋和印度洋的战略合作经济带，以亚欧非经济贸易一体化为发展的长期目标。

一、精准把握"一带一路"倡议的时代意蕴

"经济带"概念是对地区经济合作模式的创新。其中经济走廊涵盖中蒙

俄经济走廊、新亚欧大陆桥、中国-中亚-西亚经济走廊、孟中印缅经济走廊、中国-中南半岛经济走廊等，以经济增长极辐射周边，超越了传统发展经济学理论。"丝绸之路经济带"概念不同于历史上所出现的各类"经济区"与"经济联盟"，同后两者相比，经济带具有灵活性高、适用性广以及可操作性强的特点，各国都是平等的参与者，本着自愿参与、协同推进的原则，发扬古丝绸之路兼容并包的精神。

"一带一路"倡议是我国在新时代推进全方位对外开放的重要举措，为当今世界提供了一个充满东方智慧、实现共同发展的中国方案，也是对历史文化传统的高度尊重，凝聚了世界各国利益的最大公约数。丝绸之路是起始于古代中国，连接亚洲、非洲和欧洲的古代陆上商业贸易路线，最初的作用是运输古代中国出产的丝绸、瓷器等商品，后来成为东方与西方之间在经济、政治、文化等方面进行交流的主要通道。1877年，德国地质、地理学家李希霍芬（F. P. W. Richthofen）在其著作《中国》一书中，把公元前114年至公元127年，中国与中亚、中国与印度间以丝绸贸易为媒介的这条西域交通道路命名为"丝绸之路"，这一名词很快为学术界和大众所接受，并正式运用。其后，德国历史学家赫尔曼（A. Herrmann）在20世纪初出版的《中国与叙利亚之间的古代丝绸之路》一书中，根据新发现的文物考古资料，进一步把丝绸之路延伸到地中海西岸和小亚细亚，并确定了丝绸之路的基本内涵，即它是中国古代与中亚、南亚、西亚以及欧洲、北非的陆上贸易交往通道。进入21世纪，海上丝绸之路也被纳入丝绸之路的涵盖范围，即从中国沿海港口过南海到印度洋并延伸至欧洲，从中国沿海港口过南海到南太平洋。随着时代的发展，"丝绸之路"成为古代中国与西方所有政治经济文化往来通道的统称。

推进"一带一路"建设既是中国扩大和深化对外开放的需要，也是加强和世界各国互利合作的需要，中国愿意承担更多责任和义务，为人类和平发展做出更大的贡献。文明交流互鉴是构建人类命运共同体的重要途径，是推动人类文明共同进步、实现世界和平发展的重要动力。共建"一带一路"要顺应世界多极化、经济全球化、文化多样化、社会信息化的潮流，秉持开放的区域合作精神，致力于推动"一带一路"各国实现经济政策协调，开展更大范围、更高水平、更深层次的区域合作，共同打造开放、包容、均衡、普惠的区域经济合作架构，维护全球自由贸易体系和开放型世界经济格局。

"一带一路"贯穿亚欧非大陆，一头是活跃的东亚经济圈，一头是发达的欧洲经济圈，中间广大腹地国家经济发展潜力巨大。根据"一带一路"走向，陆上依托国际大通道，以中心城市为支撑，以重点经贸产业园区为合作平台，共同打造新亚欧大陆桥以及中蒙俄、中国-中亚-西亚、中国-中南半岛等国际经济合作走廊；海上以重点港口为基点，共同建设通畅安全高效的运输大通道。

"一带一路"建设是有关国家开放合作的宏大经济愿景，需要各国携手努力，朝着互利互惠、共同安全的目标相向而行：努力实现区域基础设施更加完善，安全高效的陆海空通道网络基本形成，互联互通达到新水平；投资贸易便利化水平进一步提升，高标准自由贸易区网络基本形成，经济联系更加紧密，政治互信更加深入；人文交流更加广泛深入，不同文明互鉴共荣，各国人民相知相交、和平友好。

"一带一路"倡议是具有开放性和包容性的友好建议。当今世界是一个开放的世界，开放带来进步，封闭导致落后。中国认为，只有开放才能发现机遇、抓住并用好机遇、主动创造机遇，才能实现国家的奋斗目标。"一带一路"倡议就是要把世界的机遇转变为中国的机遇，把中国的机遇转变为世界的机遇。正是基于这种认知与愿景，"一带一路"倡议以开放为导向，冀望通过加强交通、能源和网络等基础设施的互联互通建设，促进经济要素有序自由流动、资源高效配置和市场深度融合，开展更大范围、更高水平、更深层次的区域合作，打造开放、包容、均衡、普惠的区域经济合作架构，以此来解决经济增长和平衡问题。"一带一路"倡议的开放包容性是区别于其他区域性经济倡议的一个突出特点。

"一带一路"倡议是超越地缘政治的务实合作的广阔平台。"和平合作、开放包容、互学互鉴、互利共赢"的丝路精神是人类共有的历史财富，"一带一路"倡议就是秉承这一精神与原则提出的新时代重要倡议，通过加强相关国家间的全方位多层面交流合作，充分发掘与发挥各国的发展潜力与比较优势，形成互利共赢的区域利益共同体、命运共同体和责任共同体。在这一机制中，各国是平等的参与者、贡献者、受益者。因此，"一带一路"倡议从一开始就具有平等性、和平性特征。平等是中国坚持的重要国际准则，也是"一带一路"建设的关键基础。只有建立在平等基础上的合作才能是持久的合作，也才会是互利的合作。"一带一路"倡议平等包容的合作特征为其推进减轻了阻力，提升了共建效率，有助于国际合作真正"落地生根"。同时，"一带一路"建设离不开和平安宁的国际环境和地区环境，和平是"一带一路"建设的本质属性，也是保障其顺利推进所不可或缺的重要因素。这些就决定了"一带一路"倡议不应该也不可能沦为大国政治较量的工具，更不会重复地缘博弈的老路。

"一带一路"倡议是政府、企业、团体共同发力的项目载体。"一带一路"建设是在双边或多边联动基础上通过具体项目加以推进的，是在进行充分政策沟通、战略对接以及市场运作后形成的发展倡议与规划。2017年5月发布的《"一带一路"国际合作高峰论坛圆桌峰会联合公报》强调了建设"一带一路"的合作原则，其中就包括市场运作原则，即充分认识市场作用和企业主体地位，确保政府发挥适当作用，政府采购程序应开放、透明、非歧视。可见，"一带一路"建设的核心主体与支撑力量并不是政府，而是企业，根本方法是遵循市场规律，并通过市场化运作模式来实现参与各方的利益诉求，政府在其中发挥构建平台、创立机制、政策引导等指向性、服务性功能。

"一带一路"倡议是与现有相关机制对接互补的有益渠道。参与"一带一路"建设的国家要素禀赋各异，比较优势差异明显，互补性很强。有的国家能源资源富集但开发力度不够，有的国家劳动力充裕但就业岗位不足，有的国家市场空间广阔但产业基础薄弱，有的国家基础设施建设需求旺盛但资金紧缺。我国目前经济总量居全球第二，外汇储备居全球第一，优势产业越来越多，基础设施建设经验丰富，装备制造能力强、质量好、性价比高，具备资金、技术、人才、管理等综合优势。这就为我国与其他"一带一路"建设参与方实现产业对接与优势互补提供了现实可能与重大机遇。因而，"一带一路"倡议的核心内容就是要加强基础设施建设和促进互联互通，对接各国政策和发展战略，以便深化务实合作，促进协调联动发展，实现共同繁荣。由此可见，"一带一路"倡议不是对现有地区合作机制的替代，而是与现有机制互为助力、相互补充。实际上，"一带一路"建设已经与俄罗斯主导的欧亚经济联盟、印尼全球海洋支点发展规划、哈萨克斯坦光明之路经济发展战略、蒙古国草原之路倡议、欧盟欧洲投资计划、埃及苏伊士运河走廊开发计划等实现了对接与合作，并形成了一批标志性项目，如中哈（连云港）物流合作基地。作为新亚欧大陆桥经济走廊建设成果之一，中哈（连云港）物流合作基地初步实现了深水大港、远洋干线、中欧班列、物流场站的无缝对接。该项目与哈萨克斯坦光明之路经济发展战略高度契合。

"一带一路"倡议是促进人文交流的沟通桥梁。"一带一路"倡议跨越不同区域、不同文化、不同宗教信仰，但它带来的不是文明冲突，而是各文明间的交流互鉴。"一带一路"倡议在推进基础设施建设、加强产能合作与发展战略对接的同时，也将"民心相通"作为工作重心之一。民心相通是"一带一路"建设的社会根基。民心相通就是要传承和弘扬丝绸之路友好合作精神，广泛进行文化交流、学术交流、人才交流往来、媒体合作、青年和妇女交往、志愿者服务等，为深化双边和多边合作奠定坚实的民意基础。一是扩大相互间留学生规模，开展合作办学；国家间互办文化年、艺术节、电影节、电视周和图书展等活动，深化国家间人才交流合作。二是加强旅游合作，扩大旅游规模，联合打造具有丝绸之路特色的国际精品旅游线路和旅游产品。三是强化与周边国家在传染病疫情信息沟通、防治技术交流、专业人才培养等方面的合作，提高合作处理突发公共卫生事件的能力。四是加强科技合作，共建联合实验室（研究中心）、国际技术转移中心、海上合作中心，促进科技人员交流，合作开展重大科技攻关，共同提升科技创新能力。五是整合现有资源，开拓和推进参与国家在青年就业、创业培训、职业技能开发、社会保障管理服务、公共行政管理等共同关心领域的务实合作。六是充分发挥政党、议会交往的桥梁作用，加强国家之间立法机构、主要党派和政治组织的友好往来，互结友好城市。七是加强各国民间组织的交流合作，重点面向基层民众，广泛开展教育、医疗、减贫开发、生物多样性和生态环保等主题的各类公益慈善活动，改善贫困地区生产生活条件；加强文化传媒领域的国际交流合作，积极利用网络平台，运用新媒体工具，塑造和谐友好的文化生态和舆论环境；通过强化民心相通，弘扬丝绸之路精神，开展智力丝绸之路、健康丝绸之路等建设，在科学、教育、文化、卫生、民间交往等领域广泛合作，使"一带一路"建设的民意基础更为坚实，社会根基更加牢固。"一带一路"建设就是要以文明交流超越文明隔阂，以文明互鉴超越文明冲突，以文明共存超越文明优越，为相关国家人民加强交流、增进理解搭起新的桥梁，为不同文化和文明加强对话、交流互鉴织就新的纽带，推动各国相互理解、相互尊重、相互信任。

"一带一路"是促进共同发展、实现共同繁荣的友谊之路。共建"一带一路"旨在促进各国发展战略的对接和耦合，有利于发掘区域市场的潜力，推动经济要素有序自由流动、资源高效配置和市场深度融合，促进投资和消费，创造需求和就业，增进各国人民的人文交流与文明互鉴，从而让各国人民相逢相知、互信互敬，共享和谐、安宁、富裕的生活。共建"一带一路"符合国际社会的根本利益，彰显了人类社会的共同理想和美好追求，是国际合作及全球治理新模式的积极探索，将为世界和平发展增添新的正能量。中国政府倡议秉持和平合作、开放包容、互学互鉴、互利共赢的理念，全方位推进务实合作，打造政治互信、经济融合、文化包容的利益共同体、命运共同体和责任共同体。

"一带一路"倡议已经得到世界上众多国家和地区的积极响应，成为维护全球自由贸易体系和开放型世界经济的重要支撑。截至2021年1月30日，中国已经同171个国家和国际组织签署205份共建"一带一路"合作文件。[1] 特别是2017年5月第一届"一带一路"国际合作高峰论坛、2019年4月第二届"一带一路"国际合作高峰论坛和2019年5月亚洲文明对话大会的成功举办，充分彰显了我国开放、包容的大国外交风范。在此背景下，我们一方面应致力于向世界介绍中国，推动中国文化"走出去"，讲好中国故事；另一方面也应加强对"一带一路"国家的历史、文化、语言、教育、艺术等方面的介绍和研究，让中国人民更多地了解"一带一路"国家的具体国情，特别是文化传统和教育体系。

"一带一路"倡议合作范围不断扩大，合作领域愈加广阔。它不仅给参与各方带来了实实在在的合作红利，也为世界贡献了应对挑战、创造机遇、强化信心的智慧与力量。

当今世界，新冠肺炎疫情带来诸多挑战，局部战争风险依然存在，经济增长动能不足，"逆全球化"思潮涌动，地区动荡持续，恐怖主义蔓延。和平赤字、发展赤字、治理赤字带来的严峻问题，已摆在全人类面前。这充分说明现有的全球治理体系面临结构性问题，亟须找到新的破解之策与应对方略。作为一个新兴大国，中国有能力、有意愿同时也有责任为完善全球治理体系贡献智慧与力量。面对新挑战、新问题、新情况，中国给出

---

[1] 中国一带一路网. 我国已签署共建"一带一路"合作文件205份 [EB/OL]. (2021-01-30)[2021-02-23]. https://www.yidaiyilu.gov.cn/xwzx/gnxw/163241.htm.

的全球治理方案是：构建人类命运共同体，实现共赢共享。"一带一路"倡议正是朝着这个目标努力的具体实践。"一带一路"倡议强调各国的平等参与、包容普惠，主张携手应对世界经济面临的挑战，开创发展新机遇，谋求发展新动力，拓展发展新空间，共同朝着人类命运共同体方向迈进。正是本着这样的原则与理念，"一带一路"倡议针对各国发展的现实问题和治理体系的短板，创立了亚洲基础设施投资银行、丝路基金等新型国际机制，构建了多形式、多渠道的交流合作平台。这既能缓解当今全球治理机制代表性、有效性、及时性难以适应现实需求的困境，在一定程度上扭转公共产品供应不足的局面，提振国际社会参与全球治理的士气与信心，又能满足发展中国家尤其是新兴市场国家变革全球治理机制的现实要求，大大增强了新兴国家和发展中国家的话语权，是推进全球治理体系朝着更加公正合理方向发展的重大突破。

"一带一路"倡议涵盖了发展中国家与发达国家，实现了"南南合作"与"南北合作"的统一，有助于推动全球均衡可持续发展。"一带一路"建设以基础设施建设为着眼点，促进经济要素有序自由流动，推动中国与相关国家的宏观政策的对接与协调。对于参与"一带一路"建设的发展中国家来说，这是一次搭中国经济发展"快车""便车"，实现自身工业化、现代化的历史性机遇，有利于推动"南南合作"的广泛展开，同时也有助于增进"南北对话"，促进"南北合作"的深度发展。不仅如此，"一带一路"倡议的理念和方向同联合国《2030年可持续发展议程》也高度契合，完全能够加强对接，实现相互促进。联合国秘书长古特雷斯表示，"一带一路"倡议与《2030年可持续发展议程》都以可持续发展为目标，都试图提供机会、全球公共产品和双赢合作，都致力于深化国家和区域间的联系。

二、深入推动"一带一路"国家的教育交流

2020年6月印发的《教育部等八部门关于加快和扩大新时代教育对外开放的意见》指出,教育对外开放是教育现代化的鲜明特征和重要推动力,要以习近平新时代中国特色社会主义思想为指导,坚持教育对外开放不动摇,主动加强同世界各国的互鉴、互容、互通,形成更全方位、更宽领域、更多层次、更加主动的教育对外开放局面。

教育为国家富强、民族繁荣、人民幸福之本,在共建"一带一路"中具有基础性和先导性作用。教育交流为各国民心相通架设桥梁,人才培养为各国政策沟通、设施联通、贸易畅通、资金融通提供支撑。各国间教育交流源远流长,教育合作前景广阔,大家携手发展教育,合力共建"一带一路",是造福各国人民的伟大事业。推进"一带一路"国家教育共同繁荣,既是加强与各国教育互利合作的需要,也是推进中国教育改革发展的需要,中国愿意在力所能及的范围内承担更多责任和义务,为区域教育大发展做出更大的贡献。

(一)教育合作的原则

"一带一路"国家教育合作应遵循四个重要原则。

一是育人为本,人文先行。加强合作育人,提高区域人口素质,为共建"一带一路"提供人才支撑。坚持人文交流先行,建立区域人文交流机制,搭建民心相通桥梁。

二是政府引导,民间主体。政府加强沟通协调,整合多种资源,引导教育融合发展。发挥学校、企业及其他社会力量的主体作用,活跃教育合作局面,丰富教育交流内涵。

三是共商共建,开放合作。坚持共商、共建、共享,推进各国教育发

展规划相互衔接，实现各国教育融通发展、互动发展。

四是和谐包容，互利共赢。加强不同文明之间的对话，寻求教育发展最佳契合点和教育合作最大公约数，促进各国在教育领域互利互惠。

（二）教育合作的重点

"一带一路"各国教育特色鲜明、资源丰富、互补性强、合作空间巨大。中国将以基础性、支撑性、引领性三方面举措为建议框架，开展三方面重点合作，对接各国意愿，互鉴先进教育经验，共享优质教育资源，全面推动各国教育提速发展。

1. 开展教育互联互通合作

一是加强教育政策沟通。开展"一带一路"国家教育法律、政策协同研究，构建各国教育政策信息交流通报机制，为各国政府推进教育政策互通提供决策建议，为各国学校和社会力量开展教育合作交流提供政策咨询。积极签署双边、多边和次区域教育合作框架协议，制定各国教育合作交流国际公约，逐步疏通教育合作交流政策性瓶颈，实现学分互认、学位互授联授，协力推进教育共同体建设。

二是助力教育合作渠道畅通。推进"一带一路"国家间签证便利化，扩大教育领域合作交流，形成往来频繁、合作众多、交流活跃、关系密切的携手发展局面。鼓励有合作基础、相同研究课题和发展目标的学校缔结姊妹关系，逐步深化和拓展教育合作交流。举办校长论坛，推进学校间开展多层次、多领域的务实合作。支持高等学校依托优势学科和专业，建立"产学研用"相结合的国际合作联合实验室（研究中心）、国际技术转移中心，共同应对各国在经济发展、资源利用、生态保护等方面面临的重大挑战与机遇。打造"一带一路"国家学术交流平台,吸引各国专家学者、青年学生开展研究和学术交流。推进"一带一路"国家优质教育资源共享。

三是促进语言互通。研究构建语言互通协调机制,共同开发语言互通开放课程,逐步将国家语言课程纳入各国的学校教育课程体系。拓展政府间语言学习交换项目,联合培养、相互培养高层次语言人才。发挥外国语院校人才培养优势,推进基础教育多语种师资队伍建设和外语教育教学工作。扩大语言学习国家公派留学人员规模,倡导各国与中国院校合作在华开办本国语言专业。支持更多社会力量助力孔子学院和孔子课堂建设,加强汉语教师和汉语教学志愿者队伍建设,全力满足不同国家的汉语学习需求。

四是推进民心相通。鼓励学者开展或合作开展中国课题研究,增进各国对中国发展模式、国家政策、教育文化等各方面的理解。建设国别和区域研究基地,与对象国合作开展经济、政治、教育、文化等领域研究。逐步将理解教育课程、丝路文化遗产保护纳入各国中小学教育课程体系,加强青少年对不同国家文化的理解。加强"丝绸之路"青少年交流,注重通过志愿服务、文化体验、体育竞赛、创新创业活动和新媒体社交等途径,增进不同国家青少年对其他国家文化的理解。

五是推动学历学位认证标准联通。推动落实联合国教科文组织《亚太地区承认高等教育资历公约》,支持联合国教科文组织建立世界范围学历互认机制,实现区域内双边、多边学历学位关联互认。呼吁各国完善教育质量保障体系和认证机制,加快推进本国教育资历框架开发,助力各国学习者在不同种类和不同阶段教育之间进行转换,促进终身学习社会的建设。共商、共建区域性职业教育资历框架,逐步实现就业市场的从业标准一体化。探索建立各国教师专业发展标准,促进教师流动。

2．开展人才培养培训合作

一是实施"丝绸之路"留学推进计划。设立"丝绸之路"中国政府奖学金，为各国专项培养行业领军人才和优秀技能人才。全面提升来华留学人才培养质量，把中国打造成为深受各国学子欢迎的留学目的地。以国家公派留学为引领，推动更多中国学生到"一带一路"其他国家留学。坚持"出国留学和来华留学并重、公费留学和自费留学并重、扩大规模和提高质量并重、依法管理和完善服务并重、人才培养和发挥作用并重"，完善全链条的留学人员管理服务体系，保障平安留学、健康留学、成功留学。

二是实施"丝绸之路"合作办学推进计划。有条件的中国高等学校开展境外办学要集中优势学科，选好合作契合点，做好前期论证工作，构建科学的人才培养模式、运行管理模式、服务当地模式、公共关系模式，使学校顺利落地生根、开花结果。发挥政府引领、行业主导作用，促进高等学校、职业院校与行业企业深度产教融合。鼓励中国优质职业教育配合高铁、电信运营等行业企业"走出去"，探索开展多种形式的境外合作办学，合作设立职业院校、培训中心，合作开发教学资源和项目，开展多层次职业教育和培训，培养当地急需的各类"一带一路"建设者。整合资源，积极推进与各国在青年就业培训等共同关心领域的务实合作。倡议国家之间开展高水平合作办学。

三是实施"丝绸之路"师资培训推进计划。开展"丝绸之路"教师培训，加强先进教育经验交流，提升区域教育质量。加强"丝绸之路"教师交流，推动各国校长交流访问、教师及管理人员交流研修，推进优质教育模式在各国的互学互鉴。大力推进各国优质教学仪器设备、教材课件和整体教学解决方案的输出，跟进教师培训工作，促进各国教育资源和教学水平均衡发展。

四是实施"丝绸之路"人才联合培养推进计划。推进国家间的研修访学活动。鼓励各国高等院校在语言、交通运输、建筑、医学、能源、环境工程、水利工程、生物科学、海洋科学、生态保护、文化遗产保护等国家发展急需的专业领域联合培养学生，推动联盟内或校际教育资源共享。

3．共建丝路合作机制

一是加强"丝绸之路"人文交流高层磋商。开展国家间的双边、多边人文交流高层磋商，商定"一带一路"教育合作交流总体布局，协调推动各国建立教育双边和多边合作机制、教育质量保障协作机制和跨境教育市场监管协作机制，统筹推进"一带一路"教育共同行动。

二是充分发挥国际合作平台作用。发挥上海合作组织、东亚峰会、亚太经合组织、亚欧会议、亚洲相互协作与信任措施会议、中阿合作论坛、东南亚教育部长组织、中非合作论坛、中巴经济走廊、孟中印缅经济走廊、中蒙俄经济走廊等现有双边、多边合作机制的作用，增加教育合作的新内涵。借助联合国教科文组织等国际组织力量，推动各国围绕实现世界教育发展目标形成协作机制。充分利用中国–东盟教育交流周、中日韩大学交流合作促进委员会、中阿大学校长论坛、中非高校20+20合作计划、中日大学校长论坛、中韩大学校长论坛、中俄综合性大学联盟等已有平台，开展务实的教育合作交流。支持在共同区域、有合作基础、具备相同专业背景的学校组建联盟，不断延展教育务实合作平台。

三是实施"丝绸之路"教育援助计划。发挥教育援助在"一带一路"教育共同行动中的重要作用，逐步加大教育援助力度，重点投资于人、援助于人、惠及于人。发挥教育援助在"南南合作"中的重要作用，加大对相关国家尤其是最不发达国家的支持力度。统筹利用国家、教育系统和民间资源，为相关国家培养培训教师、学者和各类技能人才。积极开展优质教学仪器设备、整体教学方案、配套师资培训一体化援助。加强中国教育培训中心和教育援外基地建设。倡议各国建立政府引导、社会参与的多元化经费筹措机制，通过国家资助、社会融资、民间捐赠等渠道，拓宽教育经费来源，做大教育援助格局，实现教育共同发展。

三、精心组织"一带一路"国家文化教育大系的编著出版

在编写"一带一路"国家文化教育大系过程中，应当全面了解国内外对"一带一路"倡议的响应情况，关注进展，总结做法；应当在新冠肺炎疫情得到控制后到对象国去走一走，看一看，实地感受其教育情况和发展变化；应当广泛收集对象国一手资料，认真阅读，消化分析，吐故纳新；应当多方检索专家学者已经开展的相关研究，虚心参阅已有的研究成果。肆虐全球的新冠肺炎疫情，给人类身体健康和生命安全带来了巨大威胁，对世界格局和世界治理体系产生了重大影响，给全球各行各业带来了巨大挑战。教育置身其间，影响十分明显。因而，对"一带一路"国家文化教育进行研究时，必须观察分析疫情对相关国家文化教育和全球教育治理的深刻影响。

"一带一路"倡议提出后，中外已形成多个"一带一路"多边大学联盟。2015年5月22日，由西安交通大学发起的新丝绸之路大学联盟成立，迄今已吸引38个国家和地区的150余所大学加盟。该联盟是海内外大学结成的非政府、非营利性的开放性、国际化高等教育合作平台，以"共建教育合作平台，推进区域开放发展"为主题，推动"新丝绸之路经济带"国家和地区大学之间在校际交流、人才培养、科研合作、文化沟通、政策研究、医疗服务等方面的交流与合作，增进青少年之间的了解和友谊，培养具有国际视野的高素质、复合型人才，服务"新丝绸之路经济带"及欧亚地区的发展建设。

2015年10月17日，丝绸之路（敦煌）国际文化博览会筹委会文化传承创新高端学术研讨会在敦煌举行。中国的复旦大学、北京师范大学、兰州大

学和俄罗斯乌拉尔国立经济大学、韩国釜庆大学等46所中外高校在甘肃敦煌成立了"一带一路"高校战略联盟，以探索跨国培养与跨境流动的人才培养新机制，培养具有国际视野的高素质人才。46所高校当日达成《敦煌共识》，联合建设"一带一路"高校国际联盟智库。联盟将共同打造"一带一路"高等教育共同体，推动"一带一路"国家和地区大学之间在教育、科技、文化等领域的全面交流与合作，服务"一带一路"国家和地区的经济社会发展。

2016年9月，中国、中亚及丝绸之路经济带沿线7个国家的51所高校共同发起成立了中国-中亚国家大学联盟，旨在打造开放性、国际化互动平台，深化"一带一路"科教合作。

此外，高等教育合作研讨会也日渐增多，既有官方推动形成的研讨会，也有民间自发举办的研讨会。比如，中外大学校长论坛、新加坡-中国-印度高等教育论坛、"一带一路"教育对话论坛，以及北京师范大学举办的"一带一路"国家教育交流与合作高端研讨会，北京外国语大学举办的"一带一路"与行业国际化人才培养高峰论坛，北京理工大学主办的"一带一路"高等教育研究国际会议，浙江大学举办的"一带一路"背景下的工程科技人才培养国际研讨等。这些多边研讨会的召开，不仅吸引了大量"一带一路"沿线国家的教育研究者与实践者参会，推动了研究与实践合作，而且创新了教育合作模式，促进了国际化高端人才培养，为"一带一路"建设奠定了民意基础。

"一带一路"倡议提出之后，中国学术界迅速开展了关于"一带一路"的研究活动，有关"一带一路"主题的图书主要有以下五类。第一类是倡议解读类图书，一般是梳理"一带一路"倡议的提出、发展及其理论内涵与外延。第二类是经济贸易类图书，专业性较强，主要为理论研究型图书。第三类是国情文史类图书，多为介绍"一带一路"国家国情概览、历史情况、发展概况的工具书，语言平实，部分图书学术性较强。第四类是丝路历史类图书，一般回顾古代丝绸之路的形成与发展、丝绸之路上的人物和大事记等，追古溯源，以便更好地开启"一带一路"新篇章。第五类是法律税收类图书，多为法律指引、税务规范手册等。

可以看出，国内对"一带一路"国家的研究已有一定基础，但是囿于语言翻译的障碍，已经出版的"一带一路"图书，大多是政策解读、数据报告、概况介绍等，对对象国的研究广度和深度还很不够，尤其是针对"一带一路"国家文化教育的系统研究还比较少。

在"一带一路"国家中，遴选具有代表性的对象，对其文化、教育进行系统性的研究，并在此基础上编写"一带一路"国家文化教育大系，分期分批出版，对于帮助中国普通读者和研究人员了解"一带一路"国家的文化教育情况，以及对于拓展我国比较教育研究领域、丰富比较教育研究文献，乃至对于促进中外文明互通、更好地参与推进"一带一路"建设，都具有重要意义。基于对选题背景与意义、相关出版产品调研和北京外国语大学比较优势的分析，"一带一路"国家文化教育大系坚持学术性、可读性兼顾原则，分批次推出，不断积累，以形成规模和品牌。

大系在内容上，一方面呈现"一带一路"国家的文化概貌，展示"一带一路"国家教育发展的文化背景和社会依托。大系采用专题形式，力求用简洁平实的语言生动活泼地介绍"一带一路"国家的自然地理、人文景观、历史发展、风土人情、文化遗产等内容，重点呈现对象国独有的文化现象和独特风貌，集中揭示其民族文化内涵、民族精神、人文意蕴。另一方面，大系重点研究、评价、介绍"一带一路"国家教育的基本情况、发展历史、发展战略、政策法规、现存体系、治理模式与师资队伍等，这方面内容占较大篇幅，是全书的重点和主要内容。

"一带一路"倡议正在成为我国参与全球开放合作、改善全球治理体系、促进全球共同发展繁荣、推动构建人类命运共同体的中国方案。作为国家社会科学基金（教育学）重大项目"新时代提升中国参与全球教育治理的能力及策略研究"的部分研究成果和北京外国语大学"双一流"建设重大标志性成果,"一带一路"国家文化教育大系计划在 2021 年中国共产党建党 100 周年和北京外国语大学建校 80 周年之际,推出首批图书。2023 年"一带一路"倡议提出 10 周年时,推出该项目二期成果。同时积极参与党和国家相关主题纪念活动,以及国家重大图书项目的申报评选工作。

北京外国语大学以外语见长,国际交往活跃,被誉为"共和国外交官的摇篮",先后培养了 400 多位大使、2 000 多位参赞,以及更多的外交外事外贸工作者。凡是有五星红旗飘扬的地方,都能看到北外人的身影。北外不仅承担着培养各类国际化人才的任务,更担负着向中国介绍世界、向世界介绍中国的历史使命。迄今为止,北外已获批开设 101 种外国语言,成立了 37 个区域与国别研究中心,丰富的涉外资源正在助力"一带一路"国家的研究。

大系由外研社具体组织实施。外研社隶属北外,多年来致力于"一带一路"国家的合作交流,服务讲好"中国故事",在中华思想文化传播、打造中外出版联盟、推动中外学术互译等方面积累了丰富经验,对于协助研究、编著、出版"一带一路"国家文化教育大系具有良好的工作基础。这也是北外及外研社的使命和担当之所在。

大系编著者以北外教师为主。服务国家重大战略,北外人责无旁贷。同时,国内有研究专长和研究意愿的专家学者也踊跃参与,他们或独自撰著一书,或与北外同仁合作。大系还邀请了驻外使领馆的同志和对象国的学者参加撰写或审稿,他们运用一手资料,开展实地调研,力图提升大系的准确性。

四、结语

"一带一路"倡议植根历史,更面向未来;源于中国,更属于世界。"一带一路"作为文明互鉴的桥梁,从亚欧大陆延伸到非洲、美洲、大洋洲,与世界各国发展战略及众多国际和地区组织的发展实现对接联通,在通路、通航的基础上更好地通商，进而开展文化教育交流与沟通，加强商品、资金、技术、文化、教育流通，达成互学互鉴的文明愿景。"一带一路"倡议的目标是中国与"一带一路"国家在互联互通基础上分享优质产能，共商项目投资，共建基础设施，共享合作成果，内容包括政策沟通、设施联通、贸易畅通、资金融通、民心相通"五通"。"一带一路"倡议肩负重大使命，它要探寻经济增长之道，将中国自身的产能优势、技术与资金优势、经验与模式优势转化为市场与合作优势，实行全方位开放，共享中国改革发展红利；它要实现全球化再平衡，鼓励向西开放，带动西部开发以及中亚、蒙古等内陆国家和地区的开发，在国际社会推行全球化的包容性发展理念，主动向西推广中国优质产能和比较优势产业，惠及沿途、沿岸国家，避免西方国家所开创的全球化造成的贫富差距和地区发展不平衡情况，推动建立持久和平、普遍安全、共同繁荣的和谐世界；它要开创地区新型合作，强调共商、共建、共享原则，超越了马歇尔计划和传统的对外援助活动，给 21 世纪的国际合作带来了新的理念。所以，新时代中国的教育学者应当将"一带一路"国家文化教育研究作为比较教育新的增长点，全面深入开展研究，以自己的聪明才智丰富学术，为国出力，服务国家重大发展战略；在加强与"一带一路"国家的交流合作中，推动"一带一路"建设高质量发展，努力建设高质量的中国教育体系，并积极参与全球教育治理体系改革，加快构建以国内大循环为主体、国际国内双循环相互促进的新发展格局。

2021 年春

于北京外国语大学

（王定华，北京外国语大学党委书记、博士、教授、博士生导师，国家督学。历任河南大学教师、中国驻纽约总领事馆教育领事、教育部基础教育一司司长、教育部教师工作司司长等。）

本书前言

　　文化教育是民族振兴、社会进步的重要基础，也是国家发展、创造未来的核心动力。中蒙两国人民都有传承文化、重视教育的传统。汉语中"文化"一词，最早见于《周易·贲卦·象》，所谓"刚柔交错，天文也；文明以止，人文也。观乎天文以察时变，观乎人文以化成天下"。由此可见，文化即以文教化，文化教育密不可分，且是关乎国计民生的大事。在蒙古语中，许多关于文化、知识、教育的谚语格言也反映出蒙古人民重视文化教育的传统观念。比如，"通过交心达到和谐，通过学习得到知识"、"学则智，不学则愚"、"与其用物质装扮自己，不如用知识武装自己"等。

　　文化教育塑造时代的价值追求，是时代精神的体现。1921年蒙古人民革命胜利之后，该国的政治、经济、文化、教育等领域都发生了深刻的变革，从而开启了现代化发展之路。蒙古的文化教育在近百年的发展历程中呈现出鲜明的时代性、阶段性特点。以1990年社会转型为界，分为前后两个时期。第一个时期为1921—1990年，这一时期蒙古人民共和国的文化教育一方面经历了从传统向现代的转变，另一方面在沿着社会主义道路发展的环境下获得了长足的发展，取得了如实现全民识字、建立健全现代教育体系等诸多举世瞩目的成就。第二个时期则是1990年社会转型之后，在全球化、市场化、民主化的环境下，蒙古国文化教育在面临诸多挑战和机遇的同时，进入的开放、多元发展阶段。

　　本书在厘清蒙古国文化教育发展阶段及其特点的基础上，重点关注

1921年以后国家文化教育的发展变化，特别是1990年社会转型之后，蒙古国在文化教育方面的政策、发展现状、成就和问题。全书共分为两大部分。第一部分包括第一至第三章，着重介绍蒙古国的自然地理、政治经济制度、社会、文化发展变迁的历程，展示蒙古国文化教育发展的社会背景和政策依托；第二部分包括第四至第十二章，聚焦蒙古国的教育领域，对学前教育、基础教育、高等教育、职业教育、成人教育等各阶段教育以及教师教育、教育政策、教育行政和中蒙教育交流等问题展开全面而深入的研究。在此基础上，力图对中蒙两国在教育领域的相互借鉴及高水平交流合作的开展提出针对性建议。

进入21世纪以来，中蒙睦邻友好关系不断升级。2014年，习近平主席访问蒙古国，两国确立全面战略伙伴关系。国之交在于民相亲，民相亲在于心相通。民心相通的基础在于相互了解，只有在科学、教育、文化、卫生、民间交往等领域广泛开展交流合作，才能实现聚同化异、合作共赢。

本书的两位作者长期从事蒙古语言文化教学和研究工作，能够直接利用蒙古文的第一手资料进行研究。根据各自研究专长，由北京大学蒙古学研究中心刘迪南撰写第一至第三章，北京外国语大学亚洲学院黄莹撰写第四至第十二章。

本书的撰写和出版得到多位专家、学者的指导和支持，他们的意见和建议为提高本书的学术水平提供了坚实的保障。首先感谢中国驻蒙古国大使馆原文化参赞、敬爱的恩师、北京大学蒙古学研究中心的吴新英研究员。吴新英研究员多次彻夜通读稿件并与作者反复讨论相关内容。本书的顺利完成，凝聚着吴新英研究员的心血和智慧。

感谢北京外国语大学党委书记、"一带一路"国家文化教育大系总主编王定华教授和大系编写委员会、大系编审委员会提供的专业支持和指导。感谢北京大学蒙古学研究中心主任王浩教授、北京大学蒙古学研究中心陈岗龙教授、人民网驻蒙古国记者霍文、北京外国语大学蒙古国专家苏布达额尔德尼（N. Suvd-Erdene）副教授、北京外国语大学汪波副教授、中国驻蒙古国大使馆外交官王萌。他们提供的宝贵意见、建议和图片资料，使本书得以向读者呈现中蒙文化教育交流蓬勃发展的鲜活面貌。

感谢北京大学蒙古学研究中心、北京外国语大学亚洲学院领导和同仁对撰写本书的支持和关心。外语教学与研究出版社的专业编辑巢小倩、陈秋实和姚希瑞为本书的编辑加工和顺利出版默默付出了许多劳动，提供了大力支持与帮助，在此一并深表谢忱。

文化教育乃国之大计，牵系甚广，国别文化教育研究涉及对象国研究的方方面面，两位作者在研究和写作过程中虽尽心尽力，仍难免有疏漏和不足之处，恳请方家学者不吝赐教、多多指正。

刘迪南　黄莹

2021 年 4 月谨识于北京

目　录

第一章　国情概览 ... 1

第一节　自然地理 ... 1
　　一、地理位置 ... 1
　　二、地形与地势 ... 1
　　三、气候 ... 2
　　四、自然资源 ... 3
　　五、特别保护区及世界自然遗产 ... 6

第二节　国家制度 ... 8
　　一、政治制度 ... 8
　　二、国家象征 ... 11
　　三、外交 ... 13
　　四、军队与国防 ... 14
　　五、行政区划 ... 16
　　六、首都和主要城市 ... 18

第三节　社会生活 ... 19
　　一、经济状况 ... 19
　　二、人口状况 ... 21
　　三、民族和宗教状况 ... 23
　　四、物质与文化生活 ... 28

第二章　文化传统 ... 34

第一节　历史沿革 ... 34
　　一、1921 年至 20 世纪 40 年代初 ... 34
　　二、20 世纪 40 年代中期到 80 年代末 ... 39

三、1990年至今······50
第二节 风土人情······55
　一、蒙古人的传统居所——蒙古包······55
　二、蒙古人审美价值的集中体现——传统服饰······56
　三、舌尖上的享受——蒙古传统饮食······57
　四、风土人情的集中展现——节日······59
第三节 文化名人······61
　一、蒙古现代文学的奠基人
　　　——D.纳楚克道尔基······61
　二、三次国家奖获得者——Ts.达木丁苏伦······62
　三、杰出的蒙古学家、作家——B.仁钦······64
　四、"怪人"画家——B.沙日布······65
　五、蒙古现代雕塑艺术的奠基人、雕塑家
　　　——S.却姆伯勒······67
　六、长调皇后——N.诺尔布班兹德······67
　七、蒙古国首位进入太空的宇航员
　　　——J.古尔拉格查······68
　八、当代艺术家的代表、作曲家
　　　——N.姜仓诺尔布······69
　九、蒙古国首位奥运会金牌获得者
　　　——N.图布辛巴雅尔······70

第三章 教育历史······72
第一节 历史沿革······72
　一、1921年至20世纪30年代末······73
　二、20世纪40年代初至80年代末······77
　三、20世纪90年代至今······85

第二节 教育家 89
一、现代教育的开拓者——B.锡林迪布 90
二、学前教育的推动者——D.侬娜 92

第四章 学前教育 94
第一节 学前教育的发展和现状 94
一、学前教育的发展情况 94
二、学前教育的普及与现状 101
三、学前教育的类型、标准与实施 105
第二节 学前教育的特点和经验 110
一、学前教育的特点 110
二、发展学前教育的相关经验 111
第三节 学前教育的挑战和对策 117
一、学前教育面临的困难与挑战 117
二、应对措施 124

第五章 基础教育 129
第一节 基础教育的发展和现状 129
一、基础教育的发展脉络 129
二、基础教育的普及与现状 135
三、基础教育的类型、标准与实施 141
第二节 基础教育的特点和经验 146
一、基础教育的特点 146
二、发展基础教育的相关经验 148
第三节 基础教育的挑战和对策 153
一、基础教育面临的困难与挑战 153
二、应对措施 157

第六章 高等教育 162
第一节 高等教育的发展和现状 162
一、高等教育的建立与发展 162
二、高等教育的普及与现状 167
三、高等教育的认证、标准与管理 176
第二节 高等教育的特点和经验 179
一、高等教育的主要特点 179
二、发展高等教育的相关经验 183
第三节 高等教育的挑战和对策 186
一、高等教育面临的困难与挑战 186
二、应对措施 189

第七章 职业教育 195
第一节 职业教育的发展和现状 195
一、职业教育的发展脉络 195
二、职业教育的普及与现状 199
三、职业教育的资金来源 203
四、职业教育的管理体系与师资情况 204
五、职业教育的质量评估与认证 206
第二节 职业教育的特点和经验 209
一、职业教育的特点 209
二、发展职业教育的相关经验 211
第三节 职业教育的挑战和对策 212
一、职业教育面临的困难与挑战 212
二、应对措施 216

第八章 成人教育 ... 218
第一节 成人教育的发展和现状 ... 218
一、成人教育的发展情况 ... 218
二、成人教育的类型与普及 ... 220
三、成人教育的资金来源、质量标准与师资储备 ... 225
第二节 成人教育的特点和经验 ... 230
一、成人教育的特点 ... 230
二、发展成人教育的相关经验 ... 232
第三节 成人教育的挑战和对策 ... 234
一、成人教育面临的困难与挑战 ... 234
二、应对措施 ... 235

第九章 教师教育 ... 239
第一节 教师教育的发展和现状 ... 239
一、教师教育的发展情况 ... 239
二、教师教育的现状 ... 244
三、教师发展与国际合作 ... 254
四、学前教育与基础教育教师专业职称评定 ... 255
五、教师待遇 ... 257
第二节 教师教育的特点和经验 ... 258
一、教师教育的特点 ... 258
二、发展教师教育的相关经验 ... 261
第三节 教师教育的挑战和对策 ... 263
一、教师教育面临的困难与挑战 ... 263
二、应对措施 ... 264

第十章 教育政策 267

第一节 政策与规划 267
一、《2014—2024 年蒙古国国家教育政策》...... 267
二、《蒙古国 2030 年可持续发展目标》...... 269
三、《2021—2030 年教育领域中期发展纲要》...... 271
四、《"远景 2050 年"国家长期发展规划纲要》...... 273

第二节 实施与挑战 275
一、国家教育政策的实施情况 275
二、问题与挑战 279

第十一章 教育行政 283

第一节 中央教育行政 283
一、社会政策教育文化科学常务委员会 284
二、中央教育行政机关相关职责 286
三、高等教育的行政管理 288
四、职业教育的行政管理 290
五、成人教育的行政管理 290

第二节 地方教育行政 291
一、地方政府、议会、行政长官对教育的领导与管理 291
二、教育机构的自我管理 292
三、首都及地方教育局案例介绍 294

第十二章 中蒙教育交流 ... 298
第一节 交流历史 ... 298
一、20世纪50—60年代 ... 298
二、20世纪60年代末至80年代中期 ... 299
三、20世纪90年代 ... 300
四、21世纪以来 ... 301
第二节 现状、模式与原则 ... 304
一、教育交流的现状 ... 304
二、教育交流的模式与原则 ... 308
第三节 案例与思考 ... 312
一、教育合作中的案例与经验 ... 312
二、建议与思考 ... 314

结　语 ... 318

参考文献 ... 326

第一章 国情概览

第一节 自然地理

一、地理位置

蒙古国地处亚洲中部，蒙古高原中北部，位于北纬 41°35′—52°06′，东经 87°47′—119°57′。国土面积为 156.65 万平方公里，位列世界第 19 位。其国土东西距离长，南北相对较短：其东端是毛德泰哈木尔，西端是玛尼特山，东西距离 2 359 公里；南端位于奥尔沃格嘎顺宝尔陶勒盖，北端位于蒙古萨彦岭，南北距离 1 259 公里。国界线总长 8 253 公里，东、南、西三面与中华人民共和国接壤，边界线长 4 710 公里，其中陆路边界线长 4 489 公里，水路边界线长 221 公里；北面与俄罗斯联邦毗邻，边界线长 3 543 公里，其中陆路边界线长 2 863 公里，水路边界线长 680 公里。

二、地形与地势

蒙古国平均海拔 1 580 米，地势西高东低，西部地区多山，阿尔泰山脉、杭爱山脉等绵延千余公里的山脉都分布于此。东部地区地势相对平坦，以平原和盆地为主。蒙古国最高峰是位于中蒙边界的友谊峰，为蒙古阿尔泰山脉的主峰，蒙古名为冷山，海拔 4 374 米。海拔最低点是位于东部的呼和湖盆地，海拔 532 米。根据地形地貌、降雨量和植被等因素的变化，蒙古国可分为南部戈壁地区、阿尔泰山区、北部森林区、中央及其北部地区、东部草原区等五大区域。这些区域的地形、地貌、气候特点、土壤条件、水源和植被情况各不相同，各地形区的自然景观、物产资源、人们的生产和生活面貌也呈现出较大差异。

三、气候

蒙古国地处北半球永久冻土带的南端、寒温带北部，并远离海洋，气候呈现出典型的大陆性温带干旱半干旱的特点，四季分明，温差较大，降水量较少，日照时间较长。蒙古国年平均气温 0.2℃。6 月底到 8 月中旬为夏季，温暖但短暂，平均气温 10℃—27℃，南部戈壁地区最高气温可达 40℃。11 月中旬到 4 月为冬季，严寒且漫长，平均气温 –30℃—–10℃，西北部乌布苏湖盆地最低温度可达 –50℃。蒙古国年平均日照时间在 230—260 天，占全年的 60%—70%，蒙古国因此被称为"蓝天之国"。

不同地形区的气候差异明显，阿尔泰、杭爱、肯特山区的年平均气温为 –7.4℃—–6℃，南部荒漠和戈壁地区的年平均气温则为 2℃。蒙古国年平均降水量为 200 毫米，水汽主要来自北冰洋，降水量由北向南逐渐减少。北部的色楞格河流域年降水量为 300—400 毫米，加之蒸发量较小，空气相对湿润，属于半湿润地区，因此成为主要农业区。杭爱-肯特山区位于蒙古国中北部，年平均降雨量为 200—300 毫米，水草丰美，形成了森林草原带，山区南部是广阔的草原，年平均降水量在 150 毫米左右。蒙古国南部的荒漠草原和戈壁沙漠地区年平均降水量仅有 100 毫米。[1]

四、自然资源

（一）水资源

蒙古国水资源总量为 6 080 多亿立方米，主要由地表水和地下水组成。其中河流和湖泊水量为 5 346 亿立方米，占总量的 87.6%，冰川冰河水量为 629 亿立方米，占总量的 10.4%，地下水量为 108 亿立方米，占总量的 2%。

水资源分布不均匀，由北到南逐渐减少。较大的河流和湖泊多分布在北部地区，70% 的河流发源于阿尔泰山脉、杭爱山脉、肯特山脉、库苏古尔山区和大兴安岭山区。河流湖泊多属于北冰洋水系和太平洋水系，也有一部分属于中亚内流河水系。

蒙古国最长的河流是克鲁伦河，全长 1 264 公里，蒙古国境内长度为 1 163 公里。克鲁伦河历史上曾被称为泸水、胪朐河、怯绿连河，发源于肯特山东麓，向东流经肯特省和东方省，在中国境内注入呼伦湖。克鲁伦河是蒙古人的母亲河，克鲁伦河流域是蒙古民族的发祥地和蒙古历史文化的摇篮。

鄂尔浑河发源于杭爱山脉，注入色楞格河，长 1 124 公里，流域面积 13.8 万平方公里，是蒙古文化的发源地之一。色楞格河是全国水量和流域面积最大的河流，发源于杭爱山北坡，源头部分称为伊德尔河，向北注入贝加尔湖，总长 1 024 公里，蒙古国境内河段长度为 615 公里，流经色楞格、苏赫巴托等省份，流域面积达 44.8 万平方公里，占全国水系网络的 40% 以上。

---

[1] 王菱，甄霖，刘雪林，等. 蒙古高原中部气候变化及其影响因素比较研究 [J]. 地理研究, 2008, 27（1）: 171-180.

西北部的乌布苏湖是最大的咸水湖，面积为 3 350 平方公里。特斯河、那林河等大小 38 条河流注入乌布苏湖。乌布苏湖盆地于 1993 年被列为国家自然保护区，于 2003 年被列入世界自然遗产。

北部的库苏古尔湖是蒙古国第二大湖和最大淡水湖，面积为 2 760 平方公里，深度可达 262 米，净水量 381 立方千米，占世界净水总量的 0.4%。库苏古尔湖四面环山，风景优美，动植物资源丰富，是旅游胜地之一，被蒙古人亲切地称为"母亲海"。

（二）植物资源

蒙古国的动植物资源丰富而独特，本小节主要介绍植物资源。蒙古国的植被覆盖率随纬度变化而发生明显的变化，北部和东部覆盖率较高，自北向南逐渐降低，依次呈现出森林、典型草原、荒漠草原、裸地和沙漠等自然景观。

截至 2018 年年底，蒙古国森林面积为 143 415 平方公里，森林覆盖率为 9.2%。森林资源集中在北部和东北部的阿尔泰、杭爱、肯特、库苏古尔山区。蒙古国共有 140 多个树种，针叶林占 75.1%，阔叶林占 24.9%。主要树种有落叶松、雪松、柽柳、桦树、红杨、胡杨等。柽柳分布广泛，抗寒耐旱，防风固沙，同时常用于编筐、制作蒙古包部件等，被称为"蒙古之树"。

近年来，由于气候变暖、降雨量减少、森林火灾、树木病虫害和非法砍伐等原因，森林面积有所减少。2012 年，蒙古国颁布《森林保护法》，对护林防火、合理使用和恢复森林资源做出法律规范。宪法、《蒙古国环境保护法》《蒙古国消防安全法》也有关于森林的保护和合理利用方面的法规。目前蒙古国 82.9% 的森林地带属于保护区。[1]

---

[1] 资料来源于蒙古国森林基金会官网。

蒙古国共有128科662属的2 823种高等植物，常见种类包括翠菊科、豆科、禾本科、蔷薇科、十字花科、莎草科、毛茛科的植物，牧养牲畜的良种牧草有600多种。植物与蒙古人的生活息息相关，在饮食、医疗、牲畜饲养、环境保护等方面发挥广泛作用，是生产生活的重要资源。1995年，《自然植物法》颁布，将野生植物分为濒危植物、稀有植物和常见植物三大类，其中濒危植物133种。

2014年10月，蒙古国政府将蓝盆花确定为国花。蓝盆花在蒙古草原上很常见，花朵圆形，多呈蓝色或紫色，花型与蒙古马鞍梢花类似。蒙古人认为蓝盆花象征着自然、和平与安康，对其喜爱有加，并将其看作祈福祭祀之花。

（三）动物资源

蒙古国有141种哺乳动物，513种鸟类，22种爬行动物，6种两栖动物，74种鱼类，近20 000种昆虫。其中近70种哺乳动物、近60种鱼类和90种禽类可捕猎。由于蒙古国幅员辽阔，各地形区的自然环境、气候条件各不相同，因此许多代表性野生动物种类的分布具有地域性特点。《蒙古国动物法》《蒙古国动植物红皮书》列出110种珍稀野生动物，其中17种哺乳动物、27种禽类和1种鱼类禁止捕猎。

戈壁熊是蒙古国的标志性野生动物，地位相当于中国的大熊猫。戈壁熊是世界上唯一一种生活在沙漠地区的熊，是亟待保护的濒危野生动物，目前仅有30只左右，均生活在蒙古国阿尔泰南部戈壁地区。戈壁熊体型相对较小，身长160—170厘米，体重90—140公斤。戈壁熊为杂食性动物，主要以戈壁上生长的白刺果、树根、树叶和昆虫为食。它们每年11月至来年3月冬眠，温暖的季节在溪流小河边生活。蒙古国将每年的3月15日定为"戈壁熊日"。

（四）矿产资源

蒙古国矿产资源丰富，探明储量居世界第 7 位，战略性矿种储量也居世界前列。蒙古国共登记有 80 多种矿藏、1 000 多个矿区、9 000 多个采矿点。[1] 矿物种类主要有煤、铁、铜、金、银、锰、铬、钼、钨、铝、锌、锡、铀、磷、萤石、石墨、水晶、云母、绿松石、绿宝石、紫晶、石油、页岩、稀土等。

煤、石油等燃料资源的储量巨大。煤是蒙古国最丰富的资源，预计储量为 1 733 亿吨，探明储量为 374 亿吨，[2] 位居世界第 7 位。全国各省均有分布，东部和南部有许多大型煤矿，共有 15 个矿区，300 多个矿床和采矿点。蒙古国的石油探明储量为 24.38 亿桶。[3]

五、特别保护区及世界自然遗产

为保护、研究和合理利用特殊的自然环境、独特的地形地貌、珍稀濒危的动植物种类、风景名胜以及历史文化遗迹，蒙古国设立了一系列特别保护区。根据特点，特别保护区可分为自然保护区、国家公园、自然资源保护区和自然遗迹保护区。目前，蒙古国共设立自然保护区 32 个、国家公园 18 个、自然资源保护区 32 个、自然遗迹保护区 24 个。蒙古国于 1990 年加入《保护世界文化和自然遗产公约》，1996 年开始进行预备项目的申报。目前，蒙古国被正式列入《世界遗产名录》的遗产有 5 项，其中自然遗产 2 项，分别是乌布苏湖盆地和达乌里亚风景区。

---

[1] Монгол Улсын геологи, уул уурхай, газрын тос, хүнд үйлдвэрийн салбар. АМГТГ-ын 2016 оны үйл ажиллагааны тайлан, 2017-2020 оны төсөөлөл, хүрэх үр дүн[R]. 2017 : 77.

[2] Монгол Улсын геологи, уул уурхай, газрын тос, хүнд үйлдвэрийн салбар. АМГТГ-ын 2016 оны үйл ажиллагааны тайлан, 2017-2020 оны төсөөлөл, хүрэх үр дүн[R]. 2017 : 46.

[3] 胡格吉勒图. 蒙古国矿产资源开发现状及挑战因素分析 [J]. 东北亚学刊，2017（3）：26-33.

（一）乌布苏湖盆地

乌布苏湖盆地于 1993 年被蒙古国列为自然保护区，1997 年登记为世界遗产预备项目。2003 年，由蒙古国和俄罗斯共同申报的乌布苏湖盆地被列入《世界遗产名录》，成为蒙古国首个世界自然遗产。乌布苏湖盆地位于西北部的乌布苏省，北部与俄罗斯联邦图瓦共和国接壤，面积 10 688 平方公里。乌布苏湖盆地处于西伯利亚和中亚地理气候的边界，完整保留了欧亚大陆的自然原貌。盆地四周被高大的山脉环绕，是中亚最北部的封闭性盆地。这里拥有世界上最完整的寒带草原生态景观，包括寒带荒漠草原、草原、针叶林、落叶林、高山苔原以及由淡水和咸水形成的不同沼泽湿地。整个盆地拥有 12 个动植物生态地理群，包含亚欧大陆东部的主要生物群系，是西伯利亚草原生态体系最完整的区域。

（二）达乌里亚风景区

2017 年，蒙古国和俄罗斯共同申报的达乌里亚风景区被列为世界自然遗产。该风景区面积 9 126.24 平方公里，其中 6 336.01 平方公里在蒙古国的东方省。达乌里亚风景区位于达乌里草原，拥有森林、森林草原、草原和湿地多种自然景观。这里生活着白枕鹤、灰鹤等 236 种珍稀鸟类，蒙古瞪羚等 34 种珍稀哺乳动物，236 种高等植物，包括许多珍贵的濒危植物。种类繁多的动植物和丰富多样的自然景观共同构成了完整的草原生态系统。

第二节 国家制度

一、政治制度

政治制度是国家治理的原则和方式的总和，包括国体、政体、政党制度和选举制度等内容。1992 年宪法对社会转型后的国家基本政治制度做出了明确规定：蒙古国是以总统为国家元首的、议会共和制的民主国家。蒙古国议会——国家大呼拉尔是国家最高权力机关，主要行使立法权；总统为国家元首，是蒙古国人民团结统一的体现；政府是国家最高行政机关，贯彻和执行国家法律、经济、社会和文化建设的方针、政策；法院行使审判权，蒙古国最高法院是国家最高审判机关。

（一）议会和多党选举制

蒙古国议会——国家大呼拉尔是国家最高权力机关。宪法规定，国家大呼拉尔有权提议讨论国家内外政策的任何问题。其行使的权力包括立法权、选举权、预算和财政监督权、外交权、人事权和职务任免权等。国家大呼拉尔通过其会议和其他组织形式行使权力。国家大呼拉尔的会议包括全体会议、常设委员会会议、议会党团会议、小组会议、临时会议等。

国家大呼拉尔为一院制议会，共 76 席。大呼拉尔委员是人民的使者，要维护全体公民和国家的利益。大呼拉尔委员通过选举产生。根据宪法，国家大呼拉尔委员的选举根据蒙古国公民所享有的普遍、自由、直接的选举权，以无记名投票方式进行，任期为 4 年。年满 25 岁、有选举权的蒙古国公民可当选为国家大呼拉尔委员。国家大呼拉尔设主席和副主席（议长和副议长），在大呼拉尔委员中以无记名投票方式选举，任期 4 年，可依法提前解除或罢免其职务。

从 1992 年开始，蒙古国国家大呼拉尔选举每 4 年举行一次，由各党派和党派联盟提名候选人，在一个选区得到不低于 801 位选民支持的可作为本选区独立候选人参加选举。在选举中获得 50% 以上议席的党派成为执政党，组成政府，推选总理。蒙古国确立议会和多党选举制以来，截至 2020 年 6 月已举行 8 次选举。2020 年 6 月 25 日举行的议会选举中，蒙古人民党[1] 获胜，获得 62 席；蒙古民主党获得 11 席，"你与我们"联盟（蒙古人民革命党、公民意志绿党、蒙古传统统一党结成的联盟）获得 1 席；"正确人选"联盟（劳动民主党、社会民主党和正义党结成的联盟）获得 1 席，独立候选人获得 1 席。来自蒙古人民党的贡·赞丹沙塔尔当选国家大呼拉尔主席。

1990 年，蒙古结束蒙古人民革命党一党执政的历史。1990 年 3 月 10 日，蒙古人民革命党、蒙古民主党、蒙古社会民主党、蒙古民主联盟、民主社会主义联盟、新进步联盟、蒙古大学生联合会等政党和团体联合发布《致蒙古人民的政治宣言》。该宣言是蒙古国多党制确立和协调党派之间关系的首个正式文件。1992 年宪法规定："从社会和自身利益、思想观点出发，有权组织政党和其他群众团体。有权自愿结社。" 2005 年，蒙古国颁布《政党法》，进一步协调政党组织、注册与活动等相关法律关系。蒙古国政党政治呈现出党派众多、党派之间甚至是党内纷争激烈，导致政局动荡等特点。目前，蒙古国共有正式注册的政党 36 个，其中党员人数较多、政治影响力较大的主要党派有蒙古人民党、蒙古民主党、蒙古人民革命党、公民意志绿党、祖国党、蒙古民族民主党等。

---

[1] 蒙古人民党成立于 1921 年，于 1925 年改称蒙古人民革命党，于 2011 年恢复为现名。2011 年，恩赫巴亚尔重新注册成立蒙古人民革命党。2021 年 4 月，两党宣布合并。

（二）国家元首——总统

总统是蒙古国国家元首，也是国家武装力量的最高统帅，是蒙古人民团结统一的体现。根据宪法和《总统法》的相关规定，蒙古国总统的职权包括：对国家大呼拉尔通过的法律和其他决议的全部或部分条款予以否决；通过与政党或政党联盟磋商，将任命总理的意见提交国家大呼拉尔；对自己职权范围内的问题向政府提出指导方针，总理签署后生效；对外交往中全权代表国家，以蒙古国的名义缔结国际条约，任命或召回蒙古国驻外使节，接受外国驻蒙古国使节递交的国书；授予国家荣誉称号和最高军衔，颁发勋章、奖章；行使赦免权；批准加入或放弃蒙古国籍以及在蒙古国的避难权；任蒙古国国家安全委员会主席；发布全国或局部地区的军事动员令，特殊情况时，宣布全国或部分地区进入紧急和战争状态以及调兵出征等。

蒙古国总统通过选举产生。年满 50 岁，并在本国定居不少于 5 年、在蒙古国本土出生的公民可当选总统。总统任期 6 年，且只可当选一次。总统不得兼任总理、议长和政府成员等，当选的总统应辞去当选前所担任的一切职务，并脱离所属党派。

（三）政府

政府是蒙古国的行政机关，分为中央行政机关和地方行政机关，负责贯彻国家法律，制定和执行国家的经济、社会、文化建设方针及政策。政府由总理和若干位成员组成。总理领导政府，并向国家大呼拉尔报告工作。总理人选由国家大呼拉尔中占多数议席的党派或联盟提名。政府成员由总理向国家大呼拉尔和总统进行介绍后，由总理任命、免职和解职。总理和政府成员被任命之后在国家大呼拉尔宣誓。

现任蒙古国政府由总理、副总理、政府办公厅、自然环境和旅游部、国防部、外交部、财政部、法律内务部、劳动和社会保障部、建筑与城市建设部、教育科学部、交通运输部、文化部、矿山和重工业部、食品农牧业与轻工业部、能源部和卫生部组成。2020年6月25日蒙古国国家大呼拉尔选举之后，获得绝大多数议席的蒙古人民党提名乌·呼日勒苏赫为总理。2021年1月21日，呼日勒苏赫及政府成员宣布辞职，罗·奥云额尔登继任总理一职。

（四）宪法与司法制度

宪法是蒙古国的根本法，适用于全体公民。宪法在蒙古国发展的不同历史阶段反映国家发展的总路线及其政治、经济、社会、思想、文化的总体面貌和特征。蒙古国现行宪法于1992年颁布，是蒙古国历史上的第四部宪法。

蒙古国的司法权由法院和检察院行使。法院行使审判权。蒙古国的法院基本建制为最高法院，省、首都法院，县、县际、区法院三级。同时设立宪法法庭，对宪法的实施进行最高监督。最高法院是蒙古国的最高审判机关，由总法官和若干名法官组成。总法官由最高法院提名，总统任命，任期6年。检察院负责监督案件统计、侦查和判刑工作。国家总检察长及副检察长由总统与国家大呼拉尔磋商后予以任命，任期6年。

二、国家象征

宪法规定，蒙古国的国徽、国纛、国旗、国玺和国歌是国家独立和主权的象征。国徽、国纛、国旗、国歌是蒙古人民历史传统、向往、团结、正义和朝气的体现。

（一）国徽

蒙古国国徽以圣洁的白莲为座，无极的万寿纹章为边，以象征长生天的圆形蔚蓝色为底。国徽的中央绘有体现蒙古国独立、主权和朝气，彼此结为一体的金色索云布和宝骏马。国徽顶端和底端依次绘有象征过去、现在、未来的如意宝和代表大地的绿色山岳纹章、蕴含永世昌盛的吉祥时轮。时轮以哈达作绶。

（二）国纛

蒙古国国纛按照历史上成吉思汗统一蒙古各部时竖起的传统大白纛设计，是蒙古国国民崇敬国家权力的象征。国纛为九斿白纛，用白色马尾鬃毛制成。

（三）国旗

蒙古国国旗为红、蓝、红颜色并列的旗，占其1/3长度的中部为象征长生天的蓝色，两侧为象征兴盛的红色，在其内侧红底的中央镶有金色索云布。国旗的宽长之比为1∶2。

（四）国玺

蒙古国国玺为正方形，其中部刻有国徽，国徽两侧有蒙古文书写的"蒙古国"字样，国玺具有狮形印纽，由蒙古国总统执掌。

（五）国歌

蒙古国国歌由蒙古国著名作家和学者 Ts. 达木丁苏伦作词，作曲家 B. 达木丁苏伦、L. 摩尔道尔基作曲。1992 年首次将国歌写入宪法。1994 年蒙古国颁布《国家象征法》，其附录记录了国歌词曲。蒙古国国歌曲调雄浑庄严，歌词讴歌国家的和平、发展，人民的自由、幸福，以及蒙古国与世界正义国家的友好合作。

三、外交

20 世纪 90 年代以来，受到苏联解体、东欧剧变、"冷战"格局瓦解等国际局势巨变的影响，蒙古国对其外交战略做出重大调整，放弃了此前全面倒向和依靠苏联的"一边倒"外交战略，开始奉行和平、开放、独立、多支点的外交政策。1994 年 6 月，蒙古国国家大呼拉尔通过了《国家对外政策构想》和《国家安全战略构想》，以法律形式确定了蒙古国的外交新战略。2010—2011 年，蒙古国根据不断变动的国际关系局势，对上述外交政策基础性文件进行了修订，并提出，其外交政策的目的是通过发展与世界各国的友好关系，发展政治、经济和其他各领域关系与合作，以加强其在国际社会中的地位，同时巩固并加强其独立和主权。一方面，蒙古国考虑到与中国、俄罗斯之间的历史和经济合作传统，将与中、俄保持友好关系作为对外政策的首要目标，发展睦邻友好合作。另一方面，蒙古国提出"第三邻国"战略，将美国、日本、欧盟、印度、韩国和土耳其视为"第三邻国"，通过寻求共同利益和共同关切，扩大、发展双方的伙伴与合作关系。

中国与蒙古国于 1949 年 10 月 16 日建立外交关系，1950 年在乌兰巴托和北京互设大使馆。建交以来，中蒙两国关系经历了 20 世纪 50—60 年代初的友好时期，60年代中期至80年代中期的困难和停滞时期，80年代中后期的关系复苏时期，以及1989年之后的恢复邦交正常化的时期。1994年两国签订《中华人民共和国和蒙古国友好合作关系条约》，确立了睦邻友好合作关系。近年来，中蒙关系不断提升，2014年，习近平主席访问蒙古国，两国确立了全面战略伙伴关系。

截至2019年，蒙古国与190个国家建立了外交关系。蒙古国重视参与地区和国际组织，提升其国际地位和声誉。蒙古国于1961年加入联合国，现在也是亚太经合组织、上海合作组织的观察员国，北大西洋公约组织、欧洲安全与合作组织的伙伴国。

四、军队与国防

（一）军队

军队是一国军事力量的主体。蒙古人民军诞生于1921年蒙古人民革命的过程中。1921年3月18日，蒙古人民军攻占恰克图，是蒙古人民军建立之后取得的第一场重要战役的胜利，作为纪念，3月18日被设为蒙古人民军建军节。

1990年社会转型之后，蒙古国对武装力量进行了调整。调整后的蒙古国武装力量包括正规军（国防部所属）、边防部队（国家安全保障总局所属）和内卫部队（国家警察总局所属）。兵役制度也由义务兵役制调整为义务兵役制、合同兵役制、代役制相结合的混合兵役制，征兵年龄为18—25岁，服役期为1年。目前，蒙古国正规军包括陆军和国土防空军，现役约2.2万人。兵种包括陆军、空军、网络安全部队、建筑工程部队和特种部队等。

（二）国防政策

20世纪80年代末到90年代初，随着苏联解体、"冷战"结束以及苏联从蒙古撤军，蒙古和苏联的军事同盟关系解除，国家的安全环境发生了巨大的变化，蒙古开始调整国防政策，进行国防体制和军队改革。20世纪90年代初，蒙古国颁布新宪法，通过《国家安全战略构想》《国家对外政策构想》《国家军事战略构想》等战略性文件，构成了国防发展战略的法律和政策基础。这些文件明确了国防事业的根本目的是保障和保护蒙古国的独立、主权、领土完整、边界神圣不可侵犯以及国家社会经济建设的成果和正常秩序。蒙古国国防体制的基础是以专业部队为基础的武装力量和全民参与的地方防御体系。国防领导机制方面，宪法规定总统为武装力量最高统帅，通过国防部部长会议指挥军队。国防部是蒙古人民军的最高领导机关。武装力量总参谋部是独立于国防部的专业军事领导机构，负责制定军事战略计划，指挥部队，并完成政府赋予的任务。

蒙古国国防战略的指导思想是依靠本国力量，开展自主防卫，主要通过政治、外交等途径解决矛盾和争端，谋求与中俄两个邻国建立非同盟的军事关系，并积极寻求与"第三邻国"建立军事联系，以实现均衡的安全格局。这也是蒙古国等距、平衡、多支点的外交战略在国防军事领域的体现。近年来，蒙古国派出14 100多人次，参与了刚果（金）、格鲁吉亚、塞拉利昂、阿富汗、西撒哈拉等国家和地区的维和行动。

（三）军事人才的培养和公民的国防教育

1990年以前，蒙古军事人才的培养主要依靠苏联的军事院校、苏联军事顾问和教官。这一时期，苏联的专业军事院校培养的蒙古军事人才达到2 600余人。1990年以后，为了适应军队职业化的需要，蒙古国改革了军队干部培训制度，加强和完善了军校建设。军事人才培养以国内为主，国外为辅。副团以下干部在国内军校培养，团以上指挥干部和外语、医务、计算机人才在国外军事院校或委托地方院校培养。[1]2019年颁布的《蒙古国国防人才政策》中提出："国防人才政策的目的是创建具有国防政策、任务和目标执行能力的高水平人才的培养、部署、发展和监管体系。"蒙古国防大学是培养专业军事人才的高等院校和进行国防政策、军事技术、军事历史研究的科研中心。

蒙古国国防部、武装力量总参谋部每年在乌兰巴托和地方省份举办国防政策宣传日、开放日、军事国防主题征文和展览等活动，向公民进行国防政策、国家安全、爱国主义的宣传教育活动。位于乌兰巴托的军事博物馆始建于 1966 年，是蒙古国进行军事历史、国防政策、爱国主义宣传教育的基地。

五、行政区划

蒙古国共分为 22 个省级行政单位，其中包括 21 个省和 1 个直辖市（首都乌兰巴托），见表1.1。行政区划分单位为省、苏木（县）和巴嘎（乡），直辖市下设区和分区。蒙古国现有 330 个苏木（县）、1 618 个巴嘎（乡）。首都乌兰巴托行政区分为 9 个区、152 个分区。

表 1.1 蒙古国行政区划

省、直辖市	面积（万平方公里）	省会	下辖区县数
乌兰巴托市	0.47	—	9

---

[1] 郝时远，杜世伟. 蒙古 [M]. 北京：社会科学文献出版社，2007：130.

续表

省、直辖市	面积（万平方公里）	省会	下辖区县数
色楞格省	4.12	苏赫巴托	17
达尔汗乌拉省	0.33	达尔汗	4
中央省	7.4	宗莫德	27
戈壁松贝尔省	0.55	乔伊尔	3
中戈壁省	7.47	满达勒戈壁	15
东戈壁省	10.95	赛音山达	14
南戈壁省	16.54	达兰扎达嘎达	15
库苏古尔省	10.06	莫伦	23
布拉干省	4.87	布尔干	16
鄂尔浑省	0.08	额尔登特	2
后杭爱省	5.53	策策尔勒格	19
前杭爱省	6.29	阿尔拜赫雷	19
巴彦洪果尔省	11.6	巴彦洪果尔	20
东方省	12.36	乔巴山	14
肯特省	8.03	温都尔汗	18
苏赫巴托省	8.23	西乌尔特	13
乌布苏省	6.96	乌兰固木	19
巴彦乌列盖省	4.57	乌列盖	13
扎布汗省	8.25	乌里雅苏台	24
科布多省	7.61	科布多	17
戈壁阿尔泰省	14.14	阿尔泰	18

2001年国家大呼拉尔颁布第57号决议《蒙古国区域发展理念》，根据各省、地区的自然地理条件、人口、经济发展状况，将全国分为五大区域，

分别为首都乌兰巴托行政区及其周边区域，中部 7 省（色楞格省、达尔汗乌拉省、中央省、戈壁松贝尔省、中戈壁省、东戈壁省、南戈壁省），东部 3 省（东方省、肯特省、苏赫巴托省），杭爱 6 省（库苏古尔省、布拉干省、鄂尔浑省、后杭爱省、前杭爱省、巴彦洪果尔省），及西部 5 省（乌布苏省、巴彦乌列盖省、扎布汗省、科布多省、戈壁阿尔泰省）。

六、首都和主要城市

蒙古国首都乌兰巴托市始建于 1639 年，距今已有 300 多年的历史，历史上曾被称为乌尔格、库伦、大库伦等，1924 年改称乌兰巴托，蒙古语意为红色英雄。乌兰巴托位于蒙古国中北部，地处肯特山南端、图拉河谷地，平均海拔 1 350 米，四周群山环绕，四季分明。乌兰巴托是蒙古国的政治、经济、文化、教育、交通中心，2020 年人口 149.14 万，占蒙古国总人口的 46%。首都行政区分为巴嘎诺尔、巴嘎杭盖、巴彦高勒、巴彦珠尔赫、纳莱河、松吉海日汗、苏赫巴托、汗乌拉和青格尔泰 9 个区。乌兰巴托与中国的北京、天津、呼和浩特、台北结为友好城市。

除乌兰巴托之外，蒙古国的主要城市还有额尔登特和达尔汗等。额尔登特和达尔汗是蒙古国现代工业城市的代表。

额尔登特位于蒙古国北部、杭爱山北麓。20 世纪 60 年代，地质学家在额尔登特敖包地方发现了蕴藏量巨大的铜钼矿。1973 年，在额尔登特敖包以北开始建设额尔登特市，初建时为布拉干省的分区，1976 年改为直辖市。1994 年，额尔登特撤市建鄂尔浑省，额尔登特为该省省会，目前已经发展成为蒙古国第二大城市，人口 10.58 万。

达尔汗市位于蒙古国中北部，是蒙古国第三大城市。初建于 1961 年，1976 年改为直辖市。1994 年撤市建达尔汗乌拉省，达尔汗市为该省省会。达尔汗是蒙古国北部的工业、文化、教育和交通中心，现有人口9.11万。

第三节 社会生活

一、经济状况

20世纪80年代末、90年代初，东欧剧变，苏联解体，蒙古国经济受到极为严重的影响。为挽救经济的颓势，蒙古国实施经济改革，内容主要包括改变所有制形式、调整经济结构、放开物价、向市场经济转轨等。1992年宪法提到"蒙古国的经济为符合世界发展总趋势、具有多种成分的经济。国家承认公有制和一切私有制形式，依法保护所有者的权利"，确认了蒙古国多元经济和所有制行使的合法性。

目前，蒙古国第三产业在国内生产总值中占比平均超过50%，成为蒙古国经济的主导产业。工业产值占比平均接近40%，农牧业产值占比平均超过10%。2019年，第三产业在国内生产总值占比39%，采矿业产值占比23.8%，工业和建筑业产值占比15.3%，农牧业产值占比11%。[1]

畜牧业作为传统产业，是蒙古国经济的基础产业。畜牧业是蒙古国加工业和生活必需品的主要来源之一，是保证蒙古国经济自给自足和经济安全的重要产业，对于经济发展意义重大。蒙古国的畜牧业保持着游牧生产方式，放牧绵羊、山羊、牛、马和骆驼五种牲畜，其中以绵羊、山羊为主。2019年，蒙古国存栏牲畜约7100万头，达到历史最高值，其中绵羊占

---

[1] 资料来源于蒙古国国家统计局官网。

45%，山羊占41%。畜牧业从业人数占总人口的10%左右。虽然牲畜总头数屡创新高，但畜牧业的发展也面临着环境恶化、草场退化、抗灾防疫能力差、深加工能力弱、牧民老年化等诸多问题。

蒙古国的种植业同样是关系到国计民生和国家安全稳定的产业，但在经济发展中占比较少。到2018年，蒙古国粮食产量基本满足国内需求。

第三产业中，以建筑业、交通运输业和旅游业发展较快。蒙古国幅员辽阔，自然景观和人文历史景观丰富多样，旅游资源丰富。2008年以来，旅游业作为蒙古国优先发展的产业之一，发展较快，已经成为经济发展中的重要产业。2019年，蒙古国入境游客57.73万人，其中以中国和俄罗斯游客人数居多，占总数的55%，其次是韩国、日本和美国等国的游客。蒙古国对外贸易、旅游业和基础设施建设的发展带动了交通运输业的快速发展。蒙古国交通运输业主要包括铁路、公路和航空运输。

蒙古国经济发展对外贸的依存度极高。1990年前后，蒙古国的贸易伙伴国只有十几个。1997年，蒙古国加入世界贸易组织，与世界各国积极开展贸易活动。2019年，蒙古国的贸易伙伴国达到152个，对外贸易总额137亿美元，同比增长6.7%。对蒙古国贸易总额占前五位的国家是中国、俄罗斯、日本、美国、英国，其中中蒙贸易总额达到89亿美元。中国已经连续18年成为蒙古国的最大贸易伙伴国和重要的外资来源国。蒙古国出口贸易中以煤炭、铜精粉、铁矿石等矿产资源以及乳类、肉类、动物皮毛等畜产品为主，而进口商品包括农产品、食品、日用品、机械设备、汽车、电子产品以及汽油、柴油、电能等燃料能源物资。

蒙古国经济总体状况平稳，但产业结构单一、过分依赖采矿业、外贸依存度高、基础设施建设落后、劳动力资源不足、地区经济发展不平衡等影响其发展的诸多问题还将长期存在。

二、人口状况

人口是影响国家社会发展的重要因素。2020年，蒙古国人口为329.7万，其中首都乌兰巴托149.1万，占总人口的46%。人口性别比例均衡，女性人口数占总人口的50.8%，略高于男性人口数。

蒙古国是世界上人口密度最低的国家之一，平均人口密度为2.1人/平方公里。人口分布不均，不同地区的人口密度存在较大差异，人口密度最高的是乌兰巴托，平均为317.3人/平方公里；人口密度最低的区域是东部地区，仅为0.8人/平方公里。其余地区的人口密度在1—1.6人/平方公里。

1921年蒙古人民革命胜利之初，人口为64.9万。20世纪50年代末开始，蒙古的经济增长逐渐加速，工业化和医疗卫生条件的改善为人口增长创造了有利的条件。20世纪60—80年代末和2000—2015年是人口增速较快的两个时期。1963年，蒙古人民共和国人口达到101.7万，首次突破100万大关。到1989的26年间，人口又增加100万，达到204.4万人。进入21世纪以来，蒙古国人口平均增速为1.67，其中2013—2016年人口增速超过2.0。2015年1月24日，蒙古国第300万个公民在南戈壁省达兰扎达嘎达苏木诞生。预计2040年，蒙古国人口将达到400万。

蒙古国人口平均寿命为69.6岁（2016年数据），其中男性平均寿命为65.6岁，女性平均寿命为75.1岁。从人口年龄结构来看，蒙古国人口呈年轻化，0—14岁儿童人口占总人口的31.5%，15—64岁人口占64.4%。人口负担系数为55.3%（2020年数据）。

蒙古国15岁以上劳动就业人口为114.6万，就业率为54.4%。从各行业就业人数来看，农牧业从业人口占比最多，占劳动就业人口的25%。汽车修理、文教卫生、加工制造业、政府管理、国防公共安全、建筑业、商业、仓储运输业等，也是从业人口相对密集的行业。

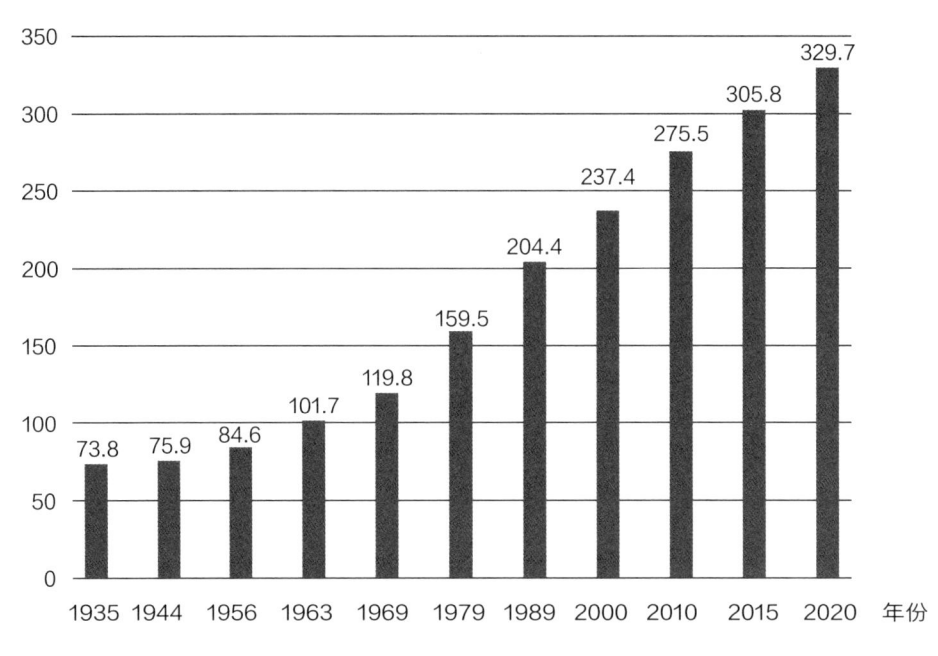

图 1.1 1935—2020 年蒙古国普查年份人口数（单位：万人）

蒙古国人口的主要特点是数量较少、密度较低且分布不均衡、向城市集中、年龄结构年轻化等。从 1935 年开始，蒙古国约每 10 年进行一次人口及住房普查。2020 年 1 月，蒙古国进行了第 11 次全国范围的人口及住房普查。

1990 年后，基于本国人口状况的基本特点和问题，蒙古国多次制定和调整人口政策，以期保证人口数量规模和质量的均衡发展，并于 1996 年颁布《蒙古国人口发展政策》。随着蒙古国人口状况和经济社会情况的发展变化，为确保人口可持续增长，为公民提供长期、稳定、健康的生活条件，蒙古国于 2004 年制定了 2004—2015 年的人口发展政策，在保障人口发展、提高人口素质、改善人口生活环境和质量等方面提出了具体政策和实施路径，基于改善人口生活环境和质量的宗旨，在卫生、教育、社会保障、住宅、饮食和自然环境等方面提出了具体的目标。例如，在教育方面，提出加强公民重视教育的意识，为公民提供平等的受教育机会，儿童必须接受基础教育，开展满足劳动力市场需求的职业教育等。2016 年，蒙古国再次调整人口政策，发布《2016—2025 年国家人口发展政策》，要求坚持基于人权的发展方针，不因种族、肤色、地域、性别、宗教、健康状况和性取向而产生歧视，并提出了具体的发展目标。例如，2020—2025 年，人口年平均自然增长率应大于 2.1%，人口平均寿命应达到 74 岁，地方居民数量应占总人口的一半，中等富裕家庭人口总数应超过总人口的 60%，2—5 岁儿童接受学前教育的比例应超过 80%，劳动力人口比例应达到 68% 等。

三、民族和宗教状况

（一）民族状况

蒙古国的民族构成比较简单，主要由蒙古族和突厥族系构成，其中蒙古族人口占 90% 以上，突厥族系人口约占 5%，其他民族人口数量较少。蒙古族包括十几个部族，如喀尔喀、杜尔伯特、巴雅特、布里亚特、扎哈沁、达里甘嘎等，其中以喀尔喀人数量最多，占全国总人口的 83%。蒙古族各部族间在语言、服饰、风俗习惯等方面存在一些差异，但大体接近，能够自由交流、沟通理解。突厥族系主要包括哈萨克人、霍屯人、乌梁海人、乌兹别克人（羌图人）、查腾人等，他们大多数生活在蒙古国的西部和北部地区。

哈萨克人现有 12.1 万，占蒙古国总人口的 3.8%，主要聚居在蒙古国西北部的巴彦乌列盖省和科布多省，也有少量居住在乌兰巴托。哈萨克人同时使用哈萨克语和蒙古语，信仰伊斯兰教，主要从事农牧业生产。

（二）宗教信仰基本情况

蒙古国的主要宗教有藏传佛教、伊斯兰教、基督教、萨满教等，其中藏传佛教、伊斯兰教和萨满教属于传统宗教，尤其是藏传佛教和萨满教对蒙古国民众的精神世界和现实生活影响深远。基督教在蒙古国的传播相对较晚，属于非传统宗教。

蒙古国历史上进行过五次全国性的涉及宗教信仰情况的调查。调查结果显示的蒙古国民众的宗教信仰比例见表1.2。

表1.2 蒙古国宗教信仰人口比例

调查时间	信教人口比例	主要宗教信徒所占比例			
		藏传佛教	伊斯兰教	基督教	萨满教
20世纪70—80年代	15%—20%	不详			
1994年	72.8%	79.5%	11.6%	3.8%	2.0%
2003年	79.5%	85.5%	3.2%	9.6%	1.0%
2010年	61.4%	86.2%	4.9%	3.5%	4.7%
2020年	59.4%	87.1%	5.4%	2.2%	4.2%

2018年，蒙古国登记注册的宗教团体有364个，其中基督教团体196个、佛教寺庙等团体134个、清真寺等伊斯兰教团体24个、萨满教等其他宗教团体10个。喇嘛、教士等神职人员1 552人，其中喇嘛1 321人，在各宗教神职人员总数中占比最多，其次是基督教的神职人员202人。[1]

---

[1] 资料来源于蒙通社官网。

1. 藏传佛教

藏传佛教是蒙古国的主要宗教，历史上曾经两次传入蒙古地区。蒙古国主要信仰藏传佛教的格鲁派[1]。哲布尊丹巴呼图克图是历史上形成的藏传佛教格鲁派四大转世活佛世系之一，从1639年到20世纪初在喀尔喀蒙古地区共传八世，具有强大的政教影响力。

藏传佛教在蒙古的影响极为深广，涉及政治、经济、文化、思想、教育、医疗等各个方面。20世纪初，喀尔喀蒙古地区大约有750座寺庙，喇嘛人数达115 000人，占总人口的1/3。

20世纪90年代之后，作为蒙古人传统文化重要组成部分的藏传佛教得以复兴。1991年，蒙古国佛教中心成立，该中心负责协调国家与寺庙之间的关系，组织蒙古国佛教的对外交往，统筹安排佛教组织问题，协调与其他宗教的关系等。[2]1993年，蒙古国颁布《国家和寺庙关系法》，规定"国家从崇尚蒙古人民的和睦和历史文化传统出发，尊重佛教在蒙古国的主导地位。这不妨碍公民信仰其他宗教"，藏传佛教在蒙古国的主导地位得到了法律确认。目前蒙古国有佛教寺庙130多座，喇嘛僧人1 300多人，学员近180人。

2. 萨满教

萨满教对于蒙古人来说是一种原生性宗教，具有悠久的历史。萨满教的信仰基础是万物有灵论，其神灵系统主要由腾格里天神、自然神和祖先神组成。萨满被认为是能够通灵的神职人员，蒙古语称男萨满为"博"，女

---

[1] 14世纪末、15世纪初，藏传佛教高僧宗喀巴创立格鲁派。格鲁派以戒律为本，显密并重。由于戒律严格，寺庙组织严密，并形成了独立的寺庙经济基础，到16世纪，格鲁派在西藏地区成为各教派中影响力最强的教派。由于其僧服僧帽以黄色为主，因此也被称为黄教。

[2] 图门其其格. 蒙古国宗教组织现状及其社会影响[J]. 当代亚太，2004（10）：58-64.

萨满为"伊都干"。萨满的主要功能是祭祀和治疗疾病，特别是治疗一些精神和心理疾病。萨满在跳神的过程中常配合舞蹈、歌唱和咒语，在传承和发展的过程中逐渐从娱神转变为娱人的音乐、舞蹈、诗歌、绘画、雕塑等艺术形式，其内容成为蒙古民间文学和艺术的起源之一和蒙古传统文化的重要组成部分。

在外来宗教传入之前，萨满教在蒙古民族的信仰世界中占据重要地位。16 世纪末 17 世纪初，藏传佛教第二次传入蒙古地区，萨满教中的自然崇拜、祖先崇拜等信仰方式为藏传佛教所吸收，祭火、祭敖包和祭祖等萨满教的传统习俗融合了萨满教和藏传佛教的双重特点，而萨满教的部分神灵也成为藏传佛教的护法神。

1999 年，国际萨满教研究会第五次会议在蒙古国举行，蒙古国萨满教的情况受到一定的关注，许多萨满得以公开身份，祭祀和医疗活动也逐渐恢复。在治疗一些心理、精神疾病和无法找到病因的疑难杂症时，一些蒙古国人会考虑寻求萨满的帮助。2012 年，蒙古萨满联合会成立，该组织为萨满授予头衔，定期举行祭天、祭火、祭山、祭日、祭龙神等祭祀活动。目前蒙古国萨满教相关的组织有 10 余个。

3．伊斯兰教

伊斯兰教也是蒙古国的传统宗教，其信众主要是哈萨克人和霍屯人等少数民族和部族，影响范围集中在蒙古国西北部地区，巴彦乌列盖省 88.7%、科布多省 11% 的居民信仰伊斯兰教。

1990 年，蒙古穆斯林协会在乌兰巴托成立，1992 年更名为蒙古国伊斯兰教中心。1992 年，巴彦乌列盖省设立了蒙古国第一座清真寺。目前，在乌兰巴托、巴彦乌列盖省、科布多省、乌布苏省、达尔汗乌拉省、肯特省和中央省等地共有 24 座清真寺，其中有 18 座位于巴彦乌列盖省。

4．基督教

基督教在蒙古国的广泛传播较晚，被视为非传统宗教。1990 年 10 月 7 日，以"世界之主"教堂举行礼拜日活动为开端，基督教开始迅速传播，信徒人数和教派组织数量快速增长。在蒙古国传播的基督教教派众多，组织数量达 196 个，在各宗教组织中最多，传教士人数达 202 人。

5．宗教法规和政策

1921 年蒙古人民革命之后，蒙古开始推行政教分离的政策和无神论方针，破除人民对宗教的迷信。20 世纪 70—80 年代的人口信仰状况普查结果显示，80%—85% 的人口不信仰任何宗教。1990 年 2 月 22 日，国家大呼拉尔做出决议，准许额尔德尼召（光显寺）、阿穆尔巴雅斯古楞特寺（庆宁寺）、尚合寺三家佛教寺庙重新修缮，并开展佛事活动，以及在巴彦乌列盖省修建清真寺等，这标志着蒙古传统宗教的复兴。同时，由于多种外来宗教的传入，蒙古国的宗教呈现出多元化发展的特点。

为妥善管理宗教事务、协调国家与宗教之间的关系，宪法及《民法》等法律对公民的信仰权、宗教组织的权利和义务、国家与宗教之间的关系予以规定。蒙古国现行宪法明确了国家和宗教之间关系的基本原则是"国家尊重宗教，宗教崇尚国家"，"国家机关不得从事宗教活动，寺庙不得从事政治活动。以法律协调国家与寺庙之间的关系"。宪法第 16 条关于"蒙古国公民享有的自由和权利"的条款规定"公民有信仰和不信仰宗教的自由"；第 19.3 条规定"即使在特殊时期和宣布进入战争状态时，公民的自由和信仰权仍不可侵犯"。1993 年 11 月，蒙古国国家大呼拉尔通过《国家和寺庙关系法》，旨在保护公民的信仰自由，为宪法提出的国家与宗教的关系提供保障。该法在国家与寺庙关系的基础、实施，寺庙等宗教组织的权利、活动、经济利益，及本法的适用范围等方面做出了明确规定，其中特别提出佛教作为主导宗教的地位——"国家从崇尚蒙古人民的和睦和历史文化传统出发，尊重佛教在蒙古国的主导地位。这不妨碍公民信仰其他宗教。"1994年，蒙古国总统宗教事务委员会设立，以研究和处理宗教问题。《国家与寺庙关系法》对宗教教育做出了专门的规定："宗教教育应从宗教学校和家庭教育来获得。禁止在国立学校和机构里组织宗教教学和集会。这里不包括有关宗教文化、知识遗产方面的科学教育。宗教学校有义务为在校学习的公民提供基础教育。并依据国家主管教育部门和政府通过的法规，提供资金和师资力量，及进行业务审核。"

四、物质与文化生活

（一）物质生活

蒙古国将近一半的人口生活在乌兰巴托，各省又有40%的居民生活在省会，实际生活在牧区的人口不到40%。蒙古国的城乡差别较大，首都、省会和牧区的生产生活方式、经济发展水平存在明显差异，社会文化生活呈现出迥然不同的面貌。以乌兰巴托为中心的城市生活与乡镇牧区的生活相比，体现出现代化、多元化、国际化、年轻化、快节奏的特点。

从2020年蒙古国人口和住宅普查结果来看，大部分居民居住在固定的普通住房（楼房和平房）中，只有38%的居民生活在蒙古人传统的居所——蒙古包中。在以蒙古包为居所的居民中，地方人口数略高于城市人口数。在城镇里，蒙古包往往也只作为与普通住宅并列的房屋，固定在居民的院落中。城市及地方居民聚居区域中蒙古包的固定化以及对普通住房的选择是人口定居化程度逐渐增高的体现，也反映出蒙古人传统的游牧生产和生活方式的变迁。

随着蒙古人传统的游牧生产生活方式的变迁，人们的衣食住行等物质文化生活也相应发生了较大变化。蒙古人的饮食结构、服饰特点、出行方式、信息交流方式也早已摆脱单纯依托畜牧业生产的状况，而变得更加现代和多元化。

受到地域环境、天气条件、食物来源以及传统习俗等因素的影响，蒙古人的饮食结构分为六大类：白食（即奶食）、红食（即肉食，牛羊肉居多）、粮食谷物、蔬菜、茶酒饮品类、坚果水果类，其中以乳、肉、粮食（面食居多）、根茎类蔬菜为主。蒙古传统饮食与中餐、西餐、韩餐等都成为蒙古人，特别是城市居民的日常饮食；在牧区，由于自然环境、食品来源条件和运输条件等因素的限制，传统的饮食结构得到了更多保留，具有高油、高脂、高蛋白、高营养的特点。根据2016—2017年进行的蒙古国第五次人口食品营养调查，蒙古国居民的饮食结构存在食物种类偏少，维生素、矿物质缺乏比率较高，超重和肥胖的问题与日俱增等问题。针对上述问题，蒙古国陆续出台《食品法》《食品安全法》《健康生活法》和《婴幼儿食品安全法》，以及《2014—2020年人口饮食国家纲要》《2016—2020年不良生活方式引起疾病的预防与监管国家纲要》《2016—2021年保障食品安全领域中期战略》等政策法规，其中特别强调对公众进行健康饮食和生活方式的宣传，以及在学校中营造健康饮食和积极运动的氛围和环境。

蒙古人的服饰也体现出传统和现代混杂的多元特点。蒙古袍是蒙古人的传统服饰，但在城市生活中，人们更多根据自身的工作生活方式选择日常服饰，西装、休闲服饰得到城市居民的更多青睐，蒙古袍作为传统服饰，多在节日和特殊场合穿用。城市中老年人日常穿着蒙古袍的比例更高。由于蒙古袍的保暖保护功能及更加适合畜牧业生产的特点，牧区居民常选择蒙古袍作为日常服饰。

（二）公共文化事业

1. 公共文化机构

蒙古国的公共文化事业起步于 1921 年蒙古人民革命之后。博物馆、图书馆、文化馆、体育馆、影剧院等公共文化机构多集中在城市，且以乌兰巴托的公共文化机构数量和质量为最。

1924 年，蒙古国家博物馆建成。其作为兼具保护、展示、研究、宣传蒙古国自然、历史、文化遗产和发展状况等功能的综合性博物馆和公共文化机构，对蒙古国人民的爱国主义、文化艺术宣传教育以及公共文化事业的建设和发展具有重要的奠基意义。2008 年，蒙古国历史博物馆改为蒙古国国家博物馆。该博物馆拥有约 60 000 件藏品，其中 10% 的藏品常年向公众开放展示。[1] 展品包括在今天蒙古国境内发现的古生物、古代先民和古代游牧民族的遗迹、文物，展示蒙古历史、文化、风俗以及近现代发展历程的器皿、碑铭、服饰、用具、文献、佛像、法器、影音资料等多种类型。

除国家博物馆之外，蒙古国还有自然历史博物馆[2]、造型艺术博物馆、剧院博物馆、军事博物馆、博格多汗宫博物馆、乔吉喇嘛庙博物馆等 12 家国立博物馆和 24 家地方博物馆。1990 年之后，出现了一些私立的专题性和纪念性博物馆，如扎纳巴扎尔造型艺术博物馆、国际智力博物馆、蒙古传统医学博物馆、蒙古服饰博物馆等，地方和部分大学、机关单位也有展示本地区、机构名人、风物以及发展历程和成果珍品的小型展览厅。

蒙古国家图书馆坐落于乌兰巴托市中心，初建于 1921 年 11 月，建馆之时仅有由 O. 嘉木扬、Ch. 巴特奥其尔、D. 达西尼玛和 J. 策旺等著名文人学者捐赠的 2 000 多本书籍。目前蒙古国家图书馆拥有 300 多万册藏书和期刊

---

[1] 资料来源于蒙古国国家博物馆官网。
[2] 2019 年关闭，将换址重建。

读物,分为蒙古学库、手抄本库、蒙古书籍库、西方书籍库、东方书籍库、藏文书籍库和定期出版物库。此外,位于乌兰巴托的还有 D. 纳楚克道尔基乌兰巴托市立中心图书馆(1980 年建馆,藏书约 50 万册)和儿童中心图书馆(2004 年建馆,藏书约 8 万册)。蒙古国 21 个省大部分县市和高校均设有规模不等的图书馆,藏书量从几万册到十几万册之间不等。这些图书馆除为民众提供阅读、学习、研究便利之外,还经常举行作者读者见面会、讲座、展览、比赛等公共文化活动。

2. 大众传媒

新闻报纸、广播电视和互联网是展示蒙古国人民社会生活和公共文化事业发展的重要平台。

1931 年,蒙古在乌兰巴托设立了广播电台,到 20 世纪 40 年代,实现了全国无线电台信号全覆盖,家家户户都能收听广播。目前,蒙古国公共广播电台隶属于蒙古国公共广播电视台,下设蒙古广播、蒙古之声和第三广播 3 个主要电台。其中,蒙古广播主要面向国内,广播内容涉及家庭、儿童教育、道德、法律、习俗、文化、历史、社会、政治、经济、环境、健康等各个方面;蒙古之声面向世界,使用蒙古语、汉语、英语、俄语、日语五种语言广播,同时设有同名网站,提供多语种广播和新闻,成为世界了解蒙古国发展和人民生活的重要窗口;第三广播是蒙古国与瑞典合办的电台,内容和风格更倾向于年轻听众。

20 世纪 60 年代,随着现代化进程的推进,作为大众社会生活的重要媒介——电视开始出现在蒙古国人民的生活中。1967 年 9 月,蒙古国家电视台在乌兰巴托建立。20 世纪 70 年代初,达尔汗、乔巴山等地也建立了电视台,主要转播国家电视台的节目。此外,从 20 世纪 70 年代开始,蒙古还通过通信卫星接收苏联的电视节目。2005 年,蒙古国家广播电台和国家电视台合并为蒙古国国家公共广播电视台,电视台每天播放节目 17 小时,内容涉及时政新闻、电影、电视剧、文化、教育、艺术和娱乐等方面。目前蒙古国电视观众占总人口的 80%。[1]

1990 年之后,除了国家电视台之外,私营电视台也开始出现,如 MN-25、TV-5、TV-85、TV-9、教育电视台、鹰新闻电视台、NTV、SBN、MONGOLTV、UBSTV 等。此外,蒙古国还可以收看中国、俄罗斯、美国、日本、韩国等国家的部分电视节目,如中国的中央一台、中央四台、中央五台。蒙古国主要通过有线、无线、卫星、网络等途径接收和播放电视节目。

建立于 1921 年的蒙古国通讯社是蒙古国唯一官方媒体,与许多国家的官方通讯社有合作关系,如路透社、新华社、塔斯社、朝鲜中央通讯社等。蒙通社建立之初发行报纸《号召》,后成为蒙古人民革命党党报——《人民权利报》,1925 年更名为《蒙古真理报》,发行至今,平均订阅量为 4 000 份左右。目前该通讯社用蒙古文、中文、英文、俄文、日文五种文字发行周报《蒙古国消息报》,用英文发行季刊 *Mongolia Today*、年刊 *Mongolia* 等出版物。20 世纪 90 年代以前,蒙古的报纸、杂志等刊物均由国家通讯社和国家机关主办。社会转型之后,新闻出版业自由发展,新闻媒体、报纸、杂志数量激增。目前,蒙古国订阅量较大的报纸有《今日报》《日报》《世纪新闻》《蒙古新闻报》等。还有专门性的报刊,如《文学报》《政府消息》等。与全世界范围纸质媒体的发展趋势一致,由于互联网的广泛使用,蒙古国报纸杂志等纸质媒体的订阅量大幅下降,读者群体多转向电子媒体。目前蒙古国有 34 种报刊提供电子版阅读和订阅服务。[2] 据统计,2016 年,蒙古国有 485 家新闻媒体,其中包括 101 种报刊、69 个广播站、131 家电视

---

[1] 资料来源于 Media Ownership Monitor Mongolia 网站。

[2] 资料来源于 Media Ownership Monitor Mongolia 网站。

台和 98 个新闻网站。[1] 蒙古国从 1996 年开始使用互联网，近年来，互联网已经取代了广播电视和报纸杂志，成为蒙古国民获取社会生活信息的最重要平台。2019 年，蒙古国人口互联网使用率达 80%，手机等移动终端互联网使用率占其中的 80%。[2]

---

[1] 资料来源于 Media Ownership Monitor Mongolia 网站。
[2] 资料来源于蒙通社官网。

第二章 文化传统

第一节 历史沿革

1921年蒙古人民革命胜利。建立政权之后，蒙古的文化事业从国家的层面不断发展。至1990年，蒙古人民革命党和政府在长达70年的发展过程中，制定和实施了相应的文化政策，以塑造适应国家和社会现实要求的新文化，建立了新型的文化教育机构，培养了满足国家和社会发展需求的大批知识分子；摈弃了旧的思想意识，建构了新的主流意识形态和符合国家社会发展要求的文化新秩序。根据文化发展各个不同阶段的方向和任务、文化资源配置、文化成果等方面的具体特点，本节将其文化发展和演变分为三个阶段进行介绍，分别是1921年至20世纪40年代初（第一阶段），20世纪40年代中叶至80年代末（第二阶段），20世纪90年代至今（第三阶段）。

一、1921年至20世纪40年代初

（一）除旧布新——国家文化新秩序的建立

1921年由蒙古人民党组建的人民政府面对百废待兴的局面，开始思考

新政权在政治、经济、文化方面的发展方向及相应政策。1924年11月，蒙古人民共和国第一届人民代表大会召开，会上通过了蒙古国家历史上第一部宪法。该宪法第一条规定：蒙古是共和国，国家的最高权力属于人民。蒙古人民共和国的任务是消除旧制度的残余，国家的一切事务由人民管理执行。同年召开的蒙古人民党第三次代表大会也明确提出消灭旧制度，建立新制度，使人民当家作主的决议。这些决议为国家的文化发展指明了方向。20世纪20—40年代，蒙古人民革命党和政府所制定和执行的文化政策主要是遵循非资本主义的国家发展道路，与政治、经济等各方面政策形成合力，以消灭旧制度、建立新制度，使人民当家作主。文化政策主要体现在提升人民的文化教育水平，向人民宣传党和政府的性质、道路和政策，并着力消除宗教在生产、生活和思想领域对人民的桎梏。

（二）消除文盲，提高全民识字率

识字率是衡量一个国家人民整体文化水平的重要指标，同时也是影响国家政治、经济、文化发展的关键因素之一。20世纪初，蒙古国家的人口识字率很低。男性识字率为35%，但27%只懂藏文，只有8%的男性懂蒙古文；女性几乎不识字。[1] 面对这个局面，蒙古人民党和政府将提高人民识字率和整体文化水平作为文化发展的第一要务。1924年蒙古人民党第三次代表大会决议中指出："蒙古从来没有学校教育，因此识字的人很少，能够读懂中央和地方任何一件公文，以及分发出去的报纸、杂志的人就更少了，在此期间虽然正在建立一些学校，教育儿童，但是他们年纪尚小，（对此局面）还不足以补益，因此现在不论党员还是非党员都应学习蒙古文字。党中央委员会要求各委员会、基层支部无论是党员，还是非党员一律应该学习蒙古文字。"[2] 人口识字率过低、

---

[1] Монгол соёлын түүх, II боть[M]. УБ, 1999 : 340.

[2] МАХН-ын их бага хурал, Төв Хорооны бүгд хурлуудын тогтоол, шийдвэр (1921-1939)[M]. УБ, 1956 : 57.

缺乏现代的学校教育是摆在蒙古人民党面前亟待解决的问题，这既是文化发展的首要问题，也是牵系国家发展的重要问题。"三大"对发展教育做出的决议中特别提到了全民识字教育、进一步实施学校教育的各项政策等问题，将发展学校教育和全民识字教育放在发展文化事业的首要地位。从1925年蒙古人民革命党[1]"四大"，到1940年的"十大"，其文化政策始终将提升人民的文化水平，特别是提高识字率、扫除文盲等问题放在发展文化教育事业的首位。基于20世纪20—40年代蒙古人口分布相对松散、师资力量严重短缺等现实情况，蒙古人民共和国政府组织和推行的识字教育活动主要采取家庭学习、小组学习、临时识字学校和学校教育等方式。牧区的识字教育活动以家庭为单位，主要是识字者作为志愿者教授蒙古文字。在首都库伦（今乌兰巴托）以及苏木中心，在蒙古人民革命党、青年团以及妇女组织和军队中组成文字学习小组，专门学习蒙古文。这些党团、军队组织的识字活动收效明显，同时培养了一批教授蒙古文的师资队伍。经过近20年的努力，到20世纪30年代末，蒙古人口的识字率有了明显的提升，8岁以上人口识字率增加了5倍。

（三）人民思想文化宣传机构的设立

20世纪20—40年代，大部分蒙古人仍然保持着逐水草而居的游牧生产生活方式。向群众集中宣传国家政策、进行思想文化教育、建立起文化教育宣传机构，成为该时期发展文化事业的重要任务之一。20世纪20年代初，俱乐部在苏联发展起来。受苏联影响，"1921年10月在乌兰巴托成立了纳尔多姆俱乐部，此后在蒙古人民革命党部分党员的倡议下，党员集资在乌兰巴托、乌里雅苏台、阿拉坦布拉格等地建立了党员俱乐部。"[2] 党员俱乐部

---

[1] 蒙古人民党于该年更名为蒙古人民革命党。
[2] Монгол соёлын түүх, III боть[M]. УБ, 1999：330.

通过舞蹈、戏剧、电影等多种艺术形式传播革命思想，丰富人民文化生活，取得了良好的效果。俱乐部在乌兰巴托以及人口相对集中的省会、苏木逐渐发展起来，成为城市和定居点人民的文化活动中心。"1939年召开的蒙古人民共和国第22届小呼拉尔做出决议，要求将较大省份的俱乐部发展成剧院，并设立专职演员岗位。"[1] 这样，俱乐部就从之前主要依靠志愿者提供文化艺术服务的临时性机构逐渐发展为有组织的、固定的文化教育宣传机构，成为后来首都和地方大型剧院和文化宫的雏形。

为了适应牧区牧民游动的生产生活方式，从1925年开始，在牧区设立宣传文化、新思想和国家政策的文化蒙古包，以四季游动的形式向牧民宣传新思想、新文化。为了吸引牧民群众，文化蒙古包和帐篷使用醒目的红色，因此被称为红色蒙古包和红角。到20世纪30年代末，在蒙古牧区大约有近20个红色蒙古包和红角。红色蒙古包和红角逐渐发展成为牧区的文化活动中心，在适应牧民四季游牧的条件下，以游动的形式在牧区人民中间开展喜闻乐见的戏剧、电影、演讲等文化活动，在蒙古人民共和国文化事业发展的奠基阶段起到了文化宣传的重要作用。俱乐部、红色蒙古包、红角等城镇文化活动中心的建立和发展在很大程度上丰富了蒙古人民的文化生活，通过宣传和传播科学文化知识、革命思想等，逐步改变了藏传佛教在蒙古人民生产生活、文化教育和精神生活中的单一影响局面，起到了移风易俗、广泛提高蒙古人民文化水平、引导蒙古人民向现代文明迈进的重要作用。

（四）消除宗教迷信的荼毒

20世纪初，喀尔喀蒙古地区大约有寺庙750座，喇嘛11万余人，占总

---

[1] Монгол соёлын түүх, III боть[M]. УБ, 1999 : 331.

人口的 1/3。寺庙除了作为宗教机构广泛分布，同时也具备教育中心、医疗中心、研究中心等文化功能。摆脱宗教封建主的压迫，清除宗教在蒙古人民生产、生活、思想文化等各个方面的负面影响，是摆在蒙古人民革命党和政府面前的重要任务。这一时期的措施主要有：在政治上，采取政教分离的政策；在经济上，改变寺庙经济在蒙古经济生活中的统治地位；在文化、教育和思想领域，着力消除宗教的负面影响，用现代科学知识、新思想和新文化武装人民的头脑。

1924 年 5 月，八世哲布尊丹巴圆寂。蒙古人民党采取了比较审慎的态度对待其遗产，将其主要用于文教卫生等领域。1925 年，蒙古人民革命党"四大"做出决议，将所有财物中经书等物交给宗教管理部门，其余部分分成多份，其中一部分用于人民教育事业，支付学校教育开支。该决议反映出蒙古执政党和政府对待文化事业的资源配置的重视程度。

（五）现代文学的奠基和初步发展

蒙古现代文学和艺术作为文化发展的重要内容，担负着教育、宣传、启蒙思想、建构文化秩序等重要任务。文学作品作为思想武器，其题材内涵应与时代的要求相契合。具有新思想的文学家积极响应蒙古人民革命党的号召，组建革命文学家团体，在蒙古现代文学的发展和思想文化的启蒙中发挥了重要作用。1928 年，蒙古人民革命党在"七大"决议中提到，应该建立革命性质的作家协会。1929 年 1 月，S. 宝音尼木赫、Ts. 达木丁苏伦、B. 仁钦、M. 雅达姆苏伦、D. 齐米德等作家组建革命文学家协会，也就是后来蒙古作家协会的前身。20 世纪 20—40 年代是蒙古现代文学的奠基时期，涌现出一批充满爱国热情、视思想和文化启蒙为己任的文学家。其中最具有代表性的 D. 纳楚克道尔基、Ts. 达木丁苏伦、S. 宝音尼木赫被誉为蒙古现代文学三大奠基人。他们创作的文学作品从题材上看大致分为三类。第一类是揭露旧时代、旧制度的黑暗和僧俗封建主的残酷剥削，如纳楚克道尔基的小说《白月与黑泪》（1930年）、《喇嘛爷的眼泪》（1930年）、歌剧《三座山》（1934年），宝音尼木赫的剧本《黑暗政治》（1932年）等。第二类是批评新旧社会交替时期人们生产生活中存在的愚昧落后、懒惰无知等现象，宣传现代思想文明和科学技术，如纳楚克道尔基的《惊叹文明》（1930年）、《旧时代的儿子》（1930年），达木丁苏伦的《被歧视的姑娘》（1929年）、《三个说，一个做》（1932年）等。第三类则是歌颂民族的历史和赞美祖国，如纳楚克道尔基脍炙人口的诗篇《我的祖国》（1931年）、达木丁苏伦的长诗《我白发苍苍的母亲》（1934年）等。这些文学作品的题材反映了当时蒙古人民革命党和政府反对僧俗封建主、破除宗教迷信的荼毒，用现代科学文明武装人民的头脑，改变人们的精神面貌，形成符合新时代的思想意识等要求，成为重要的思想武器，在营造符合国家和社会发展方向的思想氛围和建构新的文化秩序中发挥了重要作用。

二、20世纪40年代中期到80年代末

1921年至20世纪40年代的20余年间，蒙古人民文化教育水平得到了显著提高，消除封建宗教对人民思想的桎梏、打破旧的封建文化秩序，适应国家发展阶段要求和人民生产生活状况的新的文化秩序初步建立起来。蒙古文化发展从20世纪40年代开始进入了由非资本主义向社会主义发展的新阶段。1940年，蒙古人民共和国颁布第二部宪法。该宪法第一条明确，蒙古人民共和国发展所处的阶段是非资本主义阶段，封建主阶级已经消灭，国内不存在剥削和压迫，牧民、工人和知识分子组成的劳动人民当家作主，国家的发展目标是实现社会主义。1940年宪法是对1921年至20世纪30年代末国家发展阶段的总结，也开启了新的发展阶段，并对国家性质、制度、

国家发展目标、党和政府的构成、职责和任务等做出了明确的规定。蒙古国民经济、文化、社会的发展均在国家计划的基础上展开。

20世纪40年代中期，第二次世界大战结束，蒙古人民共和国从战时状态中摆脱出来，经济和文化事业逐渐得到恢复，从50年代初开始稳步发展。这一时期正是蒙古人民共和国社会主义制度确立和初步发展的时期。蒙古人民共和国的经济结构从单一的畜牧业经济逐渐发展为工业、农牧业为主的多种经济结构，工人、农牧民和劳动知识分子成为国家经济、文化发展建设的主要力量。1960年，蒙古人民共和国颁布第三部宪法，宣布社会主义制度正式确立，发展与之相适应的新文化成为这一时期文化发展的目标。50年代中期到60年代，蒙古人民共和国展开了旨在彻底消除旧制度在人民生产生活和思想文化方面的影响、宣传适应社会主义发展建设的文化活动。在这一过程中，通过文学、戏剧、电影、广播、音乐、绘画、雕塑等文化宣教途径，在消除文盲、普及教育、摆脱愚昧、学习现代文明的生产生活方式等方面取得了显著的成效。

20世纪70—80年代，蒙古人民共和国的政治、经济、文化发展方针政策全面效仿苏联模式，在发展农牧业的同时，加快发展工业。达尔汗、额尔登特等工业城市在草原上建成。蒙古从传统的畜牧业国家发展为工业-农牧业国家，这对文化的发展产生了深远的影响。蒙古以畜牧业生产为基础的传统游牧文化，与以工业生产为基础的现代文化、城市文化在碰撞中有矛盾、有融合，获得了具有时代特点的文化成就。同时，蒙古文化也在传统与现代的矛盾和融合中形成了自身的特点。20世纪40—80年代是蒙古社会主义新文化形成、确立和稳定发展的时期，各项文化事业成为反映和宣传蒙古社会发展建设成就、揭露和批判封建制度遗毒的重要工具和阵地。革命现实主义和爱国主义成为这一时期蒙古文化发展的主导思想，文化成果呈现出国家性、革命性、人民性的特点，这是与该时期蒙古经济、社会发展的总体目标和发展阶段紧密相关的。

（一）新文字的选择和推广

全民识字率是影响国家经济、文化发展的重要因素。面对蒙古人民共和国全民识字率低、人民文化水平落后的局面，蒙古人民革命党从20世纪20年代开始，采取了一系列旨在提升人民文化水平的措施，例如发放蒙古文字母表等学习材料，培养教授蒙古文的师资力量，组织短期蒙古文学习班，在蒙古人民革命党、机关干部、牧民、教师等各个群体中宣传学习蒙古文等，到20世纪30年代中后期取得了一定的成效。1940年蒙古人民革命党"十大"报告中指出，1934—1940年，该国识字人口由32 000人增长到73 000人。[1]

1930年2月，蒙古人民革命党"八大"报告在关于人民教育的部分中提出改革蒙古文字，并专门建立拉丁字母委员会，负责蒙古文拉丁化的管理和监督工作。1930年年底，蒙古人民共和国的中小学在教授回鹘体蒙古文的同时，开始教授拉丁字母。各机关单位的名称、印章、地址等都需用拉丁字母书写，报纸、杂志也开辟拉丁字母专栏。1932年，蒙古人民共和国开始推行"革新政策"，蒙古文拉丁化的进程放缓。1940年3月的"十大"再次提出蒙古文拉丁化的问题，"为了发展文化教育，促进人民的识字事业，应组织教授拉丁字母的工作，此外还要发布阿拉伯数字的使用规则。"[2] 然而一年之后，即1941年3月25日，蒙古人民革命党中央委员会和蒙古人民共和国政府发布决议称，"蒙古文字拉丁化，或使用拉丁字母书写蒙古语有弊端，且印刷方面也存在技术上的困难。该国文化教育未来的发展只能走加强与苏联人民的兄弟般的联系，掌握他们丰富的文化的道路。蒙古文字应转用俄文字母。"新文字书写方案的制定任务交给著名的学者、作家 Ts. 达木丁苏伦负责。俄文使用的是西里尔字母，因此借用俄文字母书写的蒙古文称为西里尔蒙古文，俗称

---

[1] Б. Пунсалдулам. Шинэ соёл монголд төлөвшсөн түүх (XX зуун)[M]. УБ, 2018 : 145.

[2] МАХН-ын их, бага хурал, Төв хорооны бүгд хурлуудын тогтоол шийдвэр, (1940-1956)[M]. 1956 : 25.

新蒙文。西里尔蒙古文共 35 个字母，在 33 个俄文字母的基础上，增加了 Ө、Y 两个字母，用以书写喀尔喀方言中的〔ö〕和〔ǔ〕两个发音。新蒙文书写规则是以喀尔喀方言为标准语音，书写尽量贴近语音为基本原则制定的。

蒙古人民革命党和蒙古人民共和国政府在推行西里尔蒙古文工作方面投入了大量的人力、物力、财力。1941 年成立了以尤·泽登巴尔领导的专门委员会，并责成蒙古人民共和国科学院和人民教育部[1]组织研究和推广。1940—1948 年花费 631 余万图格里克用于西里尔蒙古文的教学和推广工作。这期间编写、印制、发放如《字母表》《世界局势》《我们的祖国》《成人算术》等十余种西里尔蒙古文学习材料。1946 年，蒙古人民共和国开始正式使用西里尔蒙古文，规定从当年 1 月 1 日开始，所有出版物及国家事务均使用新文字。1947 年召开的蒙古人民革命党"十一大"报告显示，全民识字率由 10% 上升到 36%。该次会议制定了 1948—1952 年蒙古人民共和国经济、文化发展五年计划，这是该国实施的第一个五年计划。其中的文化发展计划特别强调提高人民识字率，消除文盲对于该国经济、文化发展的重要意义，并试图在该五年计划的前三年全面消除文盲，后两年巩固和提升识字率。经过十余年的推广使用，到 20 世纪 50 年代中期，蒙古 13—45 岁的人口识字率达到 90.5%，[2]到 60 年代末于全国范围消除了文盲现象。1970 年，联合国教科文组织为蒙古人民共和国颁发"克鲁普斯卡娅奖"，以表彰该国在短期内消除文盲的文化成就。推行新文字，提高全民识字率和文化水平，消除文盲，是 20 世纪蒙古文化发展进程中的重要成就之一。

---

[1] 1924 年，蒙古人民共和国成立人民教育部，作为教育管理的政府机构；1959 年，人民教育部与文化部合并为蒙古人民共和国学校与教育部，1968 年更名为人民教育部；1990 年再次更名为教育部。蒙古国社会转型后，该部名称随政府组阁几经更改，先后称科学教育部（1992—1996 年）、教育部（1996—2000 年）、教育文化科学部（2000—2012 年）、教育科学部（2012—2016 年）、教育文化科学体育部（2016—2020 年）、教育科学部（2020 年至今）。为简明起见，本书将 1992 年后的该部统称为现名教育科学部。

[2] БНМАУ-ын соёлын түүх, II[M]. УБ: Улсын хэвлэлийн газар, 1986 : 28.

（二）以文学艺术为中心的文化成就

1. 现代文学的繁荣发展

1921 年到 20 世纪 30 年代末是蒙古现代文学的起步阶段。以现代文学三大奠基人 D. 纳楚克道尔基、Ts. 达木丁苏伦和 S. 宝音尼木赫为代表的作家、诗人的作品，以告别旧时代、迎接新生活、歌颂革命和人民为主题，将文学创作与国家社会发展的主旋律紧密结合在一起。

D. 纳楚克道尔基 1934 年创作的悲剧《三座山》主要讲述了云登和南斯勒玛一对恋人坚贞不屈的爱情。D. 纳楚克道尔基去世后，1943 年，Ts. 达木丁苏伦将《三座山》改写，把爱情悲剧改编成喜剧，全剧以忠于爱情的男女主人公战胜统治阶级为圆满结局。随着 20 世纪 50 年代中蒙两国文化交流的发展，1956 年中国京剧院在北京演出了根据同名歌剧改编的京剧《三座山》，几年之间，《三座山》成为全国各地京剧团的主要现代京剧剧目，毛泽东等国家领导人都观赏过《三座山》并给予了高度评价。在当时开展的关于戏曲艺术改革问题的讨论中，京剧《三座山》经常作为京剧艺术改革的成功典范来讨论，这成为中蒙两国文化交流史上的佳话。[1]

20 世纪 30 年代末到 40 年代初，特别是第二次世界大战期间，受到时局和战争的影响，蒙古的文学题材多为歌颂战斗英雄、揭露战争的残酷、呼唤和平、歌颂祖国和蒙苏友谊等。文学作品的体裁以诗歌、散文、短篇小说和剧作为主。代表性的诗歌作品有 Ts. 策登扎布的《在你的摇篮里》《塔勒沙地》《边防军》，D. 策伯格米德的《墓前》，D. 僧格的《节日的夜晚》，B. 仁钦的《媳妇花》，Ch. 齐米德的《我是蒙古人》，Ch. 拉哈姆苏伦的《英雄好汉包勒德镇压恶魔的故事》等。一些抒发爱国热情的诗歌成为脍炙人

---

[1] 陈岗龙. 熟悉而又陌生的蒙古当代文学 [J]. 世界文学，2015（5）：130.

口的经典，至今回荡在蒙古人民的心间。

1943年4月8日，蒙古人民革命党中央委员会主席团第29次会议通过决议，号召作家精心创作符合时代和人民需要的文学，创造出战斗的、爱国主义的、美好的文艺模范作品。[1] 从20世纪30年代末到二战结束，蒙古文学创作的题材紧紧围绕爱国主义、反对战争等主题，呈现了一批具有时代主题和特点的作品，也奠定了蒙古现代文学革命现实主义和爱国主义的基调。

20世纪40年代中期，二战结束，蒙古人民共和国逐渐从战时的困难中摆脱出来。1948年起，蒙古开始实施经济文化五年计划。经过1948—1952年第一个五年计划、1953—1957年第二个五年计划和1958—1960年三年计划，经济取得了长足的发展，经济结构和社会结构都发生了较大变化。1960年颁布的第三部宪法宣布蒙古人民共和国是"工人、合作社员（牧民、农民）和劳动知识分子的社会主义国家。"同时，随着人民识字率和文化水平的提高，人民对优秀文化艺术作品的需求也不断增加。1948年，蒙古作家协会第一届大会明确指出，蒙古"新文学的根本性质是反映生活的真谛、保护党和人民的根本利益。蒙古现代文学的根本原则是沿着革命现实主义路线发展"。[2] 反映社会发展状况和人民生活新面貌成为20世纪40年代末到80年代末文学创作的重要任务和主要内容。这一阶段是蒙古现代文学发展的高峰期，作家和作品数量可观，作家的写作技巧和创作水平更加纯熟，诞生了许多经典名篇。文学体裁多样，特别是长篇小说出现和繁荣发展。作品的题材涉及社会发展的方方面面。1949—1995年，蒙古共发表长篇小说206部，[3] 其中名篇众多，异彩纷呈。1949年，Ch. 洛岱丹巴发表了蒙古现代文学的首部长篇小说——《在阿尔泰山》，开启了蒙古长篇小说创作的先河。1954年，

---

[1] 乌云毕力格. 绰克图台吉的历史和历史记忆 [J]. Quaestiones Mongolorum Disputatae, 2005（1）: 214.

[2] С. Байгалсайхан. XX зууны Монголын уран зохиол[M]. УБ, 2017: 192.

[3] 史习成. 蒙古国现代文学 [M]. 北京：昆仑出版社，2001: 122.

《在阿尔泰山》获得国家奖。20世纪50—60年代，一大批优秀的长篇小说问世，如B.仁钦的《曙光》、纳姆达克的《动荡的岁月》、L.图德布的《山洪》、Ch.洛岱丹巴的《清澈的塔米尔河》等。这些小说均取材于20世纪初到30年代蒙古人民革命前后的历史，揭示当时蒙古社会的主要矛盾，通过不同身份的主人公塑造，凸显了在蒙古人民革命背景下蒙古人民的生活状况和命运。这些优秀的长篇小说作品既有宏大的叙事结构，又不乏细致入微的人物刻画，同时将格言、谚语、赞词、祝词、史诗等蒙古民间文学的精华运用其中，使得作品具有鲜明的蒙古韵味。

2．艺术创作由传统向现代的转变与发展

20世纪40年代到80年代末是蒙古现代艺术形成和稳步发展的时期。除了艺术创作本身的美学功能外，现代艺术形式还担负着宣传和反映社会发展成就、人民生活状况、蒙古人民革命党和政府的重大方针政策的重要任务。因此，这一时期的艺术作品都带有鲜明的时代特征。下面以电影艺术的发展为例进行说明。

蒙古人民革命胜利之后，蒙古人民革命党的决议和政策中多次指出电影对于宣传革命、宣传国家发展、使人民了解古今内外形势的重要作用，是宣传教育的重要工具。因此，蒙古的电影事业从起步阶段就肩负着宣传该国政治、经济、文化、教育政策和发展状况的责任。这对蒙古电影的类型、主题和特点产生了深远的影响。

蒙古人民共和国十分重视并积极发展电影事业。1933年，在人民教育部下设电影工作委员会，专门负责电影的制作、放映和管理工作。20世纪20—30年代在乌兰巴托和牧区设置固定和流动电影放映站。1934年，乌兰巴托建成了蒙古第一个电影院"人民影院"。当时放映的电影主要是苏联电影。1939年召开的蒙古人民革命党第九次大会上特别强调了电影在建设"新文化"事业中的重要意义。

20世纪30年代初，在苏联电影专家的帮助下，蒙古人民共和国开始筹建电影制片厂。1935年，第一个电影制片厂在苏联专家的指导和帮助下建成。20世纪30—40年代，蒙古的电影类型以纪录片为主，仅有为数不多的故事片问世。蒙古电影制片厂建立之后，到30年代末，拍摄了十余部纪录片、宣传片。这些纪录片的内容主要包括宣传蒙古革命的领导者以及蒙古人民革命党和政府的决议、政策，记录重要会议和重大节日的庆祝活动，展现蒙古的发展成就和人民的幸福生活、揭露旧制度的黑暗残暴等，如《五一国际劳动节47周年》《十月革命19周年》《蒙古人民革命15周年》《建国16周年》《今日蒙古》《建党18周年庆祝大会》《纳莱河煤矿》《打草节》《手工业》《春耕》《羊毛有用》《文明医院》《文明商业》《鼠疫》等。这些纪录片生动地呈现了蒙古人民共和国十多年取得的进步和收获，并与落后的封建社会相比较，起到了宣传新思想和进步观念的积极作用，展现了"蒙古人民的新生活、新气象、新面貌……大力宣传了国家和政府在保护人民健康、发展民族工商业等方面采取的众多措施，广泛地展示了新社会劳动人民在牧区、工厂等各个领域的辛勤劳作和幸福生活"[1]。

1936年，由蒙苏电影人合作拍摄的第一部故事片《蒙古之子》上映。1938年，蒙苏合作拍摄的故事片《诺尔吉玛的道路》上映。《蒙古之子》展示了主人公策旺在新旧社会截然不同的生活境遇，而《诺尔吉玛的道路》以女主人公诺尔吉玛给孩子看病为线索，展现了现代文明医院的科学进步，揭示了旧时代医疗技术的落后。两部影片都是通过鲜明的"新旧"对比，批判旧制度的残酷落后，展现新生活的幸福美好。

20世纪30年代末到40年代初，受到二战的影响，蒙古电影制片厂出品的影片基本围绕着战争主题展开，取材于历史或现实，或歌颂战斗英雄

---

[1] 旭光. 20世纪蒙古国电影初探[D]. 上海：上海戏剧学院，2015：17.

和爱国主义者，或揭露侵略者的阴谋和战争的残酷，展现蒙苏军民的奋起抵抗。相关主题的影片有《骑兵坦克手》《边境上发生的事》《无畏的爱国者》《苏赫巴托》和《绰克图台吉》等。这一时期是蒙古电影事业的起步阶段。蒙古的电影从剧本创作、拍摄和放映技术、导演和演员培养等方面得到了苏联电影专家的指导、帮助，甚至直接参演。在这一过程中，一批蒙古电影人才成长起来，成为推动蒙古电影发展的中坚力量，如摄影师 D. 吉格吉德、导演 M. 宝力德等。

20 世纪 50—60 年代，蒙古人民共和国的经济文化取得了显著的发展。电影作为宣传蒙古社会发展成就的重要途径，在这一时期取得了长足的进步。影片的制作技术、编创水平突飞猛进，观赏电影成为蒙古人民文化生活的新风尚。"1958 年，全国电影放映工作点有 240 个，1960 年增加为 405 个。到 1968 年平均每 3 000 人就有一个电影放映工作点……1965 年，在牧区的牧民每人每月能看到 10 部电影，而城镇居民则达到每月观影 20 余部。1973 年，全国观影人数为 134 万人次，到 1979 年，达到了 150 万人次。"[1]这些数据对于当时仅有不到 100 万人口的蒙古来说是非常高的。随着"文化革命"的展开，宣传蒙古的工业、农牧业发展成就，展示工人、牧民合作社社员，以及劳动知识分子面貌和生活的优秀影片如雨后春笋般呈现出来，一批优秀的导演、编剧和演员脱颖而出。

20 世纪 50—60 年代，蒙古的经济稳定快速发展，客观上为文化的发展准备了人才、资金、技术和安定的社会环境。文化的各个门类呈现出齐头并进、异彩纷呈的态势。这一时期是蒙古现代文学快速发展的时期，大量优秀的文学作品的产生促进了电影，特别是文艺故事片的创作。这一时期，蒙古共出品故事片 40 余部，其中不少优秀影片成为蒙古家喻户晓的经典之作，如《新年》《毛病在前》《是什么阻碍了我们》《这些是女孩吗》《我们的旋律》《觉醒》《人民的使者》《多想有匹马》《在乌兰巴托我爸爸那里》

---

[1] 旭光. 20 世纪蒙古国电影初探 [D]. 上海：上海戏剧学院，2015：20.

《万分之一》《洪水》《高个子母亲》《早晨》《第一步》等。其中《洪水》《人民的使者》等在国际电影节上获奖，并在其他国家展映。这些故事片的题材均取自蒙古的现实生活，通过电影的艺术方法，展示蒙古人民革命和经济建设的各项成就。

20世纪50—60年代，蒙古电影取得了丰硕的成果，以吉格吉德、达木丁、道尔基帕拉姆、本塔尔、赞德拉、吉格吉德苏伦等为代表的导演群体成为蒙古电影发展史上的"黄金一代"。这一时期，影片的类型众多，表现手法更为细腻多样化，为20世纪70—80年代蒙古电影发展进入新时期的发展奠定了坚实基础。

20世纪70—80年代，蒙古出品纪录片、电影新闻片、文艺故事片等类型的影片100余部。这些电影涉及的题材更加丰富，历史事件和人物、城市化、城市文化与游牧文化的差异、传统与现代的矛盾、家庭关系、社会伦理等许多主题都在这一时期的作品中得到了展现。可以说，这一时期的电影已经成为展现社会发展状况、人民生产生活面貌、社会生活中存在的各种思想和问题的万花筒。这一时期代表性作品有《清澈的塔米尔河》《女婿》《红旗》《日食之年》《山外有山》《戈壁幻影》《五指连心》《满都海彻辰夫人》等。《清澈的塔米尔河》与《满都海彻辰夫人》两部史诗电影代表了蒙古电影发展的新高度。

3．音乐、舞蹈等舞台艺术形式的发展与成就

20世纪40—80年代，蒙古的音乐、舞蹈、戏剧、杂技等舞台艺术在继承民族艺术传统的基础上，结合时代精神和国家、社会发展的需要，不断探索，创作出许多既符合人民审美情趣和欣赏水平，又反映国家社会发展状况和人民精神生活状态的优秀作品。这一时期，在舞台艺术领域涌现出一批优秀的艺术家，如音乐家M.都格尔扎布、J.道尔基达格瓦、L.摩

尔道尔基、S. 贡其格苏姆拉、B. 达木丁苏伦、J. 楚伦、G. 比尔瓦、N. 姜仓诺尔布，长调歌唱家诺尔布班兹德等。他们将蒙古传统艺术的特点、方法与西方经典艺术形式相结合，创作和演出了很多兼具传承性、创新性和蒙古特色的优秀艺术作品。1950 年，由作曲家 B. 达木丁苏伦、L. 摩尔道尔基作曲，学者、文学家 Ts. 达木丁苏伦作词的《蒙古国国歌》创作完成，1950 年 4 月 23 日，蒙古人民共和国小呼拉尔主席团第 43 号令宣布其为蒙古人民共和国新国歌。20 世纪 50—60 年代，以 B. 达木丁苏伦、L. 摩尔道尔基为代表的数十位音乐家、作曲家努力学习西方音乐创作技法，与蒙古音乐的优秀传统相结合，创作出一大批形式多样、蒙古特色鲜明、展现时代精神、得到国际赞誉的优秀作品，开启了蒙古音乐创作的"黄金时代"。20 世纪 70—80 年代，以 N. 姜仓诺尔布、B. 沙日布等作曲家为代表的新一代音乐人开始不满足于简单借用民间音乐的部分曲调或片段，而更加注重挖掘蒙古传统音乐的深刻内涵。他们"从哲学和思想层面思考如何创作人民的音乐"，[1] 并着力让世界听到蒙古乐曲美轮美奂的旋律。

  20 世纪 60 年代后期，流行音乐在蒙古出现和发展，并成为音乐领域的新潮流。这一时期，第一支爵士乐队"巴彦蒙古"组建，开启了蒙古流行音乐的先河。70 年代初，被称为"蒙古流行乐队之父"的索伊勒额尔德尼乐队成立。该乐队最初由蒙古音乐舞蹈学校的四名学生组建，用现代音乐的方式演绎蒙古传统音乐，并在此基础上尝试创作了蒙古自己的流行音乐作品，引领了当时流行音乐的发展方向，并且为流行音乐界培养了许多优秀歌手。到 20 世纪 80 年代，蓝调、爵士乐、摇滚乐等各种曲风的乐队组合大量出现，如索云布乐队、成吉思汗乐队、尼古丁乐队、胡尔德乐队、哈仁噶乐队等，蒙古流行音乐与世界流行音乐迅速接轨，成为让国际流行音乐界耳目一新的音乐新势力。

---

[1] Монгол соёлын түүх, III боть[M]. УБ, 1999：227.

音乐家和艺术家积极参与国家文化艺术政策的制定、专业艺术人才的培养、文化机构的建设等文化事业的发展工作，使得蒙古音乐、舞蹈、戏剧、杂技等舞台艺术在相对较短的时间里达到了较高的艺术水平，获得了可持续发展的基础和动力。1951年，蒙古音乐舞蹈学校成立，是为今天蒙古文化艺术大学的前身，为蒙古现代艺术的形成和发展培养了诸多人才。1957年，在作曲家、指挥家S.贡其格苏姆拉的倡议下，蒙古作曲家联合会成立。1964年，蒙古作曲家联合会第一次会议召开，贡其格苏姆拉提出，蒙古音乐应该在研究和学习世界经典音乐、现代音乐和蒙古民间音乐传统的基础上取得发展和进步，[1]这为此后蒙古音乐事业的发展指明了方向。

三、1990年至今

20世纪80年代末90年代初，国际局势的变化和社会变革对蒙古文化的发展产生了极为深刻的影响。一方面，1921年以后70年间建立起来的文化秩序逐渐改变，文化发展在新的语境下面临着新的机遇与挑战，包括作家、艺术家在内的知识分子开始反思蒙古文化发展过程中存在的诸多问题，思考蒙古文化发展的方向。另一方面，1990—2000年，由于国家经济处于崩溃的边缘，此前一直由国家财政统一支持的文化事业在资金和市场方面遭受了严重的打击，一度陷入困境。在改革之后的私有化、市场化条件下，许多文化事业只能走上私有化道路，自筹资金、自负盈亏。面对有限的市场和受众，一些文化机构在没有国家财政支持的私有化条件下，无法在短期内快速转型以适应市场经济对文化发展的全新要求，只能宣布解散。例如，乌兰巴托的儿童青年剧院、人民影院等许多大众文化机构关停或者重

---

[1] Монгол соёлын түүх, III боть[M]. УБ, 1999 : 225.

组。面对这种情况，20世纪90年代中期开始，蒙古国开始制定一系列与文化保护和发展相关的政策法规，如《蒙古国保护著作权法》《蒙古国专利法》《蒙古国文化法》《蒙古国文化遗产保护法》《蒙古国文化政策》等，以保护国家、民族文化成就，保障文化、艺术创作者的权益，保证文化事业稳定健康发展。从20世纪90年代中后期到21世纪初，特别是在2000年以后，随着蒙古国社会经济状况的逐渐改善，蒙古国政府开始对文化事业的发展给予资金、政策方面的支持和帮助，使其得以恢复生机，并逐渐适应私有化、市场化的发展模式。

1990年之后，教育、大众文化、文学、艺术等领域都发生了显著的变化。蒙古国文化发展在新的社会语境下不可避免地面临着传统与现代的矛盾、传承与创新的结合、东西方文化的交融等重要课题。这一时期蒙古国文化发展呈现出自由、开放、多元的总体特点。

（一）文学艺术领域的困境与发展

文学和艺术创作是作家、艺术家对社会生活的提炼和展示。蒙古文学、艺术的创作始终与其所处的社会发展阶段密切相关。20世纪80年代末到90年代初，蒙古出现的新思潮对文学、艺术领域产生了多重影响，各种思想、主义纷至沓来。西方文学、艺术理论得到关注与译介，现代主义、后现代主义、虚无主义、抽象主义等思潮开始在蒙古产生影响，文学、艺术领域呈现出复杂无序的状态。

一些学者将20世纪80年代末到21世纪初称为蒙古文学艺术的反思和探索时期。这一时期蒙古的文学创作在民主、自由、多元、开放的社会氛围下，逐渐冲破曾经的官僚主义、僵化思想的束缚，着力反映变革后蒙古的社会状态和人民精神面貌的文学、艺术作品应运而生。此外，以回溯国家民族历史、文化为题材的作品也多有出现。代表性的作品有S. 额尔德尼的小说《寡居女人们的宴会》、D. 嘎尔玛的《忽必烈汗的愿望》、J. 达西泽伯格的《深夜》、D. 那姆斯莱的短篇小说《扎木合的诺言》《在策格策尔黄色草原上》等。D. 恩和宝勒德、G. 阿尤尔扎那、B. 岑德道等作家的作品反映了 20 世纪 90 年代以后蒙古国社会生活中大量出现的酗酒、失业、婚外情等现象，在变革后的现实语境下探究人与人之间、人与自然之间、历史与现实之间的关系，引人深思。

进入 21 世纪，随着蒙古国经济复苏、社会秩序趋于稳定，文学创作的激进矛盾、复杂多样的状态逐渐趋于缓和。年轻一代的作家努力从蒙古民间文学和书面文学传统中汲取营养，融汇东西方文学的创作思想和方法，结合蒙古社会现实，创作出具有现代蒙古特色、集中反映城市生活的作品。代表性的作家有 N. 巴达姆扎布、H. 宝洛尔额尔德尼、G. 苏赫卓力克、H. 尼玛拉哈巴、Ch. 宝音扎雅、L. 乌力吉特古斯等。

与文学领域一样，蒙古国的艺术创作在社会转型的冲击下经历了危机、反思、调整和重新发展的艰难转型，由蒙古国电影行业的状况可见一斑。20 世纪 90 年代初，蒙古国经济陷入危机，国家对电影行业的投入大幅缩减，电影管理机构被撤销，电影行业不得不走上自负盈亏的市场化道路。由于资金短缺，电影制作所需要的技术设备陈旧落后、无法更新。此外，"电视普及、更多外国电影碟片涌入蒙古国之后，便毫不留情地夺走了绝大部分电影观众"[1]，乌兰巴托和地方的一些影院和文化中心入不敷出，难以为继。面对这种状况，蒙古国政府于 1997 年 3 月颁布决议，重新组建蒙古电影机构，"将蒙古电影公司、蒙古电影制片厂、纪录片工作室、儿童青年影院、电影研究院下属儿童电影工作室等机构合并，建立蒙古电影制片厂"[2]。与此同时，市场化、私有化的影响也为蒙古国电影行业带来了自由发展的新机遇。一些私营的电影公司、影视机构和电影学校应运而生，例如电影公司成吉思

---

[1] 旭光. 20 世纪蒙古国电影初探 [D]. 上海：上海戏剧学院，2015：46.

[2] 资料来源于蒙古电影网。

汗影业、蓝斑影业、奥尔其朗影业、巴图汗工作室。这些电影公司和团体极大地推动了蒙古国电影人才培养和电影艺术的发展。从20世纪90年代中期开始，蒙古电影行业逐渐走出低谷，进入了新的发展阶段。这一时期蒙古电影在数量、质量、题材和关注度方面都发生了显著的变化。1990年以后每年拍摄电影30—50部，影片题材丰富，涉及政治、历史、传统文化、宗教、人性、伦理、道德、家庭、爱情、犯罪、城乡差别等诸多内容。一大批年轻导演与老一辈导演的作品交相辉映，他们创作的一些优秀电影作品，获得了蒙古国电影界乃至国际电影界的认可和赞誉。例如，导演G.吉格吉德苏伦凭借作品《温热的灰烬》，于1992年获得亚洲太平洋地区电影界最佳导演奖。N.乌仁琪琪格导演的儿童电影作品《羁绊》获得1993年柏林电影节亚洲优秀影片奖。蒙古国在纪录片创作方面素有传统，近年来有许多优秀的纪录片作品获奖，展示了蒙古国电影艺术的发展水平和特点。例如，B.黛娃导演的纪录片作品《哭泣的骆驼》《小黄狗的窝》等获得奥斯卡金像奖最佳纪录长片奖提名、美国导演协会最佳纪录片奖等多项国际奖项。2018年，导演B.乌努尔陶格陶胡的纪录片作品《蒙古包》获得国际经典纪录片奖。同年6月，导演Ts.巴特巴雅尔的处女座《再别天堂》获得第21届上海电影节金爵奖最佳影片奖。这些获得国际大奖的蒙古国影片，都力图通过讲述传统与现代两种因素在蒙古社会生活中的碰撞，展现蒙古游牧民族文化传统的思想精髓及其在现代社会中的地位和处境。

（二）传统文化的恢复与保护

保护和复兴蒙古传统文化，研究和保护文化遗产成为1990年之后蒙古文化发展的重要任务之一。2004年，蒙古国总统N.巴嘎班迪下达《关于永远尊崇〈蒙古秘史〉的总统令》，其中提到《蒙古秘史》是蒙古民族数百年来最宝贵的文化遗产，是记述蒙古大汗世系、蒙古人生产生活、民族历史、语言文字、文学文化、宗教习俗的百科全书式著作，是游牧文明的一座丰碑。蒙古国政府鼓励和支持学者们展开对《蒙古秘史》的全面而深入的研究，并号召蒙古国的教师、专家和学者开展关于《蒙古秘史》的教育工作。

以游牧文明为基础的物质和非物质文化遗产是蒙古文化的精华，蕴含着蒙古民族精神和文化特质。蒙古国就文化成果和文化遗产保护问题制定和颁布了《蒙古国文化政策》《蒙古文化法》《蒙古文化遗产保护法》等一系列相关政策和法律法规，并将文化保护提升至国家安全战略的高度。1992年宪法规定"蒙古人民的历史与文化古迹、科学与精神遗产，受国家保护"。2011年发布的《蒙古国安全战略构想》特别提出保护国家文化安全的政策，"由国家承担保护、发展、研究蒙古历史、语言、文化、宗教和风俗习惯的工作，特别鼓励书籍、教科书和影片的制作，保护和发展物质和非物质文化遗产。"

蒙古国于1990年加入《保护世界文化和自然遗产公约》，1996年开始进行预备项目的申报。目前被正式列入《世界遗产名录》的有5项，其中自然遗产2项，分别是乌布苏湖盆地、达乌里亚风景区；历史文化遗产3项，分别是鄂尔浑河谷地遗址、阿尔泰山岩画群、布尔汗哈勒敦山及其周围祭祀地。

蒙古国于2005年和2007年分别加入联合国《保护非物质文化遗产公约》和《保护和促进文化表达多样性公约》。目前被收录到《世界非物质文化遗产名录》的蒙古国非物质文化遗产有马头琴传统艺术（2008年）、蒙古族长调艺术（2008年，与中国联合申报）、蒙古民间节日那达慕（2010年）、蒙古呼麦（2010年）[1]、猎鹰节（2010年，与亚洲、欧洲12个国家联合申报）、蒙古包传统工艺（2013年）、蒙古羊踝骨弹射技艺（2014年）等7项。蒙古英雄史诗、蒙古民间舞蹈比耶勒格舞、蒙古乐器潮尔艺术、蒙古笛闭气演奏法、蒙古文书法、母驼劝奶习俗等6项载入《亟须保护的世界非物质

---

[1] 2009年，中国蒙古族呼麦歌唱艺术列入联合国人类非物质文化遗产代表作名录。参见中国非物质文化遗产数字博物馆（http://www.ihchina.cn/directory_details/11812）。

文化遗产名录》。历史典籍《黄金史》、佛教经典《甘珠尔》《丹珠尔》《度母经》载入《世界文献遗产名录》。

第二节 风土人情

由于所处地理环境、气候条件和历史上长期从事的游牧生产方式的影响，蒙古国人民的物质生活和风俗习惯多与游牧生产、生活方式密切相关，形成了独具特色的风土人情。

一、蒙古人的传统居所——蒙古包

蒙古包，也称穹庐、毡包、旃帐，是蒙古人的传统居住场所，具有悠久的历史。蒙古包是蒙古人物质生活的集中体现，了解蒙古人的物质生活首先应从了解蒙古包这种独特的居所开始。蒙古包整体呈圆柱形，主体框架由套脑（天窗）、乌尼（椽子）、哈那（木墙）、地板等部件组成，各部件之间使用皮绳连缀。主体框架外部围有顶毡、围毡，最外层铺盖防风防雨的罩布。围毡和罩布用绳索捆绑加固。搭建蒙古包所使用的木料、毡子、皮绳等材料多就地取材。蒙古包结构简单轻便、易于搭建和拆卸，非常适合逐水草而居的游牧生产生活。

虽然结构比较简单，但蒙古包整体的圆柱形提供了较大的空间。蒙古包的空间分配以位于中心位置的火炉为核心，分为东、西两个区域，东边的区域属于女性活动的区域，放置衣柜、碗柜等用品；而西边的区域属于男性活动区域，放置马鞍、酸马奶桶等用品。西北边是蒙古包中最为尊贵的位置，多放置佛龛、家族祖先、长辈的画像、照片等。

蒙古包是游牧生产生活的中心点，是蒙古人传统观念中"家"的所在。随着蒙古国城镇化、定居化程度的增加，居民大多选择固定住宅，许多蒙古包也不再频繁拆卸、搭建，而是作为一种季节性房屋固定在蒙古国城镇居民的院落里。但是蒙古包作为最适宜游牧生产生活的居住方式，仍然为从事畜牧业生产的牧民所喜爱。与此同时，蒙古包成为游牧生产生活方式和蒙古人传统建筑的象征性元素之一，出现在蒙古国的标志性城市建筑之中。例如，蒙古国国家宫、乌兰巴托摔跤体育馆、达西却楞寺等建筑或为蒙古包的圆柱形状，或装饰有蒙古包形状的穹顶。2013年，蒙古包制作工艺和习俗列入联合国教科文组织《非物质文化遗产名录》。

二、蒙古人审美价值的集中体现——传统服饰

蒙古人的传统服饰是在适应蒙古高原的气候特点以及游牧生产生活的需要下产生和发展而来的，包括蒙古袍、帽、靴、头饰和配饰，集实用性、装饰性、礼仪性于一体，具有保暖、舒适、美观、实用等特点。蒙古袍通常为长袍，按照季节、穿用场合的不同分为单袍、棉袍、皮袍等，同时按照穿衣者的性别分为男式和女式。蒙古袍主要由领、长袖、前襟、后襟、腰带组成，选取绸缎、棉布、皮革等材料制作。不同部族的蒙古人穿着的蒙古袍有细微差别，但总体形制接近。蒙古人喜爱白色、蓝色、绿色、黄色、橙色等鲜艳的纯色，因此，蒙古袍多选用纯色或绸缎、布匹本身的花色，腰带则选用与长袍颜色反差比较大的颜色。一般男性和未婚女性穿着蒙古袍时要扎腰带，而已婚妇女则不扎腰带。为了劳动和生活方便，牧区从事游牧生产的已婚女性扎腰带也是常见的。

蒙古帽的种类繁多，有四耳风帽、暖帽、皮帽、毡帽、礼帽等多种样式，根据季节和穿戴场合，与蒙古袍搭配穿戴。蒙古人很看重帽子，特别

是男性，正式场合穿着蒙古袍时必须戴帽。

蒙古靴与蒙古袍搭配穿着。蒙古靴多为皮制、毡制，宽大舒适，具有保护腿脚、方便乘骑的功能。蒙古靴底部较薄，靴尖部上翘，不适宜步行，这些形制特点都是出于骑马和从事游牧生产的需求而形成的。

除袍、帽、靴等基本服饰之外，传统服饰中的女性首饰、男性配饰也极具特点。蒙古女性传统首饰包括头饰、耳环、项链、戒指等，多由金、银等贵金属、珊瑚、玛瑙、绿松石等宝石制作，富贵华丽，价值不菲。蒙古喀尔喀部族传统的女性头饰部件繁多，使用大量金银宝石，多为贵族女性使用，在当代已不多见，但蒙古国女性佩戴首饰，讲究首饰颜色、材质、形制的搭配等习俗至今不衰。男性穿着传统服饰时，多佩戴火镰、蒙古刀等生产生活工具，讲究配饰的材质和实用性。随着蒙古人从事的职业的变迁和城市生活的新特点的出现，这些配饰的实用性大大降低，仅作为装饰使用，但配饰的材质、价值体现着蒙古人的"财富随身带着走"的习俗、价值观念和对富足生活的美好愿望。

虽然随着定居化、城市化进程，城镇居民多根据职业和生活方式选择更适宜于定居和城市生活的西服、休闲服饰，蒙古袍等传统服饰的穿用有所降低，但这些服饰体现了蒙古人的传统观念和审美价值，蒙古人在重要的活动和礼仪性场合多选择穿用蒙古传统服饰。每年7月11日蒙古国国庆节期间都会举行"传统服饰日"活动，不同职业、不同民族和部族的人们穿着色彩鲜艳、各具特色的蒙古袍走上街头，展示传统服饰的魅力。

三、舌尖上的享受——蒙古传统饮食

蒙古人的传统饮食分为白食（奶食）、红食（肉食）、粮食、蔬菜、茶酒饮品、水果、坚果等几大类别。蒙古人的日常食物主要包括本土的肉、乳、粮食、根茎类蔬菜等农牧业产品。为适应蒙古的环境、气候和季节特点，蒙古人传统的饮食习惯是在冬春寒冷季节多食用肉食和面食，而在夏秋气候温暖舒适的季节更多地食用各类奶食，饮用马奶酒等。总体而言，蒙古人的饮食具有高油、高脂、高热量的特点，是对蒙古高原寒冷干燥气候主动适应的结果。

根据蒙古国学者 Ya. 策伯勒的研究，蒙古人传统食品有 400 多种，其中肉食 200 多种，奶食 150 多种，面食糕点 50 多种。[1]

蒙古国的绵羊肉质鲜嫩，性温，营养价值高，是传统饮食中的珍品，是日常和节日餐桌上不可缺少的美味。羊肉包子、饺子、馅饼、羊肉炒饼、羊肉汤面等都是常见的美食。蒙古人重视羊肉的营养和食疗价值，用新鲜的羊肉汤为体弱多病者和产妇滋补身体。煮全羊更是在白月节等重要节日和活动中用于招待贵客，是兼具美味、品位和心意的高规格食品。

蒙古奶食富含蛋白质和多种维生素，营养价值高，种类丰富。蒙古人通过对牲畜乳汁（主要以牛、羊奶为主）进行加工、提炼，制作出奶酪、黄油、奶油、奶干、奶豆腐、酸奶渣、奶皮等多种奶食。春夏季母畜产仔，乳汁丰富，是大量制作和食用奶食的季节。

蒙古人食用的粮食以面食为主，这一方面与气候、土壤环境适宜种植麦类作物有关，另一方面则与同等单位的面食提供的热量更高有关。蒙古包子、馅饼、羊油炸制的点心馃子都是蒙古人喜爱的食品，同时也是节日里装饰餐桌、招待客人的主要食物。

蒙古人有饮茶和饮酒的习俗。茶指蒙古奶茶，蒙古人认为它是食之精华。奶茶多用青砖茶和奶，加少量盐煮制。茶的苦涩和奶的醇厚经过高温煮制，混合成温润的味道，富有营养，兼具助消化的功能，成为蒙古人喜爱的传统日常饮品。在饮用奶茶时，还可以在其中放入炒米、羊肉、肉干、饺子等食物，提供的热量和营养不亚于一顿正餐。蒙古人以善饮酒闻名，

---

[1] Ч. Баттулга. Монгол орон судлал[M]. УБ, 2020 : 76.

酒种类繁多，包括白酒、奶酒、葡萄酒、果酒、啤酒等等，其中以通常在夏季饮用的马奶酒最具传统特色。夏季母马大量产奶，牧民将马奶发酵成酸马奶，再对酸马奶进行蒸馏，制成马奶酒。马奶酒口感清爽、营养丰富，有助消化、降血压等辅助治疗功效。

四、风土人情的集中展现——节日

蒙古国的节日主要包括两大类，即传统节日和纪念性节日。传统节日与季节、节气以及蒙古人传统的游牧生产生活密切相关，很多传统节日与畜牧业生产劳动相连。例如，人们在剪羊毛、擀毡子、制作奶食、马奶酒之后欢聚一堂，分享劳动成果和丰收的喜悦。还有一些节日与宗教信仰和祭祀有关。白月节是蒙古国最有代表性的传统节日，其庆祝方式和活动内容集中体现了蒙古的风土人情。白色是乳汁、奶食的颜色，蒙古人尚白，将春季的首月称为白月。白月节是蒙古历[1]新年的开始，白月作为春季首月，预示寒冷漫长的冬季即将结束，天气转暖，万物复苏。1988年，蒙古国将白月节定为全国性法定节日，放假3日。白月节的前一天是过去一年的最后一日，类似中国传统的除夕，蒙古语称为毕图日，"毕图"一词含有封闭、关闭的意思，象征一年的结束。白月节期间的年俗活动很多，节前需要进行大扫除，准备节日期间所需的食物，如肉食、包子、糕点面食、奶食糖果等；准备一家老小穿用的新衣服；归还此前借贷的钱物，与有过龃龉的人重归于好等等。从除夕开始，白月节的庆祝活动就正式开始了。蒙古人很看重这一日的晚餐，如同中国的年夜饭，是阖家团圆、辞旧迎新的重要仪式。用餐前要祭祀祖先，供奉肉食、茶、酒等。除夕的晚餐品种丰

---

[1] 蒙古国目前除使用公历之外，还使用传统的十二生肖纪年、藏历时轮历纪年法，以及18世纪由藏传佛教高僧松巴堪布益西班觉结合藏历和蒙古地方节气创制的特古斯布彦图新历。

富，但也不外乎肉食、奶食、糕点糖果等。席间，晚辈向长辈敬酒，致以节日的祝福。晚餐后家人唱歌、跳舞、游戏、观看年节电视节目。白月节时，蒙古人还会在餐桌上摆放多层模具压花的椭圆形糕点、糖果、月饼等象征吉祥富足的年节食品，用以招待客人，烘托喜气洋洋的节日气氛。白月节当天，也就是大年初一，一家人穿新衣、戴新帽，给亲朋好友拜年，互致新年问候。晚辈给长辈拜年时，通常向长辈献哈达，并致以新年的祝福，而长辈则轻吻晚辈的面颊，以示祝福。大年初一还会举行祭敖包的活动。此外，白月节期间还有一些禁忌，如大年初一不能随意扔垃圾、哭闹、在他人家里过夜等。

纪念性节日则是对重要事件、人物，或者组织、群体、职业的强调和纪念，如蒙古国有国庆节（7月11日）、教师节（10月5日，同国际教师节）、母子节（6月1日，同国际儿童节）、建军节（3月18日）、劳动节（5月1日，同国际劳动节）、宪法纪念日（11月26日）等。蒙古国最重要的纪念性节日是每年7月11日的国庆节，乌兰巴托中心体育场会举行为期两天的国庆那达慕活动，各省也会举行规模不同的小型那达慕来庆祝。国庆那达慕由总统致开幕词，表达对国家和人民的最美好祝愿，随后举行各种文艺演出和最引人瞩目的那达慕活动。

那达慕，蒙古语"游艺""娱乐"之意，是集祭祀、庆祝、竞技、娱乐和经贸活动于一体的传统活动，具有悠久的历史。那达慕活动中最为精彩、最受关注的莫过于"男儿三竞技"——赛马、摔跤、射箭。男儿三竞技起源于游牧生产生活和古代蒙古人的军事征战，是参赛者力量、耐力、智慧和速度的比拼。虽然名为男儿竞技，但在射箭和赛马两种竞技中也有女性参加。国庆那达慕的摔跤比赛通常有512或1 024名摔跤手参加。摔跤手两两比拼，胜利者进入下一轮，失败者则直接淘汰。摔跤手赢得五场及以上场次可获得鹰、隼、象、狮、大鹏雕等不同名号，以猛禽、猛兽为名号寓意摔跤手骁勇有力。在国家那达慕摔跤比赛中获得全胜的选手得到总冠军头衔。国庆那达慕的赛马按照马的年龄分为多个等级，比赛距离从 10 公里到 28 公里不等。赛马的平均时速可达 80—90 公里，[1] 骑手一般是 6—12 岁的儿童，老马和走马比赛的骑手则多为成年人。射箭是选手力量、目力、耐力和智慧的角逐，参赛选手没有年龄和性别的限制，射箭的距离在 75—80 米。总统亲自为男儿三竞技中获得总冠军的选手颁奖。

除男儿三竞技之外，国庆那达慕上还有蒙古象棋、弹射羊拐等游艺比赛项目。那达慕活动场周围还售卖蒙古传统美食和工艺品。七月正值夏季，是蒙古国天气宜人、水草丰美、五畜兴旺的季节，国庆那达慕无疑是这美好季节中最靓丽的风景线。

第三节 文化名人

很多文化名人在蒙古国的文学、艺术、教育、科学研究、体育等各个领域做出了重要贡献。他们传播思想，传承文化，启迪民智，鼓舞精神，泽被后世，影响深远，一定程度上推动了世界文化的丰富与完善及人类文明的发展与进步。本节选取在文学、艺术、科研、体育等领域对蒙古国的文化发展做出重要贡献的、最具有代表性的、享誉世界的文学家、艺术家、学者、运动员等做简要介绍，以期窥一斑而见全豹之效。

一、蒙古现代文学的奠基人——D. 纳楚克道尔基

D. 纳楚克道尔基（1906—1937）是蒙古著名诗人、作家、蒙古现代文学奠基人之一、启蒙思想家和学者。1906 年，纳楚克道尔基出生在今蒙古

---

[1] T. Мөнхцэцэг, Х. Фүтаки. Монголын нийгэм, соёлын товчоон[M]. УБ, 2013 : 154.

国中央省巴彦德力格尔苏木一个没落的贵族家庭。1922年，纳楚克道尔基加入蒙古人民党，在第三次党代会上曾当选为中央委员会主席团副主席，并参与了蒙古国家历史上首部宪法的编订工作。1925年，纳楚克道尔基前往苏联列宁格勒的托尔马乔夫军政学院学习，1927年赴德国留学。1929年回到蒙古之后，他在从事文学创作和翻译的同时，还担任《青年真理报》的编辑。自1931年开始在蒙古科学院从事研究工作，先后担任历史研究室和音律研究室负责人。

纳楚克道尔基在短暂的一生中创作了大量的诗歌、散文、小说、剧本、歌剧、歌词等。他的许多作品成为蒙古国现代文学发展史上的代表性作品，如诗歌《我的祖国》《四季》，散文《草原佳丽》《白色飞马》，短篇小说《旧时代的儿子》《白月与黑泪》《喇嘛爷的眼泪》《惊叹文明》，歌剧代表作《三座山》，歌词《少先队之歌》《青山》等都是脍炙人口的名篇。其作品鲜活地展示了20世纪初到30年代蒙古人民的生存状态，同时号召蒙古人民摆脱愚昧落后，放眼看世界，学习科学文化知识，具有思想启蒙的重要意义。其作品文辞隽永，感情充沛，反映出作家对祖国、人民深沉的热爱和眷恋，以及对旧社会黑暗落后的无情抨击。

除文学创作之外，纳楚克道尔基还从事翻译和研究工作。他与学者策旺将马克思的《资本论》译成蒙古文。纳楚克道尔基还著有《蒙古史纲》等历史著作。1963年在乌兰巴托树立起纳楚克道尔基的雕像，乌兰巴托市立图书馆也以纳楚克道尔基的名字命名，以纪念这位为蒙古国现代文学和文化发展做出重要贡献的伟人。

二、三次国家奖获得者——Ts. 达木丁苏伦

Ts. 达木丁苏伦（1908—1986），是蒙古国著名学者、作家、翻译家和社

会活动家,蒙古现代文学奠基人之一,蒙古国科学院院士。达木丁苏伦为蒙古语言、文学和文化的发展做出突出贡献,一生中三次获得国家奖。

达木丁苏伦1908年出生在今天蒙古国东方省马德特苏木的一个牧民家庭,从小受到蒙古民间文学的熏陶和家庭教育的启蒙。1924年加入蒙古人民党。1925年开始在蒙古人民军中担任文书工作。1929年担任蒙古工会中央委员会主席。1933—1938年和1950年两度赴苏联列宁格勒东方学院留学。1942—1959年担任《蒙古真理报》主编。20世纪50年代末开始在蒙古国科学院从事研究工作,历任科学院语言文学研究所所长、科学院院长,同时还担任蒙古国作家协会主席、蒙古和平委员会主席等职。1961年当选蒙古国科学院院士。20世纪60—70年代,达木丁苏伦在蒙古国立大学任教,同时从事文学创作、蒙古语言文学的教学和研究工作。

达木丁苏伦从20世纪20年代开始从事文学创作和研究,著作丰厚。1929年,达木丁苏伦发表小说《被歧视的姑娘》,作家取材于现实,以主人公策伦姑娘的命运为主线,展现了蒙古贫苦牧民由逆来顺受到自觉反抗封建主阶级的剥削压迫,从而改变自己命运的思想变化,号召蒙古人民摆脱封建压迫和思想桎梏,成为20世纪20—30年代蒙古启蒙文学作品的代表作之一。此后,达木丁苏伦陆续发表了《两个白色的东西》《索丽变了》《奇怪的婚礼》《行李箱》《公牛贡布》《三个说,一个做》《两个都是我的儿子》,以及长诗《我白发苍苍的母亲》《远行》《献给伟大的中国人民》《蒙古国国歌歌词》《克鲁伦河》等诸多优秀作品。达木丁苏伦的文学作品继承蒙古民间文学传统,着力注入时代的新思想,文笔清新,通俗易懂,充满了人民性、革命性、时代性,具有强烈的现实关照和教育意义。

作为学者,达木丁苏伦在蒙古语言文学、文化、历史研究和文学翻译领域做出了卓越的贡献。20世纪30年代末40年代初,达木丁苏伦接受国家任务,在俄文基础上创制了西里尔蒙古文字母表,制定了正字法。科学研究方面，他发表《蒙古文学中的民主倾向》《蒙古文学研究简史》《〈格斯尔〉的历史根源》《蒙古文学概要》《保护文化遗产》等研究论著，编辑出版《智慧钥匙》《育民甘露》《布谷鸟传》《蒙古古代文学精粹百篇》等文学作品集，参与《蒙古人民共和国通史》一卷本和三卷本的编写工作，合作编写了50 000多词条的《俄蒙词典》；此外，还将普希金、巴尔扎克等著名作家的作品译成蒙古文，将世界文学经典介绍给蒙古国人民。

达木丁苏伦因创作长诗《献给乔巴山元帅50寿辰的祝词》，创作蒙古国国歌歌词，以及将《蒙古秘史》转写为现代蒙古文本而三次获得蒙古国家奖，是蒙古国历史上唯一一位三次获得此项殊荣的人。

三、杰出的蒙古学家、作家——B. 仁钦

B. 仁钦（1905—1977）是蒙古国著名学者、作家、文学家、翻译家、文化活动家，蒙古现代文学奠基人之一。仁钦1905年生于今蒙古国色楞格省阿拉坦布拉格苏木的知识分子B. 仁钦多尔吉家中。1924年仁钦赴苏联列宁格勒东方语言研究所学习。1925年进入列宁格勒大学学习，师从著名蒙古学家弗拉基米尔佐夫、柯津，印度学家奥尔登堡，历史学家巴托尔德，汉学家阿列克谢耶夫等。1927年进入蒙古国科学院的前身经书院工作，后任《蒙古真理报》编辑。1956年，仁钦完成论文《蒙古语历史比较语言学》，在匈牙利获得博士学位。1958年开始在蒙古国科学院从事研究工作。1961年当选蒙古国科学院院士，1970年成为匈牙利科学院院士。

仁钦作为蒙古现代文学奠基人之一，创作了大量优秀的革命文学作品，为蒙古人民所喜爱。1944年仁钦创作剧本《绰克图台吉》，翌年获得国家奖，该剧本被拍成电影，至今仍是蒙古家喻户晓的影片。1951年仁钦创作其代表作——长篇小说三部曲《曙光》，这是第一部反映蒙古人民革命前后人

民生活和斗争的长篇小说。全书分为3个部分，以主人公孤儿希尔臣的生活经历为焦点，将蒙古人民革命等重大历史事件连缀起来，揭示了"社会矛盾和内外危机最后导致社会变革，爆发革命。善良、正直的人民经历种种挫折和不幸之后，逐渐觉醒，最终走上革命道路"的现实。[1]这部小说对蒙古现代文学发展产生了深远影响。仁钦创作的小说《大迁徙》《大象勇士扎鲁岱》《跳伞者布尼亚》、长诗《蒙古语》《媳妇花》等都是蒙古现代文学中的经典佳作。仁钦还将高尔基、普希金、契诃夫、托尔斯泰、奥斯特洛夫斯基、马雅可夫斯基、肖洛霍夫、莫泊桑等70多位著名作家和文学家的240余部作品译成蒙古文，为蒙古人民了解世界文学经典，丰富其精神世界做出了重要贡献。仁钦一生命运坎坷，但他治学严谨勤奋，笔耕不辍，为传承、保护和研究蒙古语言文学、文化做出了杰出贡献，被誉为大师级学者。2005年，蒙古国在位于乌兰巴托市中心的国家图书馆门前树立起仁钦的雕像，以纪念这位大师级学者。

四、"怪人"画家——B. 沙日布

B. 沙日布（1869—1939）是蒙古最具代表性的画家，也是引领蒙古绘画由宗教主义走向现实主义的艺术家。他的绘画长卷《蒙古一日》成为蒙古现代绘画艺术史上最杰出的作品。

沙日布生于今蒙古国戈壁阿尔泰省图门苏木的普通牧民家庭。幼年在寺庙里当过喇嘛，学习绘画技艺。他的绘画生涯以1921年蒙古人民革命为分界，分为前后两个时期。1921年以前沙日布的绘画作品主要是佛像、活佛、贵族肖像画等，如《绿度母》《八世哲布尊丹巴像》《佛母敦多克杜拉姆》

---

[1] 史习成. 蒙古国现代文学[M]. 北京：昆仑出版社，2001：125.

《罗桑敦多布喇嘛像》等。沙日布云游蒙古各地，对蒙古人民生产、生活有深入细致的观察，他的作品突破单一的宗教主题，鲜活地反映出20世纪初蒙古人民的生产、生活面貌。1910—1920年，沙日布创作了他的现实主义代表画作《蒙古一日》《马奶酒节》等。《蒙古一日》长175厘米，宽134.8厘米，现藏于蒙古国扎那巴扎尔纪念美术馆。这幅作品被公认为蒙古现代绘画艺术的代表，在蒙古美术史上占有重要地位。沙日布取材于蒙古人日常的游牧生产生活，通过精致、细腻的笔触将蒙古人生老病死、衣食住行、畜牧业生产各个环节、节庆典礼、宗教生活等许多场景展现在画卷之中，可谓是蒙古草原生活的百科书式的艺术作品。从绘画技法上看，这幅作品采用了长卷散点透视以及佛教壁画中常用的景物间隔、拼贴相结合的方法，整个画卷塑造了300多个人物形象、大量的牲畜和其他动物形象，其色彩鲜明生动、神情各异、栩栩如生，不愧为蒙古绘画艺术的瑰宝。1921年之后，沙日布的绘画作品在主题方面发生了明显的变化。20世纪20年代初，他创作了《列宁》《苏赫巴托》《军人》《亲王杭达多尔济》等一系列肖像画。此后，沙日布开始创作幽默讽刺画和政治宣传画，开启了蒙古现代幽默讽刺画的先河。沙日布的幽默讽刺画多以揭露僧俗封建主贪婪残暴的丑恶形象，号召蒙古人民与之抗争为主题，这些作品多发表在当时的书籍、报纸和杂志上，为宣传反对封建制度、号召人民迎接现代文明生活的文章配图。他还参与了蒙古第一套货币（1925年）以及部分邮票和勋章的绘制和设计工作。

沙日布一生共创作绘画作品50余幅。蒙古社会发生的巨大变化无疑对他的绘画创作产生了深刻的影响。他的绘画作品反映出对蒙古人民生活面貌的现实主义关照，使得蒙古绘画艺术从宗教主题的藩篱中逐渐脱离出来，走上了更加鲜活丰富的现实主义道路。

五、蒙古现代雕塑艺术的奠基人、雕塑家——S. 却姆伯勒

S. 却姆伯勒（1907—1970）出生于蒙古原土谢图汗部的贵族家庭。6 岁时进入额尔德尼昭，成为一名小喇嘛，同时开始向同在该寺为画僧的哥哥学习佛教绘画、雕塑技艺，以及铸造、雕刻、上色等蒙古传统造像艺术技法，后成为佛像画师，并担任该寺的格斯贵喇嘛。1936 年还俗之后回到家乡开办小型艺术品作坊，继续从事雕刻、雕塑创作。20 世纪 40 年代初，却姆伯勒前往莫斯科师从苏联著名雕塑家梅尔库洛夫学习雕塑。回到蒙古之后一方面自己从事雕塑创作，一方面着手培养从事雕塑方面的人才。1946 年，为庆祝蒙古人民革命胜利 25 周年，由却姆伯勒设计，N. 占巴、D. 达姆蒂玛等人合作完成的"苏赫巴托塑像"在乌兰巴托的苏赫巴托广场中心树立起来。整个雕塑高 4 米，长 1.8 米，宽 4 米。有阶梯式基座，四周由 16 只石狮子围绕。雕塑中苏赫巴托跨着骏马，朝向太阳升起的东南方向高举右手，将这位革命领袖号召蒙古人民向着胜利和未来奋勇前进的英雄形象淋漓尽致地呈现出来。这一作品是蒙古现代雕塑艺术的卓越代表，也成为乌兰巴托的中心地标。却姆伯勒因成功创作苏赫巴托塑像而获得国家奖。为纪念却姆伯勒为蒙古国雕塑艺术发展做出的贡献，他的后人设立了雕塑家却姆伯勒基金，用以鼓励和培养更多优秀的年轻雕塑家传承和发展这项艺术事业。

六、长调皇后——N. 诺尔布班兹德

N. 诺尔布班兹德（1931—2002）生于今蒙古国中戈壁省德仁苏木的一个牧民家庭。诺尔布班兹德童年时就以擅长演唱而闻名。1946 年，在蒙古人民革命胜利 25 周年的庆典上演唱长调，从此踏上艺术道路。1957 年加入蒙古人民歌舞团担任长调独唱演员。诺尔布班兹德的歌声高亢悠扬，音

域宽广舒展，唱腔极具穿透力和感染力，她将蒙古长调民歌带到世界舞台，向世人展示蒙古传统音乐的独特魅力。1957年，诺尔布班兹德演唱的长调民歌《清凉宜人的杭盖》获得在莫斯科举行的世界大学生青年节金奖。1961年，在蒙古人民革命胜利40周年的庆典上，诺尔布班兹德演唱长调《赡部洲温暖的太阳》，获得高度评价，并获得功勋演员的头衔，此后还获得劳动英雄、人民歌唱家和国家奖等奖项。1993年诺尔布班兹德获得日本福冈亚洲文化奖。

诺尔布班兹德在演唱和展示蒙古长调民歌，博采不同风格长调民歌演唱表现技巧方面，形成了独特的风格，被蒙古人民誉为"长调皇后"。与此同时，她还努力搜集、整理长调民歌，致力于培养长调演唱人才。2019年3月，为纪念这位长调艺术家，在她的家乡中戈壁省德仁苏木树立起N.诺尔布班兹德雕像。同年8月举行了"太阳照在南赡部洲上"大型露天长调艺术节。

七、蒙古国首位进入太空的宇航员——J.古尔拉格查

J.古尔拉格查，1947年生于蒙古国布拉干省古尔班布拉格苏木。1966年应征入伍。1971年赴苏联伏龙芝军事学院接受飞行训练，1973年毕业于苏联朱可夫空军学院。1978年古尔拉格查进入苏联加加林宇航员训练中心接受航天飞行训练。经过三年的航天飞行训练，1981年3月22日，古尔拉格查与苏联航天员弗·贾尼别科夫乘坐联盟39号飞船升空，开始7天20小时42分钟的太空飞行，其间进行了多项地球科学实验。在环绕地球124圈之后，两位宇航员顺利返航。古尔拉格查是蒙古国家历史上首位飞上太空的人，也是世界历史上第101位成功飞上太空的宇航员，他被授予蒙古人民共和国英雄和苏联英雄头衔。2000—2004年，古尔拉格查担任蒙古国国防部部长，此后还担任过蒙古国国家大呼拉尔议员等职务。与此同时，作为

蒙古国家首位飞上太空的宇航员，古尔拉格查将太空飞行的独特体会和科学研究的精神分享给蒙古人民。他在访谈和演讲中谈到，在太空中回望地球这可爱的蓝色星球，让人激动不已，人们应该珍爱地球。希望这世界上的每个人都能有机会在太空上看看我们的地球母亲。古尔拉格查创造了蒙古人民飞向太空的历史，成为蒙古国的骄傲。2021年3月，古尔拉格查获蒙古国成吉思汗勋章。

八、当代艺术家的代表、作曲家——N. 姜仓诺尔布

N. 姜仓诺尔布1949年生于蒙古国前杭爱省乌力吉图苏木。1971年毕业于蒙古国乌兰巴托师范学院音乐教师专业。随后赴位于苏联基辅的柴可夫斯基音乐学院学习作曲，并从事音乐创作。

姜仓诺尔布是蒙古国著名作曲家、音乐教育家和理论家、文化活动家。至今创作了300多部音乐作品，其中包括马头琴曲、小提琴曲、钢琴曲、电影主题曲和插曲、歌舞剧曲目等，发行《愿不儿罕合勒敦山保佑》《满都海彻辰夫人》《长生天的护佑》《午后小曲》《当我常常叹气的时候》《东方青色之韵》等多张音乐专辑。姜仓诺尔布创作的《蒙古之韵》《白色佛塔》《我的故乡，我的骏马》《心中的戈壁》等乐曲成为蒙古国现代马头琴曲的代表而广为流传，深得热爱蒙古音乐的、包括蒙古人在内的世界各国人民的喜爱。1989年和2000年，姜仓诺尔布以成功创作电影《满都海彻辰夫人》主题曲和诸多优秀的马头琴曲而两次获得国家奖。

姜仓诺尔布在从事音乐创作的同时，还从事蒙古传统音乐和文化的研究工作，出版了《蒙古音乐十二像》《音乐理论术语简明词典》《蒙古音乐五音的理论问题》《音乐，时代》《蒙古音乐之声——思想理论诠释》等著作。

姜仓诺尔布积极投身蒙古传统音乐和文化的宣传、推广及教育事业。

在蒙古国内外多次成功举办马头琴、蒙古筝、笛子、三弦、胡琴、扬琴等传统乐器的交响音乐会，并将传统乐器与小提琴、大提琴、钢琴等西洋乐器相结合，举办东西合璧的交响音乐会。2008 年，在姜仓诺尔布的倡议和组织下，蒙古国举办了首届国际马头琴大会，来自蒙古国、中国、美国、日本、韩国等多个国家的马头琴乐手和爱好者参与了此次大会。

姜仓诺尔布曾担任蒙古国文化部副部长、蒙古人民革命党文化艺术专家、联合国教科文组织文化遗产蒙古国中心负责人等职务，还设立了"姜仓诺尔布基金"，用以支持蒙古音乐的创作和研究工作。姜仓诺尔布为组织宣传和弘扬蒙古传统音乐及其文化，探索蒙古音乐和文化的传承、发展及其与东西方文化的交流互鉴做出突出贡献，也因此获得了"蒙古国人民演员""蒙古国劳动英雄"以及日本天皇颁发的"旭日勋章"等殊荣。特别值得一提的是，姜仓诺尔布还是蒙中友好协会的会长，为推动和发展中蒙两国人民之间的深厚友谊贡献力量。

九、蒙古国首位奥运会金牌获得者——N. 图布辛巴雅尔

N. 图布辛巴雅尔 1984 年出生于蒙古国布拉干省赛汗苏木的一个牧民家庭。图布辛巴雅尔从小喜欢摔跤运动，师从专业博克（蒙古摔跤）教练学习摔跤，曾在省级和全国的摔跤比赛中获得雄狮勇士、老鹰勇士和大象勇士等头衔。2006 年图布辛巴雅尔从蒙古国冠军体育学院毕业，进入蒙古国柔道国家队，开始柔道训练。2008 年 8 月 14 日，图布辛巴雅尔在北京举行的第 29 届夏季奥林匹克运动会的男子柔道 100 公斤级决赛中获胜，获得该项比赛的金牌，成为蒙古国历史上首位获得奥运会金牌的运动员。为此，蒙古国政府授予图布辛巴雅尔"劳动英雄"和"功勋运动员"称号，并为其颁发"苏赫巴托"勋章、"金索云布"奖章等。2012 年伦敦奥运会，图布

辛巴雅尔在同级别柔道比赛中获得银牌。此后，图布辛巴雅尔在蒙古国内外的摔跤、柔道比赛中多次获胜，夺得奖牌。图布辛巴雅尔成为蒙古国体育事业的领军和代表人物，向世界展示了蒙古人民英勇、顽强的精神面貌。2017年，图布辛巴雅尔获得蒙古国最高荣誉——成吉思汗勋章。

第三章 教育历史

第一节 历史沿革

教育是关乎国家和民族未来发展的核心问题。在蒙古国，以学校教育为核心、惠及全民的现代教育体系的建立和发展是从1921年人民革命之后开始的。经过近一个世纪的发展，蒙古国已经形成了包括基础教育、中等教育、高等教育、职业教育、非学历教育等多层次、全方位的教育体系，为国家的发展建设提供了人力资源、智力支持和核心动力。纵观蒙古国现代教育的发展历程，根据教育状况、国家教育指导思想和政策、教育体系的确立和革新等特点，蒙古国现代教育的发展大致可分为以下三个时期：1921年至20世纪30年代末，蒙古人民共和国现代教育体系的初步确立时期；20世纪40年代初至80年代末，蒙古人民共和国社会主义建设阶段教育的快速发展时期；20世纪90年代至今，市场化、私有化条件下蒙古国教育的多元发展时期。

一、1921 年至 20 世纪 30 年代末

（一）以学校教育为核心的现代教育体系的开端

1921 年以前，喀尔喀蒙古地区的教育受到蒙古人传统的游牧生产生活方式、人才培养目的、宗教信仰等因素的影响，教育形式以家庭教育、官吏教育和寺庙教育为主，而有权利、有条件接受教育的人极少，全民识字率仅有 2.1%。[1]1921 年蒙古人民党领导的革命胜利并建立政权。新政权面对当时蒙古封闭落后、人民文化教育水平低、发展建设所需人才极度缺乏等问题，深刻认识到提高人民的文化教育水平、掌握先进的科学技术知识、引导人民进入新的文明时代的紧迫性和重要性。1921 年 3 月，蒙古人民党发布《告全体人民书》，提出将人民文化教育事业纳入政权建设的框架内的主张。1921 年 8 月，蒙古政府就教育问题集中发布了多项决议和政策，如关于建立小学的决议、小学章程、中学章程，确定小学 3 年、中学 5 年的基本学制等。1921 年 11 月在首都库伦（今乌兰巴托）建立了第一所小学，招收 40 余名学生，这被视为蒙古国家现代教育的开端。1922 年开始在各省会和主要聚居点开设初等学校。1923 年在首都库伦开设了蒙古第一所不完全中学，招生 50 余名，学习蒙古语文、数学、物理、化学、历史、地理等科目。[2]1938 年，蒙古历史上的第一所 6 年制完全中学在乌兰巴托建立。同年，蒙古参照苏联学制，将基础教育改为 10 年制，其中小学学制 4 年，中学学制 6 年。

（二）文化教育机构、管理机关的设立

1921 年 8 月 31 日，蒙古政府会议批准建立了主管教育的机关——教育和

---

[1] 资料来源于蒙古国教育科学部官网。
[2] Ш. Шагдар. Монголын боловсролын түүх[M]. УБ, 2009 : 199.

科学部，同时政府聘请知识分子、官员札木斯朗札布等人，负责编写教学资料。1922年7—8月召开的蒙古人民党第二次会议通过了关于建立经书院的决议，其中提到"重视发展文化教育事业，使人民受到良好的文化教育，致力于开辟通往现代和未来理想道路的伟大事业。为了便于对我国儿童进行学校教育，为了便于收集古代历史文献和各种科学书籍，并将其译成本民族文字出版，对人民进行教育，而成立了经书院"。经书院成立之时便集合了O.嘉木扬、J.策旺、D.达西尼玛等当时著名的学者和知识分子，其最初的工作主要集中在收集整理蒙古文古籍文献，组织翻译外国经典著作，进行科学研究等，并以此推进人民文化教育事业。经书院既是当时蒙古学者和知识分子的摇篮，又是文化教育机构的孵化器。20世纪30年代初，经书院发展成为拥有图书馆、博物馆、藏医研究室、历史研究室、音律研究室、舆图研究室、摄影室、实验室等多个研究分支的综合科学研究院。经书院的建立和发展极大推动了蒙古文化教育的发展，在20世纪40年代蒙古开展高等教育之前，培养了一大批著名学者，为教育事业的发展提供了重要的师资和研究力量。

1924年，蒙古政府将内务部主管学校的科室与经书院统合，建立了人民教育部，下设管理学校事务、人民教育、教学材料编印工作的科室。由此，蒙古教育事业得以集中统一管理，逐渐实现制度化、规范化。20世纪30年代初，乌兰巴托以及各省都设立了负责教育事务的教育局。

1924年11月26日，蒙古人民共和国历史上第一部宪法颁布，在有关人民享有的权利中提到，"要为人民开启文化教育之路，由国家免费提供学习各种知识的教育"。但实际上，由于新政权建立不久，百废待兴，国库空虚，财政紧张，没有足够的经费资助教育。20世纪20年代初期，蒙古教育的资金是通过国家财政支持、民众捐款捐物等方式勉强筹措的。从1923年开始，当时蒙古的近30所学校的支出全部纳入国家预算，由国家出资支持学校的日常费用，为学生提供免费教育以及教材、文具等学习用品。蒙古政府为消除文盲、兴办教育、提高人民文化教育水平筹措资金，加大教育投入。1924年5月，八世哲布尊丹巴去世，留下数额巨大的财产，蒙古政府将其收归国库，并将其中的1/3拨给人民教育机关，作为办学经费。20世纪40年代中后期，随着蒙古国民经济的改善和发展，教育的投入逐渐稳定增长起来，见图3.1。

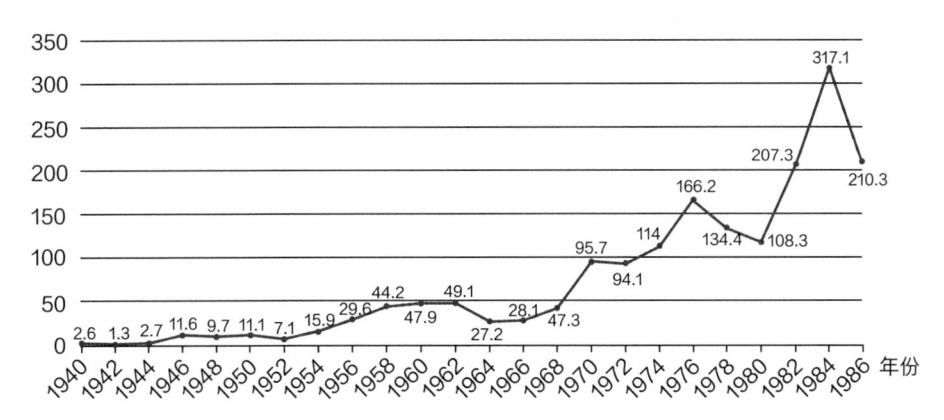

图 3.1 1940—1986 年蒙古国教育投入情况 [1]

（单位：百万图格里克）

（三）学前教育、基础教育和专业学校教育的广泛开展

从1921年在库伦建立第一所小学开始，蒙古的现代学校教育在蒙古人民革命党和政府的学校教育政策的推动下快速发展起来。1922—1923年共建立了28所学校，其中包括一所不完全中学，教师人数45人，学生590余名。[2] 除正式的学校之外，蒙古政府还号召首都和地方的知识分子组建志愿小学。到20世纪40年代初，蒙古已经有330多所中小学，在校学生达到20 000多名，中小学教师近1 000人。[3]

---

[1] 资料来源于蒙古国国家统计局官网。

[2] Ш. Шагдар. Монголын боловсролын түүх[M]. УБ, 2009 : 222.

[3] О. Батсайхан. Монгол Улсын түүх (1911-2017)[M]. УБ, 2018 : 349.

学校开设的课程也从单一的文字学习扩展到包括蒙古文、历史、法律、外语（俄语、英语等）、地理、科学、音乐等在内的多种课程。[1]这一时期，学校教育的课程设置除了文化课程之外，也重视学生劳动实践能力的培养。1924年，蒙古人民党"三大"决议提出，要重视男女学生的体质，在缝纫、纺织和工艺美术等方面积极开展实践教育活动。20世纪20年代初期，教师数量很少，无法满足学校对师资的大量需求。1922年，蒙古开设了师资短期培训班。随着中小学校在首都及各省的广泛建立，学生人数不断增加，对师资的数量和质量也提出了更高的要求。1924年，师资短期培训班发展成学制三年的师范学校，这成为蒙古师范教育的开端，为学校教育的发展准备了基本的师资人才，为学校教育的稳定发展提供了保障。

20世纪20年代末，人民教育部开始着手在全国范围内建立托儿所和幼儿园，着力发展学前教育。人民教育部首任部长额尔德尼巴特罕提出，青少年的教育应分成4个阶段，其中应特别重视幼儿教育。1929年在巴彦洪果尔省建立第一所红色蒙古包幼儿园，招收30名幼儿。20世纪30年代初，人民教育部任命蒙古人民革命领导者D.苏赫巴托的遗孀N.央吉玛女士负责在乌兰巴托筹建幼儿园以及母婴卫生和教育的工作。20世纪40年代初，人民教育部还组织了学前教师培训班保障学前教育的师资。

除通过广泛开展基础教育，提高人口的文化教育水平之外，蒙古的经济、卫生医疗、交通运输、军事等领域的发展亟需专业人才，因此，加快发展专业教育成为这一时期蒙古教育发展的另一个方向。驾驶员培训学校、医疗培训班、兽医学校、军官学校、会计学校等一批专业技术学校很快建立起来。这些专业学校、学习班、培训班的设立为后来大中专业技术学校的建立和发展奠定了初步基础。

20世纪20—40年代初是一个除旧布新的时期，是蒙古教育摆脱旧时代

---

[1] Ш. Шагдар. Монголын боловсролын түүх[M]. УБ, 2009：350.

的桎梏，迈入现代教育的起步和奠基阶段。随着学前教育、基础教育和专业教育的逐步开展，到 20 世纪 30 年代末 40 年代初，除高等教育之外，以学校教育为核心的现代教育体系在蒙古初步建立。在这一进程中，蒙古人民革命党和政府吸收和借鉴苏联的教育经验和现代教育教学方法，积极推行全面的人民教育政策，提供教育经费和物资支持，并通过文学、艺术等形式广泛宣传现代教育理念，以清除蒙古民众当中相对落后的思想观念，使更多的青少年接受现代学校教育。这一时期，蒙古的教育发展呈现出许多新特点，例如，人民普遍获得受教育的权利，国家重视教育的普及性、公平性和规范化；男女平等接受教育；教育内容注重文化知识和生产实践相结合，以适应这一时期社会发展对专门人才和技术劳动者的需求。此外，还强调教育的政治意义和阶级性，将教育作为消除封建主义的残余思想和影响的武器。

二、20 世纪 40 年代初至 80 年代末

20 世纪 40 年代，蒙古人民共和国国内和国际局势发生了根本性的变化。1940 年，蒙古人民革命党"十大"决议指出，蒙古人民共和国在苏联的帮助下，已经成功走上了非资本主义发展道路，党的下一个目标是在国内创造建设社会主义的物质、文化条件。蒙古人民革命党要求用爱国主义和无产阶级国际主义思想教育人民大众，与资产阶级民族主义做斗争，为完成由非资本主义向社会主义的过渡做思想上的准备。由此，蒙古的教育也随之进入全面快速发展的新时期。这一时期，蒙古教育发展取得的成就和整体特点是建立起了涵盖从学前教育到高等教育各个阶段的、完备的现代教育体系，并在教育发展过程中明确了以国家经济、社会发展的阶段性目标为导向的人才培养目标，将马克思列宁主义作为发展教育事业的指导思想。

（一）教育指导思想和政策的发展变化

蒙古人民革命党"十大"报告总结了20世纪20—30年代末蒙古教育发展取得的成就和面临的问题，并指出国家要继续快速向前发展，在文化教育方面就必须在已经取得的成就的基础上进行真正的革命，人民、党和政府都必须高度重视文化教育；号召人民打响文化战役，提出所有学龄儿童都应接受小学教育、为中学提供充足的教材和学习资料、大量培养师资力量等具体目标。20世纪40年代初，苏德战争爆发，蒙古人民共和国全力支持苏联，采取战时经济政策，这对刚刚起步的教育的发展无疑产生了一定的影响，加之教育投入受到影响、师资力量不足等因素，20世纪40年代初期学校数量未增反减，到1945年，蒙古小学减少了30多所，见表3.1。

表3.1 1940—1945年蒙古人民共和国小学及在校生数量[1]

年份	1940	1941	1942	1943	1944	1945
小学数（所）	319	319	306	307	262	285
学生人数（人）	21 000	29 996	31 181	33 975	23 592	24 964

第二次世界大战结束以后，蒙古经济社会从战时状态转入和平的生产建设时期，教育也逐步恢复。20世纪40年代初，蒙古人民共和国进行文字改革，开始使用西里尔蒙古文。1945年5月，蒙古人民革命党中央委员会和部长会议发布联合决议，要求从1946年开始，所有印刷品和处理国家公务时应使用西里尔蒙古文。新文字的使用极大地促进了全面扫除文盲、提高蒙古人民识字率的工作。到20世纪60年代末，蒙古全面消除了文盲，并于1970年得到联合国的嘉奖。消除文盲、提高识字率的工作对这一时期教

---

[1] O. Батсайхан, З. Лонжид: Монголын түүх (1911-2017)[M]. УБ, 2018 : 358.

育的快速发展产生了极其重要的影响。

20世纪40年代末，蒙古人民革命党基于当时教育的发展状况，通过了《关于学校教育教学工作状况及其改善的方法》《关于人民教科书》《关于蒙古人民共和国历史和文学的学校教育状况》等一系列决议文件。1948年5月，蒙古人民革命党中央政治局第25次会议做出《关于学校教育教学工作状况及其改善的方法》的决议，指出当时蒙古的学校教育存在管理松散、教学质量差、教学内容脱离实践、课程体现的思想意识水平落后，未能用爱国主义、革命主义和马克思主义来教育学生，教学资料、教具短缺等问题，要求加强对学校教育的监管，强调马克思列宁主义对人才培养、教育教学和管理的指导意义。该决议提出了改善教育教学具体工作的方法，例如，借鉴苏联的教育教学经验；加强马克思列宁主义、社会主义的思想教育；强化少先队和青年团的建设和教育；责成人民教育部加强师资力量的建设，提升教师教育教学水平和质量；组织教师进行教学培训、教学经验交流和教育教学成果展；组织师生积极参与劳动实践等。这些针对20世纪40年代以来蒙古教育状况的评价及改善方法对于社会主义建设时期的教育发展具有重要的指导意义，对这一时期教育的全面、快速、稳步发展产生了深远的影响。

1948—1952年，蒙古人民共和国制定和实施了发展国民经济、文化的第一个五年计划。其中，在人民教育方面提出："广泛发展学校和文化教育机构，采取措施进一步提高人民文化水平，为实现发展文化教育的目标，本国学龄儿童应全面接受初级学校教育，在该五年计划期间招收94 138名儿童入学。……到1952年，小学应增加至370所，7年制学校应增加至30所，完全中学增加至21所。……接受中等和高等教育的专业人才应达到17 575人。"1953年，该五年计划关于人民教育的计划顺利完成，增加基础教育学校数量的计划超额完成，技术学校和高等学校的建设全部完成。小学生入学人数增长了88.4%，七年制学校学生人数增长了33.3%，十年制学校人数增长了 4 倍，技术学校学生增长了 27%，高等学校学生人数增长了 2 倍。到 1960 年底，蒙古 8—12 岁学龄儿童全部接受初等教育，首都和省会各县市儿童基本实现了七年制学校教育，基础教育阶段形成了统一的教学计划、教学大纲和教材体系。

20 世纪 60 年代开始，蒙古人民共和国的教育进入快速发展阶段。1960 年颁布的新宪法明确了蒙古人民享有的各项权利，受教育权是其中的重要组成部分。"这些权利将通过提供免费教育，增加普通教育学校、中等专业学校和高等院校的数量以及向中等专业学校和大学的学生提供工资的方式得到保障。"随着蒙古人民共和国的经济所有制形式实现公有制，经济结构由农牧业－工业向工业－农牧业转变，工人、合作社社员（农牧民）和知识分子等新的社会阶层开始形成。经济结构、国家发展目标和新阶层的形成对教育的发展提出了新的要求，除不断增加基础教育阶段的学校数量和学生人数之外，还包括提高教育教学质量，改善办学条件，强调教育与经济发展目标紧密结合，注重培养国家发展建设急需的专业技术人才。同时，一系列法律法规和政策出台，规范和推动了教育的发展，如 1963 年颁布的法律《关于加强教学与实践相结合，进一步加强人民教育》、1971 年蒙古人民革命党中央委员会和部长会议发布的《关于改善教学质量的决议》、1982 年颁布的《蒙古人民共和国人民教育法》等。这些法律法规和政策文件都提出，学校教育在培养国民经济各领域发展所需要的工作者的同时，要着力培养具有爱国主义、国际主义思想觉悟的社会主义建设者。

（二）高等教育体系的确立和发展

随着国家经济、社会的发展建设对接受过高等教育的人才需求越来越凸显，20 世纪 20 年代末到 30 年代，蒙古人民共和国派出少数留学生到苏联、德国、法国等欧洲国家留学，但受到国内外局势动荡的影响，部分留学生被召回，不得不中断学业。

1940年6月，蒙古人民革命党"十大"提出在乌兰巴托建立蒙古自己的大学。同年12月，蒙古部长会议做出建立国立大学的决定。该决议指出，蒙古没有高等学校，受过高等教育的人才十分缺乏，严重影响了国家的发展。1941年，蒙古人民共和国在苏联的帮助下开始筹备建设大学。1942年10月5日，蒙古历史上第一所大学——乔巴山大学（今蒙古国立大学）建立。该大学的建立开启了蒙古国高等教育的发展之路。

蒙古国立大学隶属人民教育部，建立之初只有畜牧医学、教育学和医学3个专业，招生93人。在发展建设过程中，其学科设置不断扩展，师资力量和学生人数快速增加，云集了当时许多著名的学者，培养了各领域的专家、学者，成为高等教育人才的摇篮。到1957年，蒙古国立大学拥有社会科学、自然科学、农牧学和医学4个主要学科、39个教研室、2 500多名学生。[1]

蒙古国立大学在自身发展的基础上，还担当了高等院校"孵化器"的角色，从20世纪40年代建立以来，就承担着建设该国高等教育体系的重要任务。1958年，蒙古国立大学畜牧医学系发展成独立的蒙古农牧业学院，以专门培养发展农牧业所需要的专业人才。1961年，在蒙古国立大学医学系的基础上建成了独立的医学院，最初有5个系、60余名教师和800多名学生。[2]1969年，蒙古国立大学建立人文学院和科技学院，这两个学院到1982年分别独立为蒙古人文大学和蒙古科技大学。

1951年，蒙古第一所以培养师资力量为主的师范类高等学校——蒙古教师学院建立。1957年该校改称国立师范学院，即今蒙古国立教育大学的前身。国立师范学院成立之后，培养了从学前教育到高等教育各学段的大批教师，为蒙古教育的发展，特别是师资力量的培养做出了重要贡献。此外，1979年根据政府决议在科布多建立了师范学院，这是蒙古西部地区建

---

[1] О. Батсайхан, З. Лонжид. Монгол Улсын түүх (1911-2017)[M]. УБ, 2018 : 358-359.

[2] Б. Пунсалдулам. Шинэ соёл Монголд төлөвшсөн түүх, XX зуун[M]. УБ, 2018 : 182.

立的第一所高等院校，为提升该地区乃至周边牧区的整体教育水平、实现蒙古高等教育中央和地方的平衡发展都产生了积极的影响。

随着蒙古国立大学以及由国立大学发展而来的农牧业大学、医科大学、人文学院、科技学院以及师范学院等高等院校的建立，到20世纪60年代，蒙古的高等教育体系基本建立起来。1961年，蒙古建立了高等和中等职业教育国家委员会，以加强管理和协调高等教育和职业教育工作。此外，从20世纪70年代初开始，夜校、夜大和函授等形式的成人教育得到广泛开展，这在一定程度上缓解了人们既要从事生产劳动，又要通过接受教育来满足经济、社会发展对劳动者素质、技能提出的新要求之间的矛盾，对蒙古这样一个人口总量较小、劳动力资源不足的国家实现劳动力数量和质量之间的平衡具有积极意义。

（三）教育体系的完备

20世纪40—80年代，在社会主义建设的语境下，蒙古的教育与经济社会发展的阶段性目标相适应，在国民经济、文化发展的多个五年计划的框架下逐渐推进，取得了长足的发展。到20世纪60年代，蒙古已经形成了学前教育、基础教育、中等专业教育、高等教育、成人教育等学段齐全完备、覆盖全面的现代教育体系。到20世纪80年代末90年代初，蒙古共有基础教育学校600所，高等院校8所，职业技术学校44所。[1]在校生人数近60万，这对于当时仅有200万人口的蒙古来说，入学率是非常高的。教育经费占国家预算的25%。

在学前教育方面，20世纪60—70年代的学前教育以各种形式的幼儿园、托儿所为核心开展起来，其中包括托儿所、8小时日托幼儿园、24小时全托

---

[1] О. Батсайхан, З. Лонжид. Монгол Улсын түүх (1911-2017)[M]. УБ, 2018 : 611.

幼儿园、农忙时节（或畜牧业生产集中的工作季节）开办的季节性幼儿园、孤儿院、残疾儿童专门教育机构、家庭幼儿园以及集中举行儿童教育活动的少年宫和夏令营等多种形式。1969年，蒙古国立师范学院开设学前教育专业，专门培养接受高等教育的幼师人才。1973年，由蒙古人民革命党中央委员会和部长会议发起"捐出一日工资，建立儿童基金"的倡议，儿童基金的建立为蒙古学前教育的发展，特别为在牧区建立幼儿园、儿童医院等儿童教育、卫生机构提供了资金和政策支持，极大地推动了地方学前教育的稳步均衡发展。此外，在幼师文化艺术专项技能培养、幼儿园软硬件设施建设方面，1986年，人民教育部出台"学前教育建设方面的相关措施"，直接指导学前教育工作。

在基础教育方面，1940年蒙古人民革命党"十大"提出学龄儿童全面接受初等教育，各苏木都建有中学的目标。到20世纪60年代初，学龄儿童初等教育基本实现全覆盖；1963年，蒙古的中学学制由7—10年改为8—11年；1976年，全国实现了各苏木都建有中学的目标。中等教育阶段除普通中学之外，还包括劳动技术中等学校、中等专业学校等。20世纪70年代开始，蒙古随着工业化的经济发展政策，强调教育与生产实践紧密结合，培养有专业技术技能的中等学历人才，因而着力发展中等专业教育。1982年颁布的《蒙古人民共和国人民教育法》也特别提出，通过增加劳动实践的课时，以加强学校教育中劳动生产实践的学习。

在职业技术教育方面，随着社会主义建设的步伐，职业教育在教育事业中占有重要地位。特别是从20世纪60年代中期开始，蒙古加快工业化和农牧业发展，对农牧业、电力、能源、机械、建筑、交通、金融等方面的专业技术人才需求量明显增大，发展职业技术教育成为这一时期教育发展的重要方针之一。20世纪70年代初，职业技术学校的数量显著增加。1973年和1975年分别颁布了《中等专业学校规章》《职业技术教育大纲》，以加强对中专和职业技术学校教学的规范和管理。蒙古国立大学、蒙古农牧业学院等高等院校也增加了培养助力工业化发展所需的专业技术人才的学科专业。

（四）教育的主要特点

20世纪40—80年代末是蒙古现代教育体系全面建立，并取得长足发展的重要时期。这一时期的教育发展呈现出鲜明的阶段性特点。

首先，这一时期的教育特别强调与社会主义经济建设的阶段目标紧密结合。在保证教育事业稳步发展的总体方向下，根据国家各阶段的发展目标，提出教育发展的阶段性重点，如20世纪40—70年代提升入学率，普及基础教育；60—80年代强调学校教育与生产劳动相结合，着力发展职业技术教育等。

其次，国家重视加大教育投入，改善办学条件。这一时期，各学段的学校教育全部免费。20世纪80年代中期，蒙古学校的预算经费投入相比50年代末增长了6倍。

再次，蒙古现代教育体系的建立和发展很大程度上采用苏联模式，在教育目标的制定、教育政策的调整、教育教学的指导思想和方法、师资力量、科研人员的培养等诸多方面全面依靠和效法苏联。这虽然有利于蒙古在短期内快速摆脱教育的落后状况，但一些政策、目标并不完全适合具体国情和发展阶段。以基础教育阶段的学制为例，1963—1965年，蒙古基础教育采用十一（4+4+3）年制，到1965年调整为十（4+4+2）年制，再到1970年又调整为十（3+5+2）年制，之后才相对固定下来。学制的反复调整要求教学计划、教学大纲、教材编写和使用，以及入学、毕业时间等一系列问题的调整适应，对基础教育阶段的连续性和稳定性产生了负面影响，这显然是由对苏联基础教育学制调整政策亦步亦趋的效法造成的。

三、20世纪90年代至今

1990年的社会转型对蒙古社会的各个方面都产生了深刻影响：此后近30年间，蒙古国在政治体制方面确立了多党制、民主选举制；在经济方面放弃了计划经济体制，转而借鉴西方的经济发展模式和经验，采取自由的市场经济和私有制；强调建立公民民主社会；在思想文化方面追求多元自由开放等等。国家改革和社会转型的宏大语境对作为国家发展核心的教育产生了根本性的影响。1990年以后，蒙古国的教育也经历了巨大的变化，在政治、经济、社会剧变的洪流中，从改革初期的混乱到逐渐稳住脚步，再到进入21世纪之后获得了新的发展。

（一）1990年后蒙古国教育发展简况

1990年之后最初的几年，蒙古国经济停滞，教育发展遇到了经费短缺、办学条件无法保障、教师和学生流失、部分学校关停、办学机构私有化等问题，一度陷入混乱和快速衰退的困境。国家在教育方面的投入大为缩减，教育经费在国民经济收入中所占比例从1990年的17%降到1993年的3.5%。[1] 许多教师和学生为生计所迫，离开学校，另谋生路。1990—1993年，各学段在校生总人数从51.62万下降到40.94万，总体下降20%，其中基础教育阶段学生人数从44.09万下降到37.03万，下降了16%。[2]

1995年之后，随着蒙古国经济的复苏，国家加大教育投入，教育逐渐恢复生机。特别是在2000年以后，教育投入平均占蒙古国预算收入的20%

---

[1] Ш. Шагдар. Монголын боловсролын түүх[M]. УБ, 2009 : 255.
[2] Г. Чулуунбаатар, Б. Даш-Ёндон. Монголын Нийгмийн Өөрчлөлт[M]. УБ: ШУА-ийн Философийн хүрээлэн, 2013 : 128.

左右，政府为公民提供免费的公立学校教育，国家和学校向学生提供助学金和生活补助，以推动教育的恢复和发展。从1996年开始，各学段学校数量不断增加，学生入学率稳步增长。2004年，蒙古国有普通学校710所，在校生55.73万。经过15年的发展，2019年，蒙古国有学前教育机构1 400多家，在园儿童25万余人，普通学校820所，教师3.2万余人，在校生64万人，高等学校在校生14.8万余人。蒙古国全国各类学生和接受教育的人数近100万，占总人口的1/3。

2009—2019年蒙古国教育投资情况见表3.2。

表3.2 2009—2019年蒙古国教育投资情况（单位：百万图格里克）[1]

年份	投资	年份	投资
2009	158 141.10	2015	232 762.10
2010	79 181.90	2016	237 422.10
2011	140 304.80	2017	192 900.00
2012	122 315.30	2018	333 706.20
2013	126 737.80	2019	749 366.03
2014	359 118.40		

随着蒙古国经济制度向私有化、市场化转变，教育领域的市场化、私有化进程也逐渐展开，这也是社会转型之后蒙古国教育领域的一个突出变化。教育领域的私有化主要有两种类型：一种是民办学校和教育机构的建立；另一种是原来的公立学校引入私有成分，实行公私联合的管理和运营。20世纪90年代以后，民办学校和教育机构大量出现。以高等学校为例，20世纪90年代初，蒙古仅有9所高等学校，且均为公立大学或学院。从1991

---

[1] 资料来源于蒙古国国家统计局官网。

年建立第一所民办高校——蒙古商业学院开始，到2006年，蒙古国的大学数激增到122所，[1]其中绝大部分为民办院校。民办学校的大量增加一定程度上扩大了蒙古国高等教育的规模，满足了不同人群的教育需求，同时在专业设置上集中在社会转型之后国家发展建设急需的经济、管理、法律、外语、能源、计算机、信息技术等领域，但也同时存在过分追求经济利益，学费昂贵，师资水平、教学质量和办学条件难以保证，高校开设热门专业趋同，毕业生扎堆，供过于求等问题。面对这一状况，2006年蒙古国修订教育法，将教育机构分为营利和非营利两类，加强规范和监管。此后，民办高等学校的数量有所回落。到2013年，全国共有98所高等院校，在校生17.5万，其中78所为民办高校。[2]

（二）教育领域的相关法律、政策

20世纪20—80年代末，蒙古全面消除文盲，实行全民免费教育，建立起完备的现代教育体系，教育发展取得了令人瞩目的成就。但同时也存在着不足和隐患，如过分依赖苏联的援助，盲目照搬苏联模式和经验，一定程度上忽视了国情差异和发展的阶段性特点。1990年之后，在新的社会语境下，开放、自由、多元和国际化的发展理念深入人心，这对教育发展产生了积极影响。教育既是每个公民安身立命的基础，同时也是国家实现可持续发展的重要支撑。在构建新型公民民主社会的语境下，教育的理念和目标发生了巨大变化。20世纪90年代以来，蒙古国出台一系列政策、法律法规，以支持教育发展，引导教育适应新的发展语境，加强教育管理和

---

[1] Г. Чулуунбаатар, Б. Даш-Ёндон. Монголын Нийгмийн Өөрчлөлт[M]. УБ: ШУА-ийн Философийн хүрээлэн, 2013 : 123.

[2] Г. Чулуунбаатар, Б. Даш-Ёндон. Монголын Нийгмийн Өөрчлөлт[M]. УБ: ШУА-ийн Философийн хүрээлэн, 2013 : 123.

监督。1992年宪法重申了蒙古国公民享有受教育的权利，国家实行全民免费的普通教育，同时规定公民可创办符合国家要求的民办学校。1995年蒙古国家大呼拉尔批准的教育政策中提出，应采取措施使教育尽快摆脱困境，根据本国情况，吸收借鉴外国教育的成功经验，构建新的教育体系，培养符合21世纪蒙古国发展的、符合国际标准的人才。2015年蒙古国国家大呼拉尔批准《2014—2024年蒙古国国家教育政策》，再次强调国家优先发展教育的根本方针，提出公民在接受达到国际水平的教育的同时，还要接受包含传统习俗、历史和文化内容的普通义务教育。

进入21世纪之后，蒙古国着力加强教育立法。2002年，新的《教育法》颁布。该教育法由《学前教育法》《中小学教育法》《高等教育法》《职业教育法》及其相关法律法规组成，强调教育在国家发展中的优先地位，规范和确保公民的受教育权，也阐明了蒙古国教育的根本目标是发展公民的独立生活、学习和工作的能力，教育应奉行文明、民主、平等、普惠以及与世界先进水平接轨的基本原则。

2008年，蒙古国国家大呼拉尔颁布《国家千年发展目标》，其中提到：教育的发展目标是发展全民教育，使教育体系更接近国际水平；实施国家教育计划，培养智慧的、有创造力的人才。从2008年起，蒙古国普通教育转为国际较通行的十二年学制，到2015年，应消除教育中的性别不平等现象，并使高等教育体系与国际标准保持一致。[1]

今天，基于国家发展状况以及国际化、全球化的发展语境，蒙古国的教育正在经历新的变革。蒙古国比照世界教育发展的标准，在教育发展中引入以学习者为中心、公民终身学习的理念，提出培养兼具国际视野和蒙古情怀的健康、文明、爱国、智慧和有创造力的公民的教育目标。

---

[1] 资料来源于蒙古国法律信息网。

第二节 教育家

蒙古民族素有尊师重教的优良传统，将教师和教育工作者视为知识精英和高尚精神的代表，诚如蒙古人民耳熟能详的歌曲《歌唱老师》中唱到的那样：

老师，
是您释疑解惑、开启知识的大门，
是您照亮思想、指引幸福的道路，
崇高的人民教师，
我们赞美脑海中您那英雄的形象！

1981年，蒙古人民共和国设立人民教师、功勋教师奖项，专门用以奖励在教育事业中辛勤耕耘、成果卓著的教师和教育工作者。截至2019年，蒙古国共有41位教师和教育工作者获得"人民教师"称号，500余位教师和教育工作者获得"功勋教师"称号。[1]

在蒙古国教育从传统向现代的发展过程中，教书育人、人才培养的事业离不开数辈教师和教育工作者的贡献。他们或执教于三尺讲台，传道受业解惑，成为学生们通往知识海洋的领航人；或从事教育研究和管理，将教育理论和实践相结合、教育精神和时代精神相结合，在完善教育体系、推进教育的普及性和公平性、提高人才培养质量等方面身体力行，孜孜以求。著名历史学家、科学院院士B.锡林迪布，致力于学前教育事业四十余年的幼儿教师D.依娜就是其中的优秀代表。从他们身上，可以管窥时代赋予蒙古国教育工作者的使命及他们的教育思想和精神。

---

[1] 资料来源于蒙古国人民教师及功勋教师网。

一、现代教育的开拓者——B. 锡林迪布

B. 锡林迪布（1912—2002）是蒙古著名的历史学家、教育家、政治家和社会活动家。他一生致力于蒙古的科学研究和教育事业，为完善高等教育体系，不断提高科学研究和人才培养的水平，开拓进取，做出了重要贡献。

锡林迪布1912年生于今蒙古国库苏古尔省新伊德尔苏木笔帖式[1]巴扎尔家中。1932—1937年，锡林迪布在乌兰乌德的蒙古工人专科学校学习，1937年进入伊尔库茨克师范学院历史专业。1941年毕业之后，在教师技术进修学院任教，并任蒙古政府科学教育专员。1944—1953年，担任蒙古国立大学校长，兼任人民教育部部长。1953—1957年，担任蒙古部长会议副主席，专门负责文化教育工作。1957年，赴苏联莫斯科东方大学攻读博士学位，1960年获得历史学博士学位，之后回到蒙古，被任命为科学及高等教育委员会主席。1961—1981年担任科学院院长。此外，锡林迪布还担任过蒙古人民革命党中央政治局委员、国家大呼拉尔副主席等职务。

锡林迪布从20世纪40年代开始致力于蒙古的科学研究和教育事业，担任人民教育部部长、蒙古国立大学校长、部长会议副主席。他负责文化教育工作期间，为蒙古教育体系的建构和完善、高等教育的建设与发展、高水平专业人才的培养等工作奠定了重要基础，并产生了深远的影响。

（一）担任蒙古国立大学校长，开拓蒙古高等教育事业

1944年9月，时任蒙古人民革命党中央委员会书记的锡林迪布被任命为蒙古国立大学校长。作为当时蒙古新一代知识分子的优秀代表，锡林迪布为蒙古国立大学最初的发展和壮大奠定了坚实基础。根据国家发展和人

---

[1] "笔帖式"是蒙古语，指旧时担任文书工作的人。

才培养的需要，在锡林迪布的主持下，1945—1952年，蒙古国立大学增设蒙古语言文学系、社会科学系和马克思列宁主义教研室，增开哲学、历史、经济学、化学、生物学和教育学等专业，聘请Sh.罗布桑旺丹、Ts.达木丁苏伦、B.索德诺姆等著名学者到蒙古国立大学任教。

锡林迪布重视提升教师的教学水平和科研能力，任校长期间组织教师积极参与科学研究工作。蒙古国立大学培养了D.策伯格米德、N.索德诺姆、L.沙格德尔、Sh.纳楚克道尔基、J.札木斯朗、H.培尔列等一大批著名学者。

与此同时，锡林迪布着力提升国立大学的教育、教学质量和人才培养层次，从1946年开始招收研究生。20世纪40年代末至50年代初蒙古国立大学培养的研究生为1961年蒙古科学院的建立储备了重要的人才力量。锡林迪布任校长的同时，还身体力行参与蒙古国立大学的教学、科研工作，并兼任历史专业负责人。

锡林迪布为蒙古国立大学的发展奠定了坚实的基础，使之成为蒙古高等教育发展的典范和专业人才的摇篮。在锡林迪布的领导和组织下，蒙古国立大学在成立最初的10年间迅速发展壮大，不仅增加了学科数量，提高了人才培养的质量，还成为蒙古国高等院校的"孵化器"。20世纪50年代初，从蒙古国立大学分出农牧业学院、医学院和师范学院，为蒙古高等教育体系的建立和开拓贡献了重要力量。

（二）作为蒙古国教育事业的领导者和领路人

锡林迪布担任过人民教育部部长和部长会议副主席等职，成为教育事业的领路人。在主管教育工作的几年间，他开展和推进了多项工作，对蒙古人民的教育事业产生了积极而深远的影响：其一，提升人口识字率，到20世纪50年代初，实现了人口识字率达80%的目标。其二，培养师资力量，提高师资水平，在高等院校中开设师范专业，为师资提供保障，1951

年开始在乌兰巴托和后杭爱、东方省等地建立师范学院，为各层次学校储备了师资。其三，设立教研员，监督教学情况、监管教学质量，重视普通学校教师教学的规范化，要求教师为人师表。其四，组织编写和出版教材，仅1951—1952年，就组织编写出版教材34部。

（三）作为历史学家和高等学校历史专业教学科研的奠基人

锡林迪布是蒙古国著名的历史学家，也是享誉世界的学者。从担任蒙古国立大学历史专业负责人起，组织和参与了历史专业的教学工作，培养了一大批蒙古历史教学和研究领域的著名学者和教师。同时，他治学勤勉，笔耕不辍，发表论著300多篇（部），组织和参与编写《蒙古人民共和国通史》一卷本、三卷本，担任《蒙古国史》五卷本的总主编。他凭借学术专著《蒙古人民革命史》，于1966年获得蒙古国家奖。

锡林迪布是蒙古国现代教育，特别是高等教育的开拓者和引领者。鉴于他对蒙古国文化教育事业的卓越贡献，1995年蒙古国政府授予其"劳动英雄"称号。

二、学前教育的推动者——D. 侬娜[1]

D. 侬娜，1935年生于莫斯科，1957年毕业于蒙古师范学院俄语专业，大学毕业后在乌兰巴托师范学校担任俄语教师。1959—1962年，侬娜为苏联幼教专家担任翻译。1962年幼儿师范学校成为独立院校，侬娜成为该校教师之一，除教授俄语外，还兼授幼儿美术、自然、手工等课程。1963年，

---

[1] 该部分根据蒙古国学前教育网文章《D. 侬娜老师——我们的楷模》编译整理。

侬娜赴苏联伊尔库茨克师范学院幼师专业学习幼儿教学法和心理学。1967年，侬娜学成归国，在人民教育部担任幼教专家和幼儿教育部门的负责人。1970—1981年，在蒙古教育研究所从事学前教育研究工作。1994年，侬娜创立幼儿教育"月伦母亲中心"，以帮助未能接受学前教育的适龄儿童。

作为蒙古国学前教育的推动者，侬娜的贡献主要体现在四个方面。其一，编订学前教育大纲，指导幼儿教育实践，参与制定学前教育法律法规。1982年，侬娜参与了《蒙古教育法》中学前教育相关内容的制定工作，为学前教育的法制化奠定了重要基础。其二，重视幼儿教育师资的培养，与时俱进地提升蒙古幼儿教师的水平。从20世纪60年代末开始，定期举办幼儿教师的培训、进修和学术活动，并邀请蒙古国内外的幼教专家进行指导。其三，从事幼儿教育的研究工作。侬娜积极探索学前儿童教学法，独立或合作发表了《学龄前儿童语言发展方法》《引导学龄前儿童认识自然的方法》《学龄前儿童体育教学法》《学龄前儿童音乐教学法》《蒙古国学前教育的发展》等一系列相关论著和手册。开发适合蒙古国儿童特点的学前教育课程体系，有针对性地编写适合蒙古国儿童的幼儿读物以及针对教师和家长的幼儿教育参考书。其四，关注学龄前儿童的健康成长，推进蒙古国幼儿教育的普及。20余年来，由侬娜创立的"月伦母亲中心"帮助了乌兰巴托蒙古包区及地方城镇未就学的22 000余名幼儿接受学前教育。她还通过演讲、讲座等方式，向社会呼吁和宣传重视幼儿教育，产生了良好的社会影响。

为表彰侬娜推动学前教育事业发展的突出贡献，2007年蒙古国政府为其颁发"北极星勋章"。

第四章 学前教育

第一节 学前教育的发展和现状

一、学前教育的发展情况

蒙古国的学前教育自 20 世纪 20 年代起步，最初接受苏联教育理论，并在苏联专家的援助下得到发展，相继建立幼儿园与妇幼中心，并在师范院校开设了幼教专业。20 世纪 90 年代，随着国内外局势的变化，蒙古国教育事业也进入了转型的新阶段，先后经历了转型困难期、稳步发展期与迅速发展期，国家财政投入不断增加，法律与制度保障也逐步得以完善。

（一）蒙古人民共和国时期：学前教育的起步与发展

1911 年喀尔喀蒙古自治以前，整个蒙古地区都深受藏传佛教文化影响。自 16 世纪末至 20 世纪 20 年代蒙古人民革命胜利，喀尔喀蒙古地区的牲畜与其他财富全部掌握在封建王公、贵族阶层和喇嘛手中，出家为僧是底层民众摆脱贫困的主要途径，寺庙教育是蒙古地区的主要教育形式。由于没有正规学校，父母一般为儿童请有学问的师父教授文字或让儿童参加短期识字班。宗教盛行与经济发展落后状态严重制约着喀尔喀蒙古地区教育的发展，1921年的识字率仅为3%。1924年蒙古人民共和国成立后，普及全民教育是蒙古人民党亟须解决的重要问题。

蒙古人民共和国从成立之初就重视教育事业的发展，学前教育也随之起步。1924年的蒙古人民革命党代表大会上，时任人民教育部部长S.嘉木扬提出，应该成立保育幼儿园，由人民教育部起草儿童保育方法手册，为大库伦（乌兰巴托）等地区的儿童提供学前教育服务。[1]1929年，人民教育部在全国各地开设幼儿园和托儿所，建造了一批红色蒙古包幼儿园。同年，首个妇幼中心成立，该国学前教育正式建立。1930年，乌兰巴托开设"苏赫巴托"公社幼儿园，招收儿童30名。[2]1931年，东方省、肯特省、中央省、库苏古尔省、后杭爱省、扎布汗省、科布多省、前杭爱省等多省市人民公社相继开设了幼儿园。

在机构设置与师资培养方面，蒙古人民共和国的学前教育接受了苏联专家的大量帮助与指导。1940年，人民教育部首次成立幼儿园问题责任处，D.道力格尔扎布任处长，苏联专家V. F.马克萨科娃任负责人。自1941年起，人民教育部开始为幼儿园的教育工作者和管理者提供周期为1年的短期培训，由乌兰巴托师范学校承担主要的培训任务。1941—1950年，乌兰巴托师范学校共培训教师164人。自1951年开始，乌兰巴托师范学校开设中专幼教专业，学制3年，由V. F.马克萨科娃任授课教师。1951—1962年，乌兰巴托师范学校共培训幼儿教师223人。1952年，苏联面向蒙古人民共和国开展学前教育高级人才培训工作。1956年，教师Ts.乌德尔皮勒学成回国，引进苏联的先进经验。1959年，Ts.乌德尔皮勒首次参加在莫斯科举办的国际学前教育研讨会，在会上介绍了蒙古人民共和国幼儿园的情况。1962—1963学年，蒙古人民共和国成立幼儿师范中专学校。

---

[1] 资料来源于蒙古国学前教育网。
[2] 资料来源于蒙古国学前教育网。

在学前教育理论方面,蒙古人民共和国主要以苏联的学前教育理论为基础,结合自身特点,不断完善对幼儿园的建设和管理。1919 年,B. 伊希道尔基翻译出版了苏联学前教育家 N. 阿列克谢耶夫娜的著作《什么是学前教育》,为蒙古国开设幼儿园奠定了最初的理论基础。1921 年,L. 巴勒吉尔完成《关于在牧区开办幼儿园》一书,提出许多具体建议,包括选址、所需材料、幼儿园工作时间、饮食营养、招收儿童年龄段、幼儿园如何与牧民的工作方式相协调、幼儿园与地方或国家机构之间的关系、如何与妇幼机构建立联系等。1956 年,S. 策伯格米德翻译了苏联书籍《幼儿园教育者指南》,蒙古人民共和国以该书为依据开展幼儿教育工作。1958 年,著名教育家 E. 卡玛编写了《幼儿园管理者手册》,成为幼儿园工作者的重要读物。[1]1967 年,蒙古学前教育推动者 D. 依娜自苏联学成回国,在人民教育部担任幼儿教育负责人。

自 1929 年第一所幼儿园开设以来,学前教育得到了国家政府的高度关注,学前教育相关政策不断出台和完善。蒙古人民共和国通过颁布系列政策法规、引入苏联经验、发展国内幼教专业、出版相关理论书籍等举措,确立了学前教育体系,使学前教育有了法律和政策保障,也为蒙古国社会转型后学前教育的改革与发展奠定了基础。

1947—1990 年蒙古人民共和国时期重要的学前教育文件见表 4.1。

表 4.1 1947—1990 年蒙古人民共和国时期重要的学前教育文件

年份	文件名称
1947	幼儿园规章条例
1948	蒙古人民共和国各省教育部门工作条例

---

[1] 资料来源于蒙古国学前教育网。

续表

年份	文件名称
1964	幼儿园课程指导大纲
1971	幼儿教育制度
1971	幼儿园培养计划
1974	关于学龄前儿童预备入学的一些措施办法
1976	幼儿园教育计划
1982	蒙古人民共和国教育法[1]
1986	0—8岁学前教育计划
1986	关于学前教育机构的措施办法
1990	幼儿园教学培养计划

(二)蒙古国社会转型以来的学前教育(1992年至今)

1992年,蒙古人民共和国改国名为蒙古国,国家制度发生根本变化,从政治、经济、社会、文化等各领域推行改革,教育制度随之也进入了转型的新阶段。在之后30年,蒙古国学前教育发展大致可分为3个阶段。

第一阶段是1992—2000年的转型困难期。20世纪90年代初,蒙古国开始由计划经济向自由市场经济转变,人均国民生产总值从1989年的1 670美元跌至1993年的339.5美元,直至2008年才恢复至转型前水平。低迷的经济形势极大影响了国家教育事业的发展,1990—1992年,国家教育财政支出削减了56%,导致学前教育在90年代初面临实际困难。为缓解这些困难,1995年,蒙古国政府通过第44号决议《1995—2000年学前教育计划》,增加了学前教育的覆盖面,完善了学前教育工作的内容和方法,并囊括了机构、父母参与方面的内容。同年,教育科学部制定《学前教育基本纲要

---

[1] 学前教育在1982年《蒙古人民共和国教育法》中作为独立章节表述。

（一）》，提出在 2000—2008 年扩大学前教育覆盖范围、使入园率达到 80% 的目标。为落实该方案，教育科学部、国家扶贫计划以及联合国开发计划署共同在 1997—2000 年实施了"加强学前教育"项目，覆盖所有省和地区，共为 16 108 名儿童提供了学前教育服务，为 356 所幼儿园提供了教学用品，新建了 24 所幼儿园，修缮了 139 所幼儿园。总的来说，当时国家采取的政策举措是积极有效的。

第二阶段是 2001—2007 年的稳步发展期。随着财政能力的逐渐恢复，国家陆续出台系列政策文件，以进一步提高学前教育的覆盖范围，改善学前教育的服务质量。这些文件包括《减贫与经济增长国家计划》《学前教育（二）》《2006—2015 年蒙古国教育发展总体规划》等，旨在将学龄前儿童教育与人的发展、社会经济、教育目标相结合。在具体举措上，该阶段学前教育的指导思想特别强调采取适当方式，覆盖未被纳入学前教育的儿童，提高幼儿园环境质量，提高办园能力和师资水平。随着政府财政投入不断增加，大批幼儿园得以开办和修缮，儿童入园率大幅提高，同时为牧民子女提供蒙古包幼儿园的支持力度也得到加强。

在儿童保育制度方面，2002 年蒙古国出台《2002—2010 年国家改善儿童事业发展保护计划》，提出建立儿童友好型法律、为儿童提供健康安全的生活环境和优质公平的教育、重视家庭对儿童的保育、青少年的参与和信息覆盖等内容。2005 年，蒙古国教育科学部、卫生部、劳动和社会保障部联合推出《保障幼儿工作发展综合政策》，为全面实施幼儿发展政策奠定了基础。该政策旨在以统一方式保证幼儿的卫生健康和教育服务，提高学前教育的经济和社会影响。在这一时期，蒙古国实施的教育政策也得到国际组织和捐助者的支持。为增加贫困儿童入园率、提高儿童营养、改善学习环境、提高师资专业水平，蒙古国学前教育领域接受多方国际援助。欧盟通过英国儿童信托基金提供 130 万欧元，用于实施学前教育基础项目；世界宣明会提供援助 367.5 万美元；索罗斯基金会提供援助 75.5 万美元。

第三阶段是 2008 年后的迅速发展期。在这一阶段，蒙古国出台多部国家级综合性发展重要规划，将教育发展规划融入国家整体发展框架中。学前教育制度、托儿服务更加完善。

在国家发展规划层面，学前教育的政策目标主要围绕两方面展开。一是继续扩大幼儿园入学率，特别是对 2—5 岁儿童全覆盖，分阶段确保学龄前儿童获得全覆盖、高质量的公平教育机会；[1] 二是结合牧民子女的游牧情况组织学前教育活动形式，继续支持蒙古包幼儿园以及替代教育[2] 模式。这些政策目标，在国家系列规划文件（《2007—2021 年国家发展综合规划纲要》《国家千年发展目标》《蒙古国 2030 年可持续发展目标》等）及各届政府执政纲领和各部门政策文件中都有所体现。[3]

在法律法规与制度保障层面，2008 年，蒙古国出台《学前教育法》，明确规定了蒙古国学前教育的目标、内容、标准、组织机构、运营方式等内容。[4] 最值得一提的是，在实现教育公平方面，《学前教育法》将替代教育形式明确写进法律，替代教育旨在为未被幼儿园教育形式覆盖的儿童，特别是牧区儿童和随父母从牧区迁移到城市的移民儿童，以更灵活的形式提供学前教育。《学前教育法》通过立法形式，使替代教育形式合法化，以此来确保教育公平。在财政支持方面，《学前教育法》规定，将儿童在园伙食费由家庭负担改为由国家承担，减少了低收入家庭儿童入园的经济压力。

在托儿服务方面，即便政府努力扩大幼儿园覆盖率，由于幼儿园数量有限，在蒙古国仍然有许多适龄儿童无法入园。对此，蒙古国 2015 年出台《儿童保育服务法》，旨在通过儿童保育中心为无法入园的儿童提供托儿服

---

[1]《蒙古国 2030 年可持续发展目标》对学前教育提出了 3 个阶段发展目标：第一阶段（2016—2020 年），改善学前教育体系、形式、供给和质量，使学前教育儿童覆盖率达到 70%；第二阶段（2021—2025 年），改善学前教育体系，使每位教师对应儿童人数降至 25 人，学前教育覆盖率达到 80%；第三阶段（2026—2030 年），使平均每位教师对应儿童人数降至 20 人，学前教育儿童覆盖率达到 90%。

[2] 指蒙古国幼儿园教育以外的学前教育形式，详见本节第三部分。

[3] 资料来源于蒙古国教育科学部官网、蒙古国法律信息网及蒙古国外交部官网。

[4] 资料来源于蒙古国法律信息网。

务，从而为两岁儿童的父母创造就业条件。[1] 儿童保育中心应由公民、企业实体和组织建立，服务对象年龄一般在2—7岁，运营者在满足安全的条件下，可以使用租赁的场地运营。儿童保育中心每日可提供12小时服务，4次餐食，灵活满足幼儿父母工作需要，餐费由国家预算统一支出。截至2017年，蒙古国共有426个儿童保育中心运营，数量约为同时期幼儿园数量的1/3；共有教职工1 025名，人数约为同时期幼儿园教职员工人数的1/30。同年，蒙古国家庭儿童与青年发展署与国际组织开展合作，在乌兰巴托9个区和3个地方省份为儿童保育中心的教职员工组织了再培训课程，向551名新教师颁发了认证许可。自2016年4月蒙古国第一家儿童保育中心成立以来，该举措共覆盖儿童2.1万名，培训保育人员1 100余名，其中80%的保育人员拥有高等教育学历，残疾儿童保育中心的保育人员还接受了特殊技能培训。国家每月为每名保育儿童资助13.6万图格里克（约合人民币325元）。2020年，蒙古国政府和国家特别委员会决定在财政预算中追加20亿图格里克（约合人民币500万元），用于儿童保育服务范围内的2—3岁儿童。自2020年9月起，蒙古国境内新增儿童保育中心160家，可覆盖儿童3 000名，其中有115家位于乌兰巴托。[2] 自此，蒙古国儿童保育中心数量达到600余家。

随着国家财政投入不断增加，政策法律不断完善，在社会各部门的共同努力和国际援助下，蒙古国学前教育得到了迅速发展，普及率大幅提高，幼儿园数量、接收能力、教学内容与方法、师资人数与专业水平都得到了明显提升，同时，因城乡差异、贫富差距等原因产生的儿童入园不平等问题也有所改善。

---

[1] 资料来源于蒙古国法律信息网。
[2] 值得注意的是，虽然新增保育机构，但仍无法完全满足全国7.4万名两岁儿童的覆盖要求。

二、学前教育的普及与现状

（一）全国学前教育覆盖率逐步提升

2018—2019 学年，蒙古国共有 1 435 所幼儿园运营，其中公立幼儿园（包括国企职工幼儿园）889 所，民办幼儿园 546 所，较前一学年共增加 19 所。这些幼儿园共覆盖儿童 261 354 名，其中 239 764 名参加常规幼儿园教育或基本教育，21 590 名参加替代教育。[1] 如图 4.1 所示，2014—2019 年蒙古国幼儿园数量以年均 5% 的速度增加。

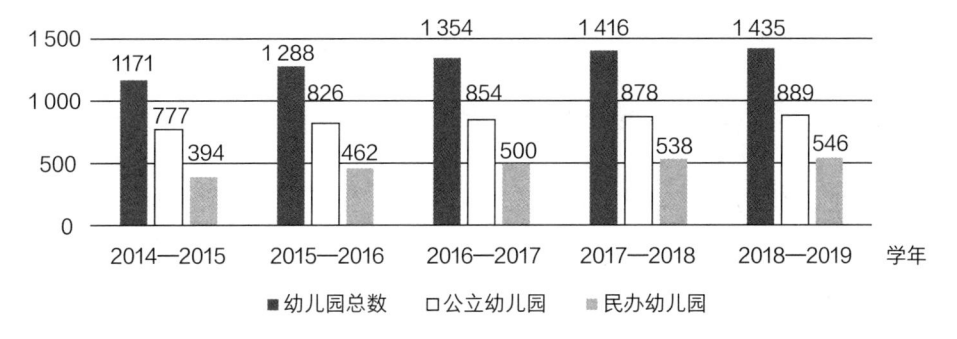

图 4.1 2014—2019 年蒙古国幼儿园数量（单位：所）[2]

蒙古国人口分布不均，全国 323.8 万人口中有 144.5 万分布在乌兰巴托，占总人口的 44.6%。[3] 因此，全国学前教育覆盖儿童人数也呈现向乌兰巴托集中的局面。如图 4.2 所示，2018—2019 学年，蒙古国学前教育覆盖儿童总数 261 354 人，其中乌兰巴托覆盖儿童人数为 119 820 人，约占 46%。

---

[1] 资料来源于蒙古国教育科学部官网。
[2] 资料来源于蒙古国教育科学部官网。
[3] 资料来源于蒙古国国家统计局官网。

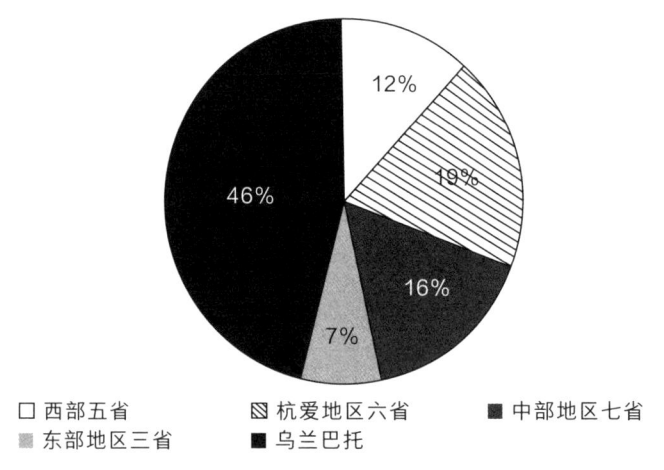

图 4.2 2018—2019 学年蒙古国学前教育覆盖儿童地区分布

图例：□ 西部五省　▨ 杭爱地区六省　■ 中部地区七省　▨ 东部地区三省　■ 乌兰巴托

数据：12%、19%、16%、7%、46%

（二）学前教育的教学方式与内容

蒙古国学前教育的学习内容有 6 个板块，分别为：语言沟通、活动健康、音乐、手工艺术、数字、自然与社会。（1）在语言沟通板块，教师会给儿童讲述蒙古民间故事，并根据故事内容设计游戏，与儿童互动；教师还会指导儿童摆放蒙古国传统糕点、将教室布置为蒙古包样式、讲述羊拐游戏或谜语、向儿童介绍蒙古国经典艺术作品等，从而锻炼儿童的语言表达能力，并向儿童传达思想道德、民族文化和正确的价值观。（2）在活动健康板块，教师通常使用教室中的物品和简单工具（椅子、长凳、垫、球等）使孩子保持活跃的精神状态及健康，教师们还设计了丰富多彩的运动形式，包括花式系鞋带、自制自行车、学习洗挂毛巾、结绳训练、轮胎游戏等，锻炼儿童的对物体颜色、重量、使用方法、规则的认知能力。（3）在音乐板块，教师们将简单的音乐理论与舞蹈相结合，使儿童从视觉、听觉、触觉等多方面对音乐形成认知，以培养儿童的音乐素养。（4）手工艺术板块的活动内容最为丰富，教师开发各式手工活动，包括树叶作画、陶土造型、木刻、剪纸、黏土、毛毡手工等，以培养儿童的创造性思维，训练儿童的动手能力。（5）在数字板块，教师用羊拐来进行数学教学，这是非常具有蒙古国民族特色的教学法，教师在教学活动中引入国庆节那达慕的传统游戏方式，教儿童为羊拐命名、计数，以及进行数学游戏。此外，教师还会引入十二生肖的概念，使用羊拐模拟赛马活动计分，并把羊拐涂成不同颜色，教儿童辨认、分类。（6）在自然与社会板块，教师会设计一些模拟活动，例如以故事形式教育儿童垃圾识别与分类知识，或创造一些常见生活场景，使儿童对自然和生活拥有基本认知能力。[1]

（三）学前教育师资情况

从师资力量来看，根据《"千年挑战基金"对劳动力市场的调查研究》，"幼儿园教师和从教人员"在最受追捧的职业中排名第23位。[2] 这表明，近年来由于城市人口（包括学龄前儿童）的增加以及幼儿园数量和入园人数的增加，国家对幼儿园教师的工作岗位需求也随之增加。2018—2019学年，蒙古国从事学前教育的教职工总数为27 214人，较上一学年增加42人，见图4.3。其中教师总人数14 550人（包括专职教师7 843人），管理者1 359人，教学法专家665人，医生516人，厨师2 684人，其他员工7 440人。2018—2019学年，全国共有12 205名学前教育教职工在城市从教，15 009名学前教育教职工在牧区从教。

---

[1] 资料来源于蒙古国学前教育网。
[2] 资料来源于蒙古国劳动和社会保障部官网。

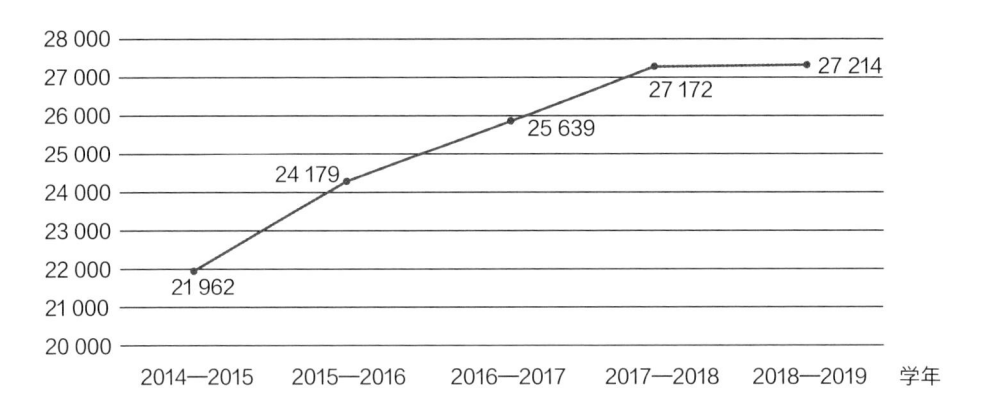

图 4.3　2014—2019 年蒙古国学前教育教职工总人数变化情况（单位：人）[1]

从教师受教育程度来看（见表 4.2），2018—2019 学年，蒙古国学前教育专职教师中，91.7% 为师范类相关专业，其中硕士 532 人，学士 6 008 人，学历教育者（专科学历）650 人，高中学历者 201 人，其他 452 人。蒙古国学前教育师资以本科学历为主，但拥有硕士学历背景的师资人数逐年增加。

表 4.2　2014—2019 年蒙古国学前教育专职教师受教育程度统计[2]

学年	师范专业占比	人数（人）				
		博士	硕士	学士	学历教育	其他
2014—2015	93.6%	0	336	4 270	1 157	395
2015—2016	94.8%	1	442	4 922	1 112	356
2016—2017	95.7%	0	499	5 505	986	114
2017—2018	97.3%	0	540	6 097	899	209
2018—2019	91.7%	0	532	6 008	650	653

---

[1] 资料来源于蒙古国教育科学部官网。
[2] 资料来源于蒙古国教育科学部官网。

三、学前教育的类型、标准与实施

（一）学前教育的类型

蒙古国学前教育分为两种类型：基本教育和替代教育。基本教育是指常规的幼儿园教学活动形式，替代教育是蒙古国独特的学前教育类型，旨在为居住在偏远地区、无法接受入园教育的牧民子女以替代教育方式提供学前教育服务。蒙古国领土广袤，人口密度低，而且乌兰巴托就占近半全国人口，其余人口分散在各地，以游牧为主要生产生活方式。由于国情特殊，适用于城市的常规幼儿园无法满足分散居住在各地的牧民子女的入学需求。在国家的不断探索与国际力量的帮助下，蒙古国开发出替代教育方案。在替代教育框架下，创造了更加细致、更加灵活的学前教育方式：轮流班级、移动班级、流动教师，如表4.3所示。

表4.3 蒙古国学前教育中替代教育的三种类型

类型	服务方式	服务对象
轮流班级	以教室或室内场地形式组织的儿童学前教育活动，为期半天。	为首都、各省省会无法覆盖的郊区、牧区儿童服务。
移动班级	使用"迁移式蒙古包幼儿园"为这些儿童提供学习场地。	为相对远离乡镇、居住在蒙古包、无法入园的儿童提供学前教育服务，教学对象以4—5岁儿童为主。
流动教师	家访形式。	为远离城市中心的牧区单亲儿童提供学前教育服务。

《学前教育法》明确规定，每名儿童都应该享受到"基本教育、轮流班级、流动教师、移动班级等学前教育服务类型"。根据2018—2019学年统计

数据，全国接受替代教育的儿童中，通过移动班级接受迁移式蒙古包幼儿园教育的儿童占69%，通过轮流班级接受学前教育的儿童占19%，通过流动教师接受学前教育的儿童占12%。

从学制来看，蒙古国幼儿园学制为4年，分为小班、中班、大班和学前班，儿童2岁即可入园小班。小班班额平均为20人，中班、大班、学前班为25人。《学前教育法》允许条件成熟的幼儿园招收2岁以下幼儿，常规幼儿园每个年级可以招收轻度残疾儿童不多于2人。此外，还有前文提到的儿童保育中心为无法入园的儿童提供学前教育服务。

此外，从幼儿园类型来看，蒙古国的幼儿园分为常规幼儿园、特殊幼儿园、护理幼儿园和福利幼儿园等。特殊幼儿园的保育对象是残疾儿童；护理幼儿园的保育对象是发育迟缓和智力发育不良的儿童；福利幼儿园的保育对象是失去父母或监护人的孤儿。《学前教育法》规定，幼儿园负责为所有学龄前儿童提供学前教育，并有义务为未入园的幼儿提供替代教育，对其父母和监护人提供专业协助。[1]

（二）学前教育的标准与实施途径

蒙古国人口年龄结构较为年轻化，国家重视发展教育，积极完善相关法律与标准。在全球范围内，已颁布《学前教育法》的国家寥寥无几，而蒙古国早在2008年就已颁布，并于2016年进行了修订。蒙古国学前教育入学率位于世界前列。

自1982年《蒙古人民共和国教育法》颁布以来，蒙古国对学前教育的标准几经改革。1998年，第一份关于学前教育内容的标准化规范性文件《学前教育内容标准》出台，将儿童按年龄分类，对儿童知识、技能、习惯应

---

[1] 资料来源于蒙古国教育科学部官网。

达到的标准予以详细说明。[1] 随后又陆续出台多项文件，规定学前教育的内容标准、核心大纲、幼儿发展标准等，如表4.4所示。

表4.4 蒙古国学前教育标准相关文件内容或特点

年份	名称	内容或特点
1982	蒙古人民共和国教育法	促进儿童身心健康，保持卫生习惯；掌握语言和思维能力，理解环境和事物现象；发展儿童的审美意识，帮助儿童发展设计、歌唱、音乐、舞蹈能力；帮助儿童正确表达自己，尊重他人并了解民间习俗。
1998	学前教育内容标准	将儿童按年龄分类，对儿童知识、技能、习惯应达到的标准予以详细说明。
2000	学前教育教学核心计划	开展以儿童为中心的教学法，开始实践关注儿童需求与兴趣，以儿童为中心的建设性教育理念。
2003	学前教育标准	对学前教育的质量、内容、方法、评估、儿童发展环境提出了明确要求，其中包括发展阶段和掌握的能力。
2008	学前教育法	明确规定了蒙古国学前教育的目标、内容、标准、组织机构、运营方式等内容。
2011	幼儿发展标准	将儿童发展过程分为身体发育、思想发展和社会发展三个阶段，对每个阶段儿童发育水平有详细定义和体系。该标准旨在为幼儿园教师与家长提供指导，并描述了儿童如何能够达到对应发展水平，在教学法上将"以教师为中心"变为"以学生为中心"。
2015	学前教育标准核心计划	内容包括活动–健康，性格–交流，语言–环境，简单的数学思维，音乐艺术等儿童发展领域，同时还制定了儿童应具备的知识、能力和习惯（7项常规能力，41项特殊能力）发育水平。该核心计划提出对儿童兴趣、志向、习惯和努力程度进行详细观察，引入自由观察等方法建立个人档案。

[1] 资料来源于《2019年蒙古国教育年鉴》。

如果说 1998 年以前，蒙古国学前教育还有一些不足，那么 1998 年以后，学前教育不断变得更加灵活，让儿童能够创造性地选择学习内容，并考虑到儿童的需求和兴趣，开展"以儿童为中心"的教学活动。学前教育注重结合儿童发育发展规律，对儿童进行科学评估与跟踪记录，从儿童的自身发育水平来判断评估儿童，着重于每个孩子的成长，重视对每个孩子的欣赏。学前教育标准不断完善，更加贴近儿童需求，同时也鼓励教师的创造力，使幼儿园拥有更多自主权。这些成果都是国家不断重视教育，并在借鉴其他国家先进经验的基础上不断努力、不断完善的结果。

在学前教育的方针与目标方面，蒙古国《学前教育法》指出，"学前教育的目标是通过幼儿自身特征、能力和创造性活动来使幼儿得到发展，通过照料、看护、教学等一系列综合活动，使幼儿获得终身学习的基本技能。"[1]《2014—2024 年蒙古国国家教育政策》指出，"学前教育对于入学准备来说，更多是人发展的基础，是自身特点、能力与创造力的发展，是终身学习的基础阶段。"[2]

在教育政策规划与实施方面，蒙古国最高立法机构国家大呼拉尔框架下的社会政策教育文化科学常务委员会负责指导全国学前教育工作，教育科学部及相关政府部门进行规划和执行。在地方层面，各省省长和首都行政长官与负责落实《教育法》的政府官员签署学前教育服务协议，同时教育局负责实施相关政策，并为学校和幼儿园提供专业和方法上的指导。各区县长官与各省省长、首都行政长官和负责落实的相关区县幼儿园、学校以及所有提供学前教育服务的机构负责人签署协议，执行教育政策。首都各区区长有义务通过政府教育部门对辖区内公立和非公立幼儿园进行日常管理。乡镇或街道一级机构根据《教育法》《学前教育法》有义务将每户学龄前儿童和应享受义务教育的儿童纳入工作范围。

---

[1] 资料来源于蒙古国法律信息网。

[2] 资料来源于《2019 年蒙古国教育年鉴》。

（三）师资培训与人才培养

在师资培训方面，蒙古国通过教师发展学院、蒙古国立教育大学、学前教育学院等诸多机构和非政府组织、国际组织、专业人士共同培养学前教育专业人才。培养体系由国家、地方政府和各层机构逐步进行。教育科学部2008年通过《教师专业发展条例》，决定设立教师发展学院，由国家预算负担入职第1年、第5年、第10年从教人员的基础培训费用。[1]2018年，全国共有835名教师参加国家、地区和地方机构组织的培训项目。根据《幼儿园教师培训情况调查》，每3名幼儿园教师中至少有1人年均参加培训时长不低于24小时，从培训内容来看，39%的幼儿园教师参加了标准大纲改革类培训，28%参加了教学方法培训，19%参加了完善课程规划类培训，其余参加了积极教学法和教学评估类培训。[2]这些培训多由教育部门、教育学院、蒙古国立教育大学、地方教育局等机构举办。教师发展学院开发了信息系统，为教师发展提供稳定的技术环境，已经在线为教龄满10年的37名教师、满5年的37名教师和满1年的43名教师组织了在线培训，但大多数享受专业培训服务的教师工作于城市中心地区。

在人才培养体系方面，蒙古国当前共有5所公立大学和17所民办大学开设了学前教育专业。[3]蒙古国第一所开设该专业的学校是蒙古国立教育大学，目前共有1 280名在校大学生接受日常和校外学前教育专业培养，毕业人数逐年增加。2006年以来，蒙古国立教育大学学前教育专业人数稳定增长，就业率由2009年的75%提升至2018年的93%。2005年以来，在完善教师储备体系框架下，蒙古国立教育大学学前教育学院投资3.5亿图格里克修缮教室和图书馆，并在更新课程、满足专业发展新要求等方面做了大量工作。

---

[1] 资料来源于蒙古国教育科学部官网。
[2] 资料来源于《2019年蒙古国教育年鉴》。
[3] 资料来源于蒙古国首都教育局官网。

第二节 学前教育的特点和经验

蒙古国社会转型 30 年来，在学前教育领域，国家财政不断投入资金，完善法律法规，在改善幼儿园条件、增加儿童入学率、实现教育平等、提高教师技能等方面取得了显著成就。这是蒙古国重视教育事业，不断完善学前教育标准化、制度化，实现管理方式信息化、科学化，并积极借鉴他国先进经验的结果。

一、学前教育的特点

（一）随着国家发展需要而不断调整变化

蒙古国学前教育在蒙古人民共和国时期萌芽并发展，苏联的教育体制与理念深深影响着蒙古国包括学前教育在内的全部教育领域，为蒙古国教育制度的发展奠定了基础。蒙古国社会转型后，国家一度面临严重经济困难，学前教育领域也陷入困境，甚至出现部分幼儿园关闭，全国在园儿童数量急剧减少的现象。20 世纪 90 年代后期，随着国家经济慢慢复苏，蒙古国学前教育也得到新发展，国家通过出台新政策规划、完善立法、借鉴国际社会经验、开展国际交流合作等系列举措，使学前教育日益趋向标准化。总体来看，蒙古国学前教育既有历史延续性，又有新发展、新变化，是根据国家自身发展需要不断调整和变化的。特别需要指出的是，学前教育替代教育方案的实施和儿童保育中心的设立，为偏远地区牧民子女、城市边缘人口入园问题提供了过渡方案，使蒙古国学前教育覆盖率在世界范围内位居前列。

（二）教育资源分布不均衡

游牧是蒙古国民的传统生产生活方式，虽然蒙古国城市化与现代化进程加快，牧民不断涌入城市，但全国仍有约一半人口生活在牧区，从事游牧生产。据统计，蒙古国 80% 以上县乡（牧区）都位于各省中心 100 公里以外，牧民人数占总人口的 40%，他们在城市中心外 10—55 公里的范围内过着游牧生活。牧民的生存空间远离城市，同时又有极大流动性，难以被学前教育覆盖。这既是蒙古国学前教育不同于其他国家的显著特征，也是该国亟须解决的重要问题。

（三）国际援助推动学前教育发展与普及

作为发展中国家，蒙古国是联合国儿童基金会、世界银行、亚洲开发银行等国际组织的重点援助对象。同时，"冷战"结束后，蒙古国推动国内各领域转型，美国、日本等发达国家也着手对蒙古国学前教育领域开展援助。这些援助包括制度设计、技术与物资援助、人员培训等，在改善蒙古国学前教育条件，加快蒙古国内学前教育普及与均衡发展等方面，发挥了重要作用。

二、发展学前教育的相关经验

蒙古国实施的立足于学前教育发展现状，实现教育公平、教育全覆盖的相关举措值得关注与借鉴。

（一）通过"替代教育"解决教育资源分布不均问题

由于贫困以及人口向城市的不断迁移，郊区儿童上幼儿园的机会相对更少，政府需要采取更加灵活的方法和形式向这些儿童提供保育服务。为满足这一需求，蒙古国《学前教育法》规定，对于无法入园的儿童，要把轮流班级教学、流动教师教学和移动班级教学的替代教育形式覆盖至全国儿童。替代教育作为学前教育的一种方式，与幼儿园同样享受国家财政支持。

过去 20 年间，这些学前教育的举措在形式、内容、方法、教学环境方面都得到了巩固。在 21 世纪初，替代教育形式还只是一种倡议，因其能够增加教育覆盖率而获得资金支持。随着该形式的发展，替代教育逐步得到国家财政支持并获得法律保障，近年间国家更是为替代教育的资金投入、改善教学环境、解决教师配备问题等给予全面政策支持。2012 年，教育科学部通过《开设替代教育规定条例》，为替代教育质量监督与服务保障制度建设迈出了重要步骤。[1]

从图 4.4 可以看到，由于近年来幼儿园覆盖儿童人数稳定增长，替代教育覆盖儿童比例有所下降。2010—2011 学年，替代教育覆盖儿童 35 076 名，而根据 2017—2018 学年情况，23 705 名儿童接受了替代教育，国家预算支出约 30 亿图格里克（约合人民币 840 万元）。2018—2019 学年，蒙古国接受替代教育的幼儿人数为 21 590 人，较前一学年继续下降，其中 3 484 名幼儿接受轮流班级教育，15 292 名幼儿接受移动班级迁移蒙古包幼儿园式教育，2 814 名幼儿接受流动教师教育。[2]

---

[1] 资料来源于蒙古国法律信息网。
[2] 资料来源于蒙古国教育科学部官网。

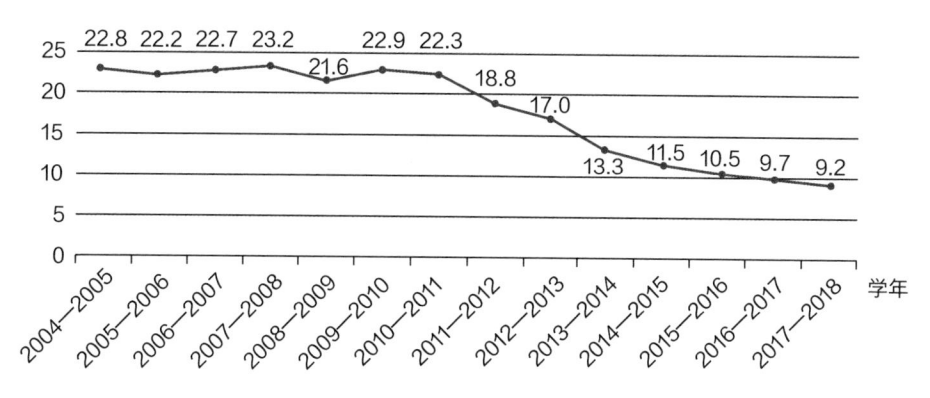

图 4.4 2004—2018 年蒙古国学前教育中替代教育覆盖儿童人数占比[1]
（单位：%）

（二）加大财政无差别投入，通过减免餐费等举措增加贫困儿童受教育机会

自 2000 年以来，学前教育预算资金一直稳定增长，见图 4.5。学前教育占国家财政预算教育经费比例有所增长，见图 4.6。这些指标接近或高于部分亚洲国家的平均水平，见图 4.7。

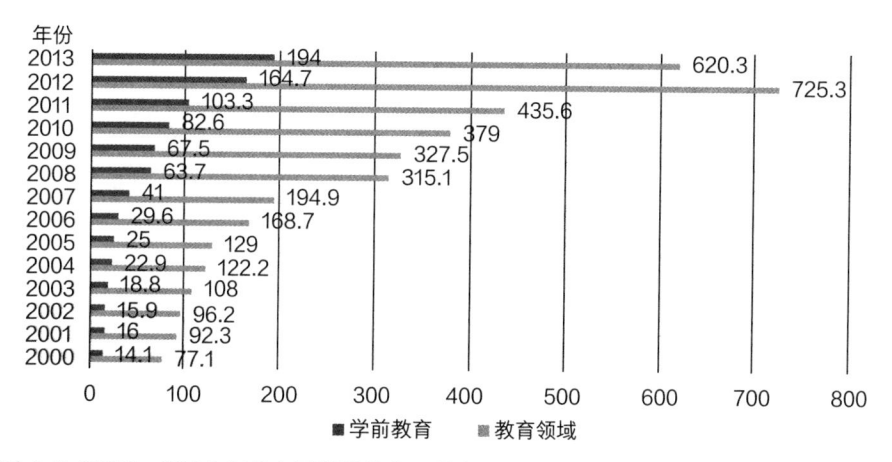

图 4.5 2000—2013 年蒙古国学前教育及教育领域年度预算（单位：十亿图格里克）[2]

---

[1] 资料来源于《2019 年蒙古国教育年鉴》。
[2] 资料来源于《2019 年蒙古国教育年鉴》。

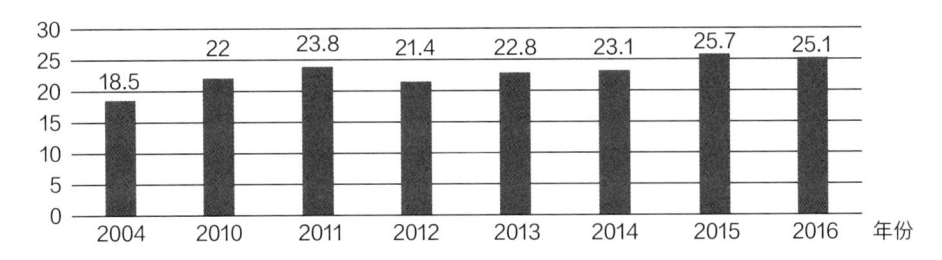

图 4.6 2004—2016 年蒙古国学前教育占国家财政预算教育经费比例（单位：%）[1]

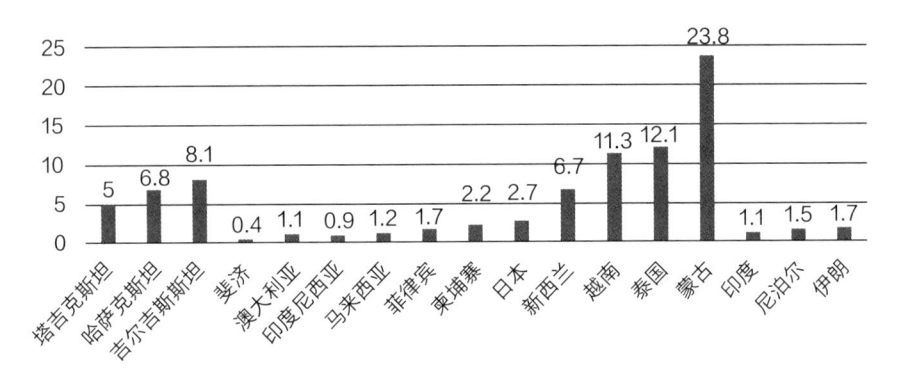

图 4.7 2001 年部分国家学前教育占国家财政预算教育经费比例（单位：%）[2]

1995—2018 年，蒙古国学前教育支出中有 41.9% 用于幼儿园（包括蒙古包幼儿园）的建设和维护，教师和其他人员培训支出占 16.5%，玩具、教材和用品供应占 5.5%，设备支出为 1.3%，其他活动支出占 34.8%。2008 年《学前教育法》规定儿童在园伙食费从父母负担改为国家承担，降低了低收入家庭儿童入园的阻力。该法律还不限制幼儿园所有制形式，对公立和非公立幼儿园、常规幼儿园和牧区蒙古包幼儿园都通过国家财政提供平等支持，政府还实现了替代教育形式合法化来确保服务平等。

---

[1] 资料来源于《2019 年蒙古国教育年鉴》。
[2] 资料来源于《2019 年蒙古国教育年鉴》。

（三）结合国家发展实际情况接受国际援助

在改善教育条件、发展替代教育、关注弱势群体儿童教育的过程中，蒙古国得到了国际组织与机构在制度和资金方面的大力支持。蒙古国经济发展部数据表明，1994—2012 年，学前教育领域在外国和国际组织的无偿援助框架下，共接受援助 1 520 万美元。[1] 特别是自 2005 年以来，支持额度大幅上升，占援助总额度的 52.3%，这表明随着蒙古国修建、扩建幼儿园以及牧民子女入学需求的增加，国际援助对学前教育领域加大了资金投入。

2006—2013 年，蒙古国牧民子女入学率以每年 44% 的平均速度增长，2013 年以后相对稳定或略有浮动。在同一时期，亚行、世行和联合国儿童基金会实施了诸多项目，为牧区和乡镇提供了 300 多个蒙古包幼儿园。世界银行在蒙古国实施《2007—2009 年有效成果倡议》，耗资 31.1 万美元修建夏季游牧蒙古包幼儿园，提供设备和教学用品。利用日本减贫基金会 290 万美元的无偿援助，亚洲开发银行、蒙古国教育科学部共同实施了《针对牧区及移民儿童学前教育覆盖项目》，在 4 个省和首都的两个区建造了 136 所蒙古包幼儿园，教学服务和饮食营养水平均与常规幼儿园相同。[2] 对此，蒙古国媒体评论，蒙古包幼儿园是最有效的解决方案，随着城市移民及出生率的增加，该模式已经成为当前蒙古国学前教育综合实施的典范。[3] 同时，日本儿童福利基金在 4 个省份中的 30 个偏远乡镇为 8 500 名牧民子女实施了以家庭为基础的入学预备计划，以帮助这些儿童做好入学准备。2012—2016 年，蒙古国教育科学部与联合国儿童基金会共同实施《"儿童友好型国家"规划纲要》，并继续通过了该纲要的下一个阶段五年计划（2017—2021 年）。通过在蒙古国各省陆续推行该规划纲要，改善

---

[1] 资料来源于《2019 年蒙古国教育年鉴》。
[2] 资料来源于蒙古国政府采购网。
[3] 资料来源于蒙古国国家信息网。

蒙古国儿童教育、卫生条件，提高教育覆盖率。[1]

2014年，蒙古国与世界银行共同开展"支持教育国际学前教育联盟项目"，目标将学前教育与人口增长相结合，使学前教育覆盖社会弱势群体，消除社会不平等现象。[2]计划在城郊人口稠密地区建立幼儿园，并覆盖偏远牧区的儿童，为游牧的蒙古包幼儿园提供全套家具、设备、玩具、地毯、床品、学习用品，并对项目进行监督和评估。

2005—2018年，蒙古国牧民子女接受学前教育人数见图4.8。

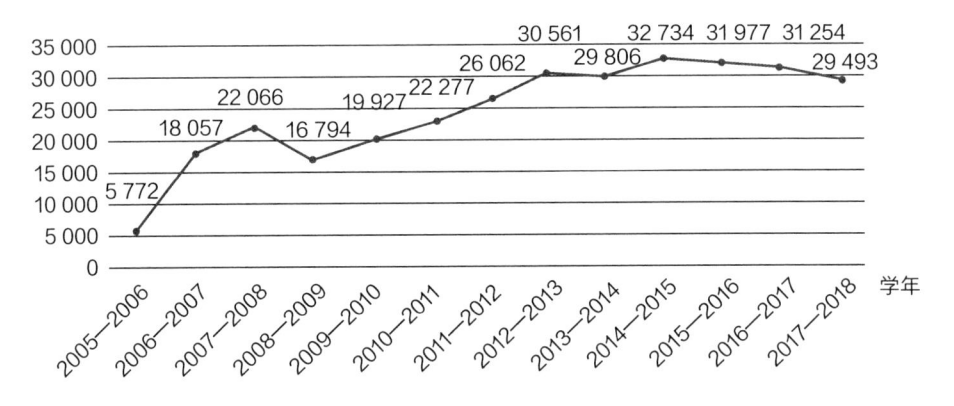

图4.8 2005—2018年蒙古国牧民子女接受学前教育人数（单位：人）[3]

2018年，国际非政府组织"抚轮"发起"建设生态蒙古包幼儿园"倡议。[4]该倡议提出以来，世界各地抚轮组织成员共募集资金2 000多万图格里克。蒙古国"生态绿色"非政府组织与抚轮组织共同完成了生态蒙古包幼儿园的建设工作，并将其交付于乌兰巴托松吉海日寒区第84幼儿园。生态蒙古包幼儿园外部有可供种植的冬夏温室，也有太阳能电池板，可在冬季供暖，并为幼儿园提供电地暖系统，以有效解决因蒙古国冬季供暖造成

---

[1] 资料来源于蒙古国政府网。
[2] 资料来源于蒙古国教育科学部官网。
[3] 资料来源于《2019年蒙古国教育年鉴》。
[4] 资料来源于蒙通社官网。

的空气污染问题。

在教育理论与方法上,蒙古国学前教育发展也得到了国际组织的指导。索罗斯基金会自1998年开始实施的"基于以儿童为中心的方法论"项目详细描述了评价方法,其特点是更加侧重对科学类课程的讨论。

第三节 学前教育的挑战和对策

随着当前世界的飞速变化发展及学前教育理论的革新,蒙古国学前教育越来越多地关注儿童身心发展与社会化问题,将学前教育视为决定儿童未来发展品格、能力、发展人与社会关系的重要环节。当前,蒙古国学前教育主要面临服务水平有待提高、政策革新过于频繁、对弱势群体仍需加大投入、少数民族儿童母语教材缺乏等挑战。面对上述困难,国家主要通过继续加大财政投入,建立全国教育管理信息网络,依托新技术建立低成本幼儿园,加强机构与机制建设,提高教师薪酬与社会保障等系列举措予以应对或缓解困境。

一、学前教育面临的困难与挑战

2015年,教育科学部对《2006—2015年蒙古国教育发展总体规划》执行情况进行评估。报告指出,截至2015年,学前教育规划项目中共有29项计划,已完成目标17个,部分实施或正在实施的目标10个,2个目标未实施。全部完成的目标包括增加学前教育覆盖率、增加幼儿园数量、改善教具与环境、增加人才储备和培训等。但实现残疾儿童教育平等、建立幼儿发展标准监测评估系统、出台儿童健康饮食营养方面的政策与法律等目标只有部分完成或正在执行。蒙古国学前教育在取得显著发展成就的同时，也面临一些困难与挑战。

（一）幼儿园建设速度、环境与儿童数量急剧增长的矛盾

由于人口快速增长，蒙古国学龄前儿童人数急剧增加，而蒙古国现有幼儿园床位数、容纳儿童的能力，以及幼儿园设备、教具等资金保障不能满足需求增长的速度。一是班额人数较多，虽然蒙古国学前教育覆盖率与资金投入已接近地区和世界指标，位于较高水平，但平均每位教师负责的儿童人数和教学时间却处于世界较低水平，同时还存在由儿童人数过多而导致的教室环境不符合标准的风险。二是教学活动场地较小，卫生与安全条件也有待改善，特别是在牧区和郊区幼儿园，应该实现统一下水道网络，增加水槽和马桶数量，改善饮用水的供应，并为幼儿园提供食品安全保障。三是玩具和设备缺乏，平均每班玩具 40.6 个，不能满足幼儿身心发育和多样化需求，也不能满足单独或多人游戏的条件。对此需要增加玩具、教具、幼儿园和儿童书籍和手册的供应。2014 年《质量检测报告》指出，在幼儿园卫生、感染防护、安全保障方面，45.8% 的幼儿园在安全环境方面具有中等风险，28.8% 存在高风险。[1]《幼儿园项目报告》指出，大多数幼儿园的教学环境都需要改善。教材、设备、建筑、工程设施老化，其他与卫生条件和教学环境相关的条件都不充分。与教学活动相关的教学用具也有较大差异，仅有小部分幼儿园的钢琴、计算机、打印机和复印机数量能够满足需求。此外，许多教师和助教表示幼儿园缺少婴儿床等生活用品。虽然民办幼儿园的教学活动条件比公立幼儿园更好，但是民办幼儿园的外部环境和安全问题也应得到注意。教育科学部 2017 年研究报告指出，全国的 904 所公立幼儿园

---

[1] 资料来源于《2019 年蒙古国教育年鉴》。

中，23% 已经使用逾 30 年，必须拆除重建；幼儿园增加数量也无法满足儿童入园需求增长速度，需要继续增加幼儿园床位的数量。

（二）政策的频繁调整及部门协调的不足

政策的频繁调整与部门协调的不足是影响蒙古国学前教育落实效果的重要原因。教育科学部和联合国儿童基金会在 2007 年评估了《支持幼儿发展综合政策》的执行情况，指出"尽管实现了幼儿教育、健康和社会保育目标，但仍应该采取措施，加强政府和地方机构的参与协调，改进部门管理、规章制度和机制"。《2019 年蒙古国教育研究信息报告》指出，对于满足学前教育目标、支持幼儿发展等政策，相关社会经济各部门的政策连贯性和参与性是不稳定的。[1] 在国家发展政策中，应当满足学前教育政策目标、支持社会部门对儿童发展的参与，实现政策连贯性，以应对该领域面临的挑战。例如，国家标准化计量中心制定通过《幼儿发展标准》，制定了幼儿园独立课程计划，关注儿童全面发展，并提出在教学活动中加强家庭和父母的参与。文件还提出由教育科学部对教师采取阶段性培训。但 2014 年，该标准停用，对实施与进一步完善幼儿发展标准带来了负面影响。总体而言，教学标准与纲领的频繁更换使得设立目标执行困难，特别是政府中心部门、地方执行部门和专家之间对教学标准与纲领有不同的理解和评价，对学前教育的效果产生了负面影响。

（三）弱势群体儿童教育仍需加大投入

《2019 年蒙古国教育年鉴》提出，仍有 20.2% 的儿童无法享受学前教

---

[1] 资料来源于《2019 年蒙古国教育年鉴》。

育，其中包括城市贫困家庭子女、移民家庭子女、牧民子女和残疾儿童，需要改进并提供适合他们的服务方式。

蒙古国牧民家庭数量占全国家庭总数的19.1%（169 705户），牧民子女主要接受替代教育（其中移动班级占69%、轮流班级占19%、流动教师占12%）。《世界银行蒙古国学前教育研究报告》指出，需要通过对偏远地区或牧民家庭的儿童实施一项家庭教育计划，来改善牧区学前教育的覆盖范围。[1]对幼儿发展思维、语言、社交和心理技能的评估研究表明，由于家庭所处的社会经济地位的不同，儿童能力有很大差异。根据世界银行2016年的报告，牧区儿童入园率只有46%，也就是说，虽然在牧区乡镇一级的儿童享受夏季蒙古包幼儿园和流动教师服务，但这不足以帮助他们做好入学准备。研究表明，在牧区接受替代教育的儿童在入学准备、发展表现等方面落后于常规幼儿园儿童。因此，应全面改善针对牧区儿童的幼儿园和替代教育服务，增加幼儿园的开设，以覆盖更多偏远地区儿童。此外，教育科学部的统计显示，截至2018年，全国学龄前残疾儿童人数达6 000余人，而只有1 597名残疾儿童被学前教育覆盖，其中以言语、肢体、思维和听力残疾的儿童为主。应该持续关注残疾儿童接受学前教育甚至基础教育、高等教育等各类教育形式的权利。

为了使残疾儿童获得平等教育机会，教育科学部在2003—2007年实施了《平等教育计划》，[2]国际世界宣明会、儿童信托基金、联合国儿童基金会和瑞典发展署等国际组织已实施诸多项目，包括为幼儿园教师提供专业培训、必要的设备及信息、成立父母育儿协会等。通过以上努力，教育机构、公众对残疾儿童的态度都得到了改善，法律环境也变得更加友好。然而，日本儿童福利基金报告指出，在蒙古国，为残疾儿童服务的公立和民办幼

---

[1] 资料来源于世界银行官网。

[2] 资料来源于联合国教科文组织驻蒙古国国别小组官网。

儿园缺乏课程大纲、教具、康复服务所需设备、交通工具和教师补贴。[1] 对残疾儿童的学前教育和保育服务仍然需要切实加强法律的实施,加强教师和看护者的专业技能、设备保障和康复服务。

根据蒙古国人口移民调查报告,有大量移民人口迁移至乌兰巴托、达尔汗、额尔登特这三个城市。在移民人口中每 10 人就有 1 人迁移至乌兰巴托及中心地区,在乌兰巴托生活的人口中每 3 人中就有 1 人为移民人口。乌兰巴托年均人口增长率为 6%,是全国人口增长率的 3.3 倍。首都人口增长的 56% 来自移民人口,每平方公里人口密度为 286 人,是全国平均水平的 150 倍。城市郊区的人口中 1/3 为新移民,而移民的 40% 为需要援助的社会弱势群体。这些移民子女对入园、入学有很高需求。在乌兰巴托,学前教育覆盖率净增长较 2006 年相比增长了 28%,达到 78.2%。这是过去 10 年来对新幼儿园改建投资的结果。尽管乌兰巴托入园率有所增长,但仍有 21.8% 的学龄前儿童入园困难。同时由于移民带来的压力,乌兰巴托幼儿园班额也较全国平均水平多 10—20 名。

贫困仍然是影响学前教育覆盖率的负面因素之一。2018 年,蒙古国贫困率为 28.4%,其中城市贫困率为 27.2%,牧区为 30.8%,[2] 移民家庭、郊区家庭、单亲家庭的儿童更容易受到贫困的影响。同时,针对贫困儿童实施的替代教育方案支出也较常规教育低 50%。卫生用品、学习资料、服装和交通费用是贫困家庭儿童入学的制约因素。面临上述困难,蒙古国许多专家和机构呼吁,学前教育需要社会提供更多指导和帮扶,要加大财政投入,要提升学前教育质量,增加蒙古包幼儿园服务时长,并在家庭参与基础上,由社会为 0—2 岁儿童提供卫生、优质的儿童保育服务。对于蒙古包式幼儿园,有民众认为是很好的举措,但也有人质疑幼儿园空气流动不够,环境较差,活动空间不足,儿童人数过多等。

---

[1] 资料来源于《2019 年蒙古国教育年鉴》。

[2] 资料来源于世界银行官网。

（四）少数民族儿童母语教材缺乏甚至无学前教育

蒙古国人口最多的少数民族哈萨克族主要生活在最西部的巴彦乌列盖省，学前教育覆盖率（60.7%）低于全国覆盖率（79.8%），辍学率是全国平均水平的3倍，1/3的儿童失学。对于哈萨克儿童而言，当地幼儿园虽然采用哈萨克语进行教学和听说活动，但母语书写的学前教育书籍和资料严重不足，以蒙古语作为第二语言的哈萨克儿童，入学后的语言和发展能力常常落后于蒙古民族儿童。

查腾人（驯鹿人）主要生活在库苏古尔省。2012年，蒙古国教育科学部与联合国儿童基金会共同实施了《"儿童友好型国家"规划纲要》，在项目框架下对查腾人主要聚居区——蒙古国北部库苏古尔省9个县级幼儿园、16个乡级幼儿园开展调研，并向该省查干淖尔县100公里以外西部原始森林区20余名查腾人了解学前教育覆盖情况。[1] 调研结果认为，在蒙古国全境，查腾人学龄前儿童全体61人均未被纳入学前教育覆盖范围，对于蒙古国而言，迫切需要为查腾人提供适合其生活方式、文化、习俗和传统的学前教育服务。

图瓦人是跨境民族，其主体民族生活在俄罗斯联邦的图瓦共和国，与蒙古国西北部接壤。图瓦人在学前教育和基础教育领域仅使用蒙古语而非图瓦语教学，也没有双语教学条件，以蒙古语作为第二语言的图瓦儿童，其语言和发展能力也更易落后于蒙古民族儿童。

此外，由于蒙古国地广人稀、教育资源分布不均，而学校多集中在首都或各省的城市地区，上述少数民族儿童通常会去离家很远的城市寄宿，接受以蒙古语教学为主的基础教育和高等教育，除哈萨克人及图瓦人外，大多数少数民族儿童的学前教育仍然是空白。这些少数民族裔儿童的基础

---

[1] 资料来源于蒙古国教育科学部官网。调研对象包括35名幼儿负责人、70名教师和30对父母。

教育也面临母语授课难的困境。少数民族中的残障儿童更是无法得到相应教育资源的覆盖。

（五）幼儿教师缺乏，专业素养有待提升

对于蒙古国的学前教育从业者而言，主要面临的实际困难有幼儿教师缺乏、专业素养不足、工作压力较大等。随着儿童入园需求增多，以及国家持续要求扩大教育覆盖率，教师人才的缺乏对国家人才储备规划提出新要求。在教师发展问题上，应持续加大对教师的培训投入，制定中长期发展战略，以及具体的专业培训计划，同时重视对教师的信息技术培训。此外，对幼教从业者而言，教学方法论、心理学和学习方法论等方面书籍短缺，在教师的书籍和手册中，55%为教学法，43%为工作规划，只有2%为教育研究类书籍。

根据《幼儿园教师培训情况调查》结果，大多数教师认为自己面临的最大挑战依次为：工作量大，薪金低，无法提高专业技能，信息不足以及地区偏远。[1] 此外，工作压力较大也是蒙古国幼教从业者普遍反映的问题。根据统计数据，蒙古国幼儿教师人均工作时长为每天10.3小时，特别在春季和秋季工作量更多。因为在培养儿童行为习惯、独立能力之外，春季和秋季有更多比赛活动。由于工作环境和硬件设备不同，城乡教师压力也有较大差异。教育学院2011年曾开展《幼儿园教工工作现状调查》，提出当务之急是编写教学材料、做好儿童保育和监督的准备工作。[2] 然而教师们反映，近年来花费大量时间开发教学内容、方法改革、课程计划、教学大纲和单元课程，同时机构内部审核、地方政府管理者和专家评估考核工作也有所增加，他们需要在工作中应对更多与教学活动无关的工作。

---

[1] 资料来源于《2019年蒙古国教育年鉴》。
[2] 资料来源于《2019年蒙古国教育年鉴》。

二、应对措施

蒙古国人口结构年轻化，5 岁以下的人口占全国总人口的 12.1%，[1] 在过去 10 年中，蒙古国已将国家政策关注点转移至幼儿社会服务领域。政府全面关注学前教育发展，在所有政策法律文件中均强调，应增加全国儿童获得学前教育的机会，开发适当方法解决部分学龄前儿童无法入园问题，增加幼儿园软硬件设备和师资储备等。同时，国家也致力于将学龄前儿童问题与个人的发展和社会、经济、教育国内政策目标相协调，如减少贫困、提升社会服务质量、增加就业、减少城乡发展差异等领域，都离不开对幼儿教育发展事业的关注。针对当前学前教育面临的困难与挑战，蒙古国政府主要采取了以下应对举措。

（一）努力提高学前教育覆盖率、增加财政投入并取得成效

蒙古国政府《2008—2012 年执政纲领》提出"至 2012 年使幼儿园覆盖率达到 70%"，联合国儿童基金会和亚洲开发银行共同在学前教育项目框架下支持移动蒙古包幼儿园服务，为牧区幼儿园提供了大量蒙古包。从 2008 年至今蒙古国 3 届政府的执政纲领实施效果来看，有 1 500 多个巴嘎（乡）实施了上述项目，显著扩大了学前教育服务范围。2012 年，蒙古国学前教育覆盖率已达 79.0%，完成执政目标。《2012—2016 年执政纲领》提出"要通过增加、扩大学校和幼儿园的数量，为儿童创造舒适的学习环境"。从实施效果来看，2012—2014 年，蒙古国新建幼儿园 119 所，移动蒙古包幼儿园 436 个，增加床位 29 505 个，体现了幼儿园的发展力度。2016 年，蒙古国学前教育毛覆盖率已达 80.9%（见图 4.9）。《2016—2020 年执政纲领》提出"实

---

[1] 资料来源于蒙古国国家统计局官网。

施《使每位儿童入园计划》[1]，旨在为城市和牧区每位儿童都提供入园机会；减轻学校和幼儿园班级负担过重情况"。从实施效果来看，2016—2020年，蒙古国幼儿园数量从1 354所增至1 439所，增长6.3%。[2]

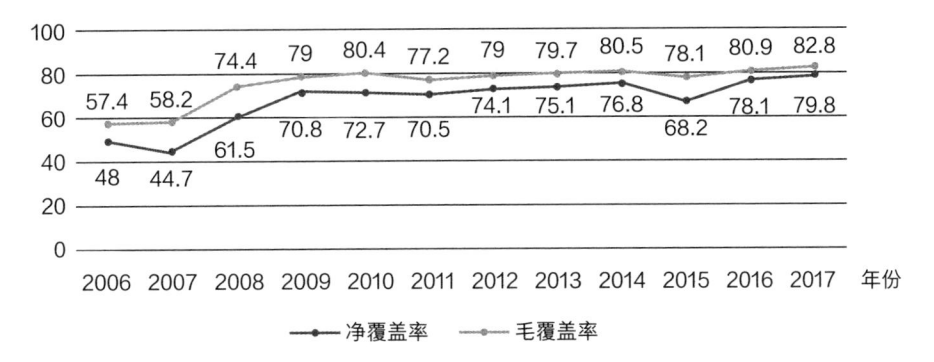

图4.9 2006—2017年蒙古国学前教育净覆盖率与毛覆盖率（单位：%）[3]

蒙古国教育科学部、全球教育伙伴关系组织、世界银行共同出台的报告《远景2050年：提高教育公平、效率及效果》指出，截至2019年，蒙古国2—5岁儿童入园覆盖率已达91%，其中民办幼儿园的覆盖率在近10年间已从4.6%提高至17.6%。[4]《2019年蒙古国教育研究信息报告》指出，需要在未来采取特殊的战略，以实现学前教育服务覆盖更多儿童。[5]例如，提高幼儿园接收更多城市集中地区儿童的能力，政府应继续实施幼儿园扩展计划，为偏远地区子女和牧民子女提供以家庭为依托的家庭育儿，或流动教师、蒙古包幼儿园等替代教育服务，使残疾儿童能够进入常规幼儿园，为他们提供更多帮助。同时，改善民办幼儿园服务融资、质量认证和监督体系，保持全国学前教育覆盖率不下滑，也是非常重要的。

---

[1] 参见蒙古国教育科学部官网。
[2] 资料来源于蒙古国国家统计局官网。
[3] 资料来源于《2019年蒙古国教育年鉴》。
[4] 资料来源于全球教育伙伴关系组织官网。
[5] 资料来源于《2019年蒙古国教育年鉴》。

（二）建立全面的教育管理信息网络

在学前教育领域，蒙古国以支持儿童身心健康与社会发展相契合为目标，在制定健康、卫生、保育、教育等学龄前儿童发展标准指数方面取得了积极成果，执行这些政策离不开国家和地方各部门的集体努力、协调和支持。在解决各层级各部门协调不畅的问题上，蒙古国不断完善儿童全面发展所需的信息和监测体系，在《蒙古国可持续发展构想》框架内，开展了"数据信息综合库"和"可持续发展信息库"建设，这对保持蒙古国各部门之间的政策连贯性有重要意义。

（三）加大投入改善幼儿园环境，依托新技术建立低成本幼儿园

《2012—2016年执政纲领》提出，政府应在2009—2014年新建153所幼儿园，容纳床位35 285个。在此框架下，自2012年以来，蒙古国全国年均新增幼儿园床位3 500张。特别是近10年来，在牧区和乌兰巴托郊外，建设了拥有新技术、高效率、低成本的幼儿园。例如，可以容纳75—150人、满足儿童卫生健康需求的、具有污水清洁系统的幼儿园，有独立的音乐室、健身房、厨房、教室和教师办公场所。同时，为支持替代教育，蒙古国政府也投入了大量资金，为牧民全面提供蒙古包幼儿园。这些蒙古包幼儿园需要太阳能电池板、炉具、教具、图书馆、床品、餐具等物品，并要保障对牧民子女的看护、饮食营养和教学服务。在教育科学部2009—2013年实施的《为牧区及流动人口子女提供学前教育计划》[1]框架下，国家财政共投入27.58亿图格里克（约合人民币1 490万元），建造蒙古包幼儿园136所。

---

[1] 参见蒙古国政府采购网。

（四）加强机构与机制建设

除教育科学部、教育学院、教师发展学院等机构外，近年来，蒙古国陆续成立教学研究相关机构，通过开展研究以及定期举办会议等形式，为蒙古国教育事业发展建言献策。2011年，蒙古国教学研究会成立。自成立始，该研究会每年都与教师发展学院共同召开"支持儿童发展的教学方法"理论与实践研讨会。2018年，蒙古国总理倡议成立"蒙古国可持续发展学前教育委员会"，并在全国范围内召开研讨会。来自教育科学部、教师发展学院、各省和首都教育局、蒙古国立大学、蒙古国立教育大学、文化艺术大学等教育机构、非政府组织的代表和家长代表均在会议上建言献策，与警察、医药卫生人员、儿童保护和监督机构等各领域专业人士，共同探讨学前教育与儿童保育问题。机构与机制建设为蒙古国学前教育事业提供了更多发展思路，也对教育政策的执行与落实起到了很好的监督作用。

（五）提高教师薪酬与社会保障

根据联合国教科文组织2007年的报告，蒙古国幼儿园教师每周工作时长较世界平均时长多10小时。教师的日工作量较国家规定的劳动时长多1—2小时。大多数教师看护的儿童人数超过35人。在蒙古国，幼儿园教师薪酬根据国家服务部门年限而定，随年限的增长而增加。根据2018年情况，包括幼儿园教师在内的教育工作者的薪酬按照公务人员薪资标准发放，平均月薪为780 280图格里克（约合人民币2 100元）。此外，还有专业学位、加班费等津贴，达每月工资的15%—20%。根据2008年《教育法》修订案，在牧区工作的教师每五年可领取一次性津贴。近年来，随着政府公职人员工资的不断提高及物价上涨，学前教育预算中的教师工资支出超过50%，同时教师也可以享受一次性或每五年一次的津贴补助。随着《教育法》的不断修订，国家预算还为幼儿园教师和教职工提供社会保障，并采取了增加福利与激励措施。2000—2018年，国家教育支出稳定保持在国家财政总支出的13%—20%。2013年，蒙古国学前教育预算共支出9 365亿图格里克，其中67%用于支付幼儿园教师工资和其他费用，供暖、能源等常规支出占9%，儿童饮食费占17%，教师津贴占6.7%。2018年，蒙古国国家大呼拉尔通过《支持教师发展法》，对教师的发展与社会保障做了更加明确的规定。[1]2019年12月，蒙古国政府通过第472号决议《关于更新国家公职人员薪资待遇标准》，将教师工资再次提高约40%。[2]未来，蒙古国将继续重视增加教师工资福利，改善教师待遇，为学前教育事业培养更多师资力量。

---

[1] 资料来源于蒙古国法律信息网。
[2] 资料来源于蒙古国法律信息网。

第五章 基础教育

第一节 基础教育的发展和现状

一、基础教育的发展脉络

本章统一将蒙古国中小学教育的相关内容归类为基础教育。蒙古国的基础教育包括小学（5年）、初中（4年）和高中（3年）三个阶段，学制为十二年一贯制，完整接受十二年基础教育的高中毕业生可以获得"完全中等教育学历"。近年来，蒙古国基础教育入学率稳步上升，2017—2018学年，小学净入学率达91%、初中净入学率达82.7%、高中净入学率达55.4%。2017—2018学年，基础教育学校（含小学、初中、高中）共有798所。[1] 蒙古国基础教育萌芽于20世纪20年代建国之初，其教育制度与教育理念深受苏联影响，但随着20世纪90年代国家在社会各领域实施制度改革，蒙古国的基础教育逐渐与国际接轨。

---

[1] 资料来源于《2019年蒙古国教育年鉴》。

（一）基础教育的起步与发展

1921年以前，喀尔喀蒙古地区的教育文化事业非常落后，没有正式学校，教育形式以家庭教育、寺庙教育、宫廷教育为主，藏传佛教寺庙承担了传承蒙古文化的主要责任。寺院教育内容虽然包括社会科学与自然科学，但这些知识并不系统和准确，许多内容被涂抹上宗教色彩。部分贵族和官吏子弟有机会进入各旗公署学习公务知识，高级王公子弟有机会到北京接受教育，而绝大多数牧民目不识丁。[1]1924年，蒙古人民共和国成立后，高度重视教育事业的发展，成立人民教育部，并每年召开政府会议，讨论解决教育问题。

在起步阶段，蒙古人民共和国的基础教育深受苏联基础教育制度影响，在借鉴苏联经验的同时，也得到了苏联的大量支持与帮助，在学制、师资培养、机构与课程设置、教科书编写等方面全面接受苏联专家的指导。俄语作为第一外语贯穿于各层次的教学活动中。1921年，喀尔喀蒙古地区建立第一所小学[2]；1923年，第一所不完全中学（包含小学、初中）建立；1925年，全国召开教师大会，通过第一份基础教育教学大纲；1938年，第一所十年制完全中学（小初高一贯制）建立，在6—10年级设置代数课程，9—10年级设置几何课程。[3] 由于师资缺乏，最初小学课程只包括蒙古语和数学两门，中学课程包括蒙古语、俄语、数学、物理、化学、历史、地理、体育等类别。1925年，小学首次开设自然科学课程。1926年，传统手工业制造工艺课程开设。20世纪30年代末，蒙古人民共和国各城市都设立了中、小学校，寺庙教育形式基本被废除。20世纪50年代，蒙古人民共和国

---

[1] 樊明方. 1911—1921年的外蒙古[M]. 西安：西北工业大学出版社，2015：11.

[2] 现为蒙古国乌兰巴托市苏赫巴托区第三学校，1948年改为不完全中学（包含小学、初中），1951年改为小初高一贯制完全中学。第三学校为蒙俄合办学校，是近百年来两国教育合作的示范学校。

[3] 资料来源于蒙古国立大学官网。

开始实行义务教育。至 1985 年，全国共有 900 多所基础教育学校，覆盖学生 435 900 名。从表 5.1 可得知，至 2004 年，蒙古国的基础教育学制基本上沿袭苏联模式，儿童 8 岁入学，学制十年。

表 5.1 1975—2015 年蒙古国基础教育学制的演变 [1]

时间	入学年龄	学制	年限分配（小学+初中+高中）
1975 年以前	8 岁	十年	4+3+3
1975—1997 年	8 岁	十年	3+5+2
1998—2004 年	8 岁	十年	4+4+2
2004—2007 年	7 岁	十一年	5+4+2
2008—2014 年	6 岁	十一至十二年过渡期	—
2014—2015 年	6 岁	十二年	5+4+3

20 世纪 90 年代以前的基础教育为蒙古国教育事业的发展打下了坚实基础。由于苏联的大量援助及国家的财政支持，直至 20 世纪 80 年代初，蒙古国教育资金均比较充裕，可以支持每名儿童全程免费接受基础教育。这一时期基础教育的主要困难是城乡学校差异较大、分布不均。蒙古国人口密度低，牧民以传统的游牧生产方式生活，但十年制完全中学只在城市开设。居住在偏远地区的牧民子女在附近小学就读 4 年后，初高中阶段只能选择寄宿学习，他们往往在离家较远的苏木（县）就读初中，再奔赴省会城市就读高中。大多数初高中学校为牧民子女提供寄宿服务，1984 年有 77% 来自牧民家庭的学生是寄宿生。

---

[1] 资料来源于《2019 年蒙古国教育年鉴》。

（二）社会转型以来的基础教育

20世纪90年代以来，蒙古人民共和国改变国家制度，更名蒙古国，采用西方政治经济体制，在社会各领域推行改革，在教育领域开始引入世界发达国家的教学模式与经验。1992年宪法明确指出每位公民都应该被免费纳入基础教育，2006年修订的《教育法》也明确规定基础教育必须覆盖全体国民。蒙古国政府为适应转型后的社会制度，实现基础教育稳步发展，以增加全民入学覆盖率、提高教育质量为目标，出台了系列政策举措。纵观蒙古国社会转型以来的发展进程，其基础教育的发展大致可分为三个阶段。

1. 恢复与发展阶段（1991—2004年）

苏联解体后，由于失去苏联援助，蒙古国国内经济和社会服务部门几乎瘫痪，对基础教育造成较大冲击。1990—1992年，蒙古国用于教育的公共支出占GDP比重几乎减半，[1] 儿童辍学率上升，师资流失严重。1991年，蒙古人民共和国教育部[2] 出台《蒙古人民共和国教育发展政策》《基础教育结构内容改革方针》等政策文件，文件指出"应为儿童和青少年提供民族文化遗产与人类文化文明成就相结合、并以科学为基础的教育"。这为蒙古国的基础教育指出了方向，即改变蒙古人民共和国时期教育与传统民族文化的脱轨状态，重新强调了基础教育对蒙古民族传统文化传承的重要价值。

由于国内外的社会变革，蒙古国国内也逐渐形成新的人文环境。为适应公民教育的新需求，顺应国际教育领域发展新趋势，蒙古国1995年通过《国家教育政策》，2002年通过《教育法》，这些文件为蒙古国建立和发展新

---

[1] 资料来源于联合国教科文组织官网。

[2] 为今蒙古国教育科学部的前身。参见本书第42页页下注。

的教育体系提供了新的法律制度框架。[1] 在基础教育制度方面，以教育目标、内容、方法、评估为中心，更新了理论与教学法，将教学重点放在"如何学"而不是"如何教"上，力求打造开放的教育环境，开展基于标准的教育改革，建立能够增加教育覆盖率、保证教育质量、实现教育公平的全民教育新体制。2002 年《中小学教育法》指出，小学教育旨在培养具有基本母语技能、创造力和学习方法的蒙古儿童；初中教育旨在培养具有生命科学的基本知识和技能，并能够独立进行创造性学习的公民；高中教育旨在培养掌握信息处理、决策和学习等未来需要的通识专业能力的公民。[2]

2．与国家整体规划统筹发展阶段（2005—2015 年）

2005 年以来，蒙古国国家大呼拉尔先后通过《国家千年发展目标》《2007—2021 年国家发展综合规划纲要》等系列国家发展重要文件，在教育领域明确规划了未来发展目标。其中《国家千年发展目标》重点关注基础教育全覆盖问题，提出"到 2015 年，蒙古国将实现所有儿童被纳入小学教育，所有阶段教育机构实现性别比例均衡"的目标。截至 2017—2018 学年，蒙古国小学净入学率已达到 91%，全国基础教育男女性别比例指数为 1∶1，基本实现了《国家千年发展目标》提出的要求。《2007—2021 年国家发展综合规划纲要》在《国家千年发展目标》的基础上，提出在教育领域将优先重视蒙古人的发展，包括教育、卫生、科学、技术和环境可持续发展，就基础教育而言，具体指出应"在 2015 年以前实现 6 岁儿童全面入学；为基础教育领域创造舒适的住宿环境，并使住校（寄宿）儿童人数增加 2.1 倍；继续实施为基础教育学生提供'午餐计划'"。[3]

---

[1] 资料来源于蒙古国法律信息网。
[2] 资料来源于蒙古国法律信息网。
[3] 资料来源于蒙古国法律信息网。

2006年，蒙古国政府批准《2006—2015年蒙古国教育发展总体规划》，决定将沿用多年的苏联十年制教育体制过渡为十一年制，再转为十二年制，允许儿童6岁入学，通过采用国际标准和引进其他国家认可的教育制度来提高教育质量。[1] 在教育制度改革期间，蒙古国逐步引入全民教育衡量与评估指标、国际评估原则和方法，将教学过程编入教学纲要，出版了与教学纲要匹配的教科书，将师资培训制度化，将可持续发展教育理念和内容融入基础教育的教学活动中。同时期，政府还出台了涉及教育发展、母语学习、外语学习、学生与教师发展等教育领域其他系列文件，具体包括《国家教育政策》（2015年）、《教育法》、《教育国家计划》（2010年）、《国家第二次蒙古文字计划》（2008年）、《国家英语教育计划》（2008年）、《全国学前、小学和中学教育教师培训和职业发展计划》（2008年）、《培养合格的蒙古儿童》（2013年）、《"一个蒙古"国家开放教育计划》[2]（2014年）等。这为2015年以后推行"可持续发展教育理念"奠定了良好的基础。

3."可持续发展目标"发展阶段（2015年至今）

2015年，联合国教科文组织发布《可持续发展目标》（Sustainable Development Goal，简称SDG）。SDG4是其中的教育目标，包括确保包容和公平的优质教育，让全民终身享有学习机会，在全球范围增加用于教育的资金；通过临时教育场所、远程技术等创新手段为流离失所和偏远地区儿童提供教育机会；使更多女孩接受中等教育和再教育；推动终身教育等。2016年，蒙古国围绕全球可持续发展目标，并根据自身实际情况，出台《蒙古国2030年可持续发展目标》，提出"建立知识型社会，培养具有全面能力的蒙古人"的目标。[3] 具体见表5.2。

---

[1] 资料来源于蒙古国教育科学部官网。
[2] 参见蒙古国法律信息网。
[3] 资料来源于蒙古国外交部官网。

表 5.2《蒙古国 2030 年可持续发展目标》教育领域发展规划

时间	目标
第一阶段（2016—2020 年）	实现蒙古国基础教育体制向国际化过渡，巩固教育国际化程度，完成参与教育国际化评估准备工作，在基础教育中争取提供不超过两班制轮流教学[1]，完善并推广与传统游牧生活方式相协调的教育纲要，使每一位获得完全中等教育的高年级学生拥有自己的专业目标。
第二阶段（2021—2025 年）	参加国际教育质量评估，将基础教育中实施两班制轮流教学的学校数量减少 30%，减少班额，全国平均班额人数不超过 25 人。
第三阶段（2026—2030 年）	将国际教育质量评估排名提升 5 个名次，实现所有基础教育学校配备实验室、实验教学设备与器材，将基础教育中实施两班制轮流教学的学校数量减少 50%，继续减少班额，全国平均班额人数不超过 20 人。

二、基础教育的普及与现状

（一）基础教育普及率

从 2007—2008 学年开始，基础教育由十年制向十二年制转变，中间经历了十一年制的过渡时期，到 2014—2015 学年才彻底完成。从基础教育普及率数据变化来看，2007—2008 学年至 2017—2018 学年，蒙古国基础教育的小学净入学率已从 71.3% 增至 91%；初中净入学率从 80.4% 一度跌至 18.9%（2009—2010 学年），又恢复至 82.7%；高中净入学率从 17% 增至

---

[1] 两班制轮流教学是指在教学场地有限的情况下，由不同年级的学生在不同时间轮流上课的教学形式。在蒙古国、今俄罗斯布里亚特共和国等地存在这一特殊的教学形式，甚至有许多学校实行三班制轮流教学。

55.4%（见图 5.1）。此外，近年来，蒙古国高中教育毛入学率与净入学率比重都有所增加。一方面，越来越多的父母希望为子女提供符合社会发展需要的接受高等教育的机会。另一方面，这也是学生能够就近入学的高级中学数量有所增加的结果。

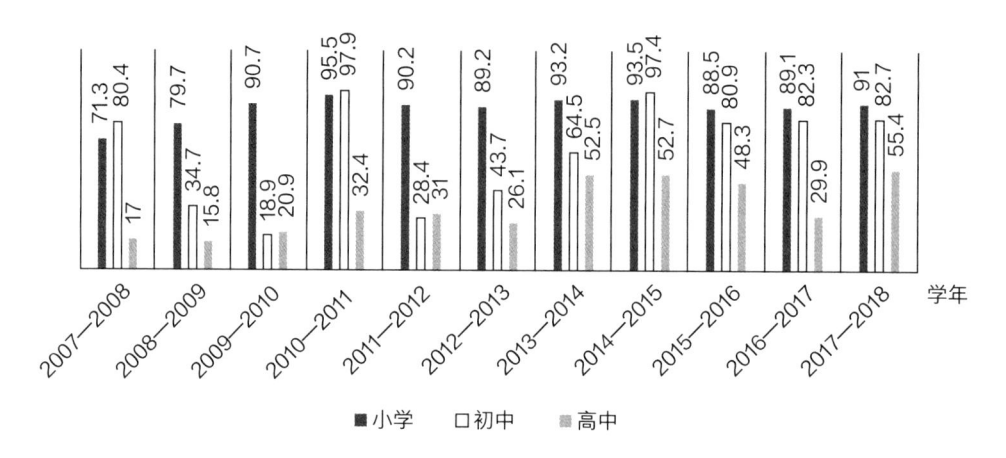

图 5.1 2007—2018 年蒙古国中小学净入学率（单位：%）[1]

同时也应该注意到，在过去 10 年，中小学入学率在部分年份出现很大波动。这主要是由于基础教育学制由十年向十二年制过渡，使得不同年龄、不同年级的学生集中入学，导致部分年份入学率过高，部分年份入学率过低。过渡计划会在本节第三部分与第二节第二部分详细展开。

（二）中小学校的数量及变化趋势

自 2006—2007 学年至 2017—2018 学年，蒙古国小学（1—5 年级）数量年均下降 1.2%，九年一贯制初中（1—9 年级）数量亦逐年递减，年均下降 3.5%，与此同时，十二年一贯制高中（1—12 年级）的数量稳步上升，年

---

[1] 资料来源于《2019 年蒙古国教育年鉴》。

均增长1.2%。这是基础教育向十二年制过渡而产生的结果。截至2017—2018学年，蒙古国共有798所基础教育学校，其中小学（1—5年级）62所、九年一贯制初中（1—9年级）118所、十二年一贯制高中（1—12年级）588所。

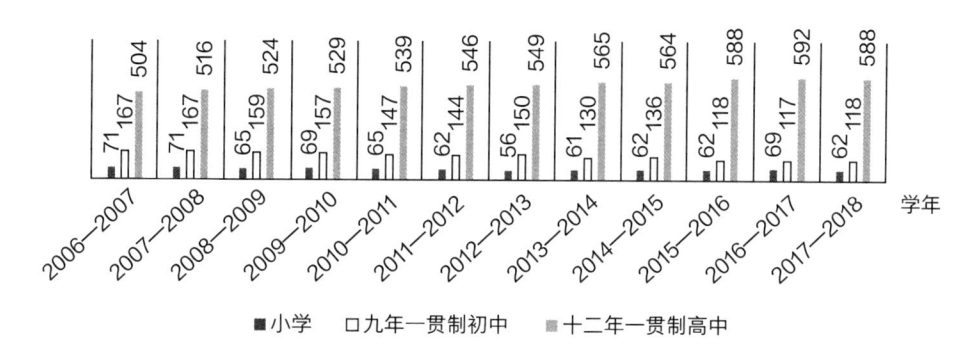

图5.2 2006—2018年蒙古国基础学校数量（单位：所）[1]

从所有制形式上看，在这798所基础教育学校中，652所为公立学校，146所为民办学校。2006—2018年，蒙古国基础教育民办学校学生人数占比从5.6%升至6.5%。但仍未达到《2006—2015年蒙古国教育发展总体规划》中民办学校学生人数应占比10.0%的目标。2006—2019年蒙古国基础教育公立、民办学校学生数量见图5.3。基础教育民办学校的发展是国家教育迈向国际化的重要内容。民办学校与国际学校联合办学能够提高教育质量和竞争力，创制特色培训计划，运用先进技术和独特管理经验，为蒙古国基础教育的发展和多样化做出重要贡献。

---

[1] 资料来源于《2019年蒙古国教育年鉴》。

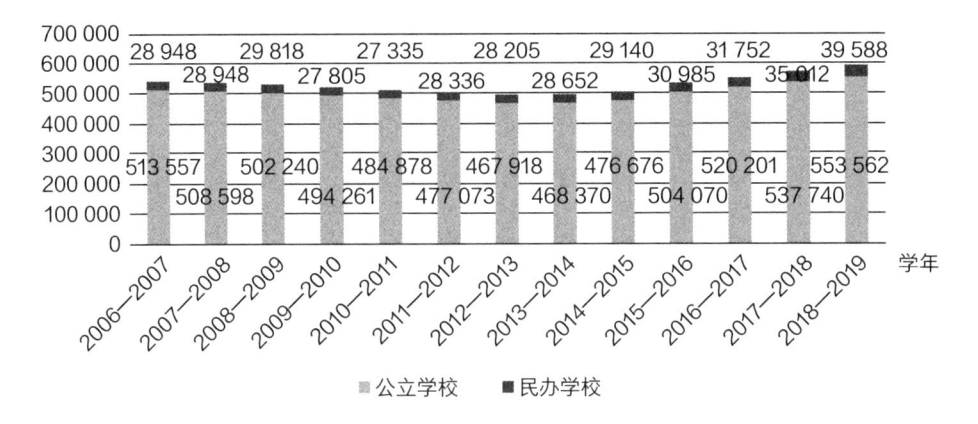

图 5.3 2006—2019 年蒙古国基础教育公立、民办学校学生数量（单位：人）[1]

（三）基础教育学校及人员分布

虽然从学校数量来看，牧区学校数量约占全国总数的 70%，但从人数来看，全国有接近半数的学生在乌兰巴托就学。以 2018—2019 学年为例，全国基础教育覆盖学生人数为 593 150 人，其中西部五省 85 355 人，占比 14.4%；杭爱地区六省 111 056 人，占比 18.8%；中部地区七省 90 884 人，占比 15.4%；东部地区三省 41 323 人，占比 7.0%；乌兰巴托 263 412 人，占比 44.4%（见图 5.4）。

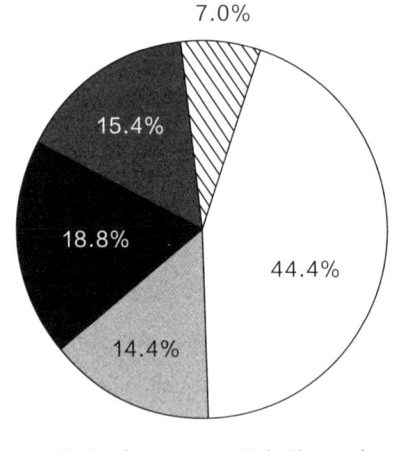

图 5.4 2018—2019 学年蒙古国基础教育学生人数分布比

---

[1] 资料来源于《2019 年蒙古国教育年鉴》。

（四）基础教育的师资情况

近 12 年，基础教育的教师人数实现连续增长。2010—2011 学年，蒙古国中小学校共有 44 143 名教职工，2019—2020 学年增至 51 550 名，见图 5.5。

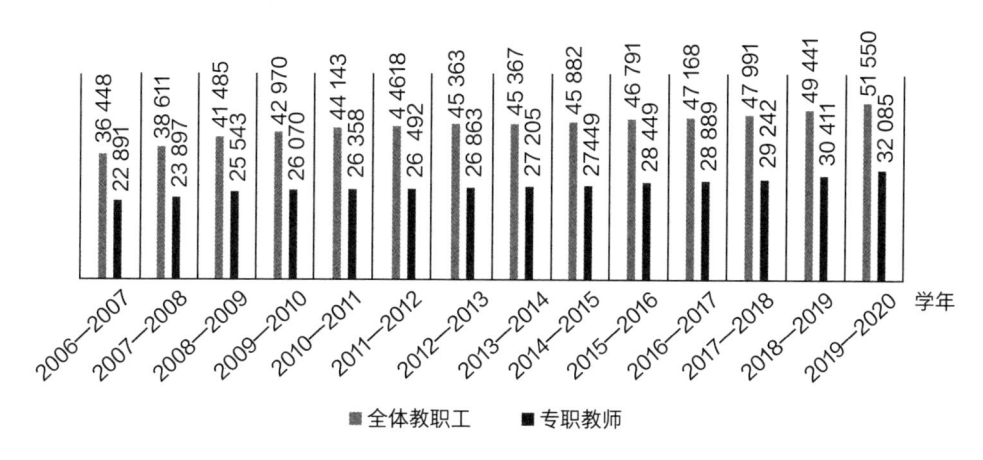

学年	全体教职工	专职教师
2006—2007	36 448	22 891
2007—2008	38 611	23 897
2008—2009	41 485	25 543
2009—2010	42 970	26 070
2010—2011	44 143	26 358
2011—2012	44 618	26 492
2012—2013	45 363	26 863
2013—2014	45 367	27 205
2014—2015	45 882	27 449
2015—2016	46 791	28 449
2016—2017	47 168	28 889
2017—2018	47 991	29 242
2018—2019	49 441	30 411
2019—2020	51 550	32 085

图 5.5　2006—2020 年蒙古国基础教育师资人数（单位：人）[1]

2008 年，蒙古国政府通过第 316 号决议《全国学前、小学和中学教育教师培训和职业发展计划》，根据学习需要，培训能够实施课程标准和基于综合能力开放课程的教师，不断提高教师的经验和水平，并在可持续发展框架下，制定并批准约 20 份法律文件，为教师岗位营造新的法律环境。2012 年，教师发展学院重新成立，教师培训和专业发展体系制度化，对师资培养产生了积极影响。在过去 12 年，蒙古国平均每年新聘用小学教师人数超过 360 名，初高中教师超过 900 名。2017 年，新聘用小学教师 590 名，初高中教师 1 142 名，这表明蒙古国基础教育师资数量逐年增加。在师生比例方面，2017—2018 学年，中小学校平均师生比是 19.6%，其中小学每位教师对应 32.3 名学生，中学（初高中）每位教师对应 13.4 名学生。

---

[1] 资料来源于《2019 年蒙古国教育年鉴》及蒙古国国家统计局官网。

《中小学教育法》规定，基础教育学校的教师应该在师范学院、大学或职业技术学院接受教育和培训，非教师专业人士应在参加教学培训后获得教学资格。根据国家统计局对基础教育学校师资的统计，蒙古国中小学校教师学历以本科为主，本科背景的教师占总人数的比例自 2010—2011 学年的 64.9% 升至 2019—2020 学年的 73.9%，硕士学历背景的教师增幅最大，2010—2020 年，增加了 69.1%。

2010—2020 年蒙古国基础教育师资学历统计见表 5.3。

表 5.3 2010—2020 年蒙古国基础教育师资学历统计（单位：人）[1]

学年	2010—2011	2011—2012	2012—2013	2013—2014	2014—2015	2015—2016	2016—2017	2017—2018	2018—2019	2019—2020
专职教师	26 358	26 492	26 863	27 205	27 449	28 490	28 889	29 242	30 411	32 085
女性	21 614	21 717	21 936	22 051	22 285	23 120	23 479	23 876	24 879	26 149
博士	21	21	28	15	23	22	23	23	19	18
硕士	2 819	3 013	3 144	3 220	3 670	4 085	3 983	4 034	4 347	4 767
本科	17 118	17 647	18 354	19 065	19 441	20 142	20 949	21 185	22 301	23 722
专科	6 134	5 685	5 236	4 732	4 263	3 916	3 530	3 131	2 901	2 721
其他	266	126	101	173	52	325	404	869	843	857

[1] 资料来源于蒙古国国家统计局官网。

三、基础教育的类型、标准与实施

（一）基础教育的学制

蒙古国《教育法》第 3.1.1 条规定，基础教育是指能够达到十二年制教学内容水平的教育，涵盖人口年龄 6—17 岁。2004 年以前，蒙古国基础教育学制均为十年，入学年龄为 8 岁。为与国际接轨，实行基础教育制度一体化，自 2004 年开始，蒙古国开始推行基础教育学制改革。2004—2007 年，将基础教育调整为十一年制（5+4+2），入学年龄调整为 7 岁。2007 年，教育科学部部长颁布第 405 号令，决定在 5 年内将基础教育全面过渡为十二年制。教育部门为此制定了详细的过渡计划，时间表自 2004 年横跨至 2020 年。自 2014 年以来，蒙古国基础教育学制全面改为十二年制（5+4+3），儿童 6 岁入学，这被蒙古国视为基础教育体系迈向国际水平的重要成就之一。

（二）教学标准与纲要

自 20 世纪 90 年代以来，蒙古国以社会转型时期的社会发展需求为基础，全面系统推行教育改革，同时紧跟全球教育发展趋势，基于教育哲学、教育方法论、教育心理学、社会学、人类学和管理学等学科理念与方法，不断修订基础教育质量与标准化文件。1998 年以前，基础教育的主要指导性文件是《课程项目》，项目中的所有课程均以当时国家科学发展方针为导向。1995 年，蒙古国国家大呼拉尔通过《国家教育政策》，规定"国家应制定初等、中等和高等教育的标准，并将其应用于所有类型的教育机构，建立监督和评估机制"。据此，蒙古国国家标准化与计量中心理事会于 1998 年 6 月 1 日通过了蒙古国首个《中小学教育内容标准》文件，它将中小学校普遍遵循的《课程项目》转化为学校和教师根据自身需要量身定制的《核心纲要》，将各年级教育水平与每门课的教育目标进一步标准化。1998 年通过的《中小学教育内容标准》成为关于蒙古国基础教育课程标准的第一份公开文件。

蒙古国基础教育质量与标准重要文件见表 5.4。

表 5.4 蒙古国基础教育质量与标准重要文件

中小学教育内容标准（1998 年）
中小学教育标准和课程改革概念文件（2002 年）
中小学教育标准（2004 年）
2004—2008 年学生教材印刷标准
2007—2012 年教师岗位说明及相关原则
2008—2012 年十二年制基础教育基本纲要
中小学教育质量改革的概念文件（2013 年）
2014—2018 年小学、初中和高中教学核心纲要

2002 年，蒙古国通过《中小学教育标准和课程改革概念文件》，以落实和完善《教育法》为宗旨，对教育的目的、内容、方法和评估进行规范。文件围绕教育标准与课程改革，提出教育在社会与个人层面的定义，即在社会需求与社会秩序层面，将教育作为"国家独立、社会可持续发展并具有竞争力的基础"；在个人需求与发展层面，将教育作为个人"不断学习、实践、成熟和形成价值观的过程，并通过教育获得生存技能、实现社会化"的活动。该文件为基础教育各年级课程提供了具有特定目标、内容、方法、环境和评估的体系，旨在通过蒙古国特色的教育和文化价值观，来为公民提供基础教育服务。文件提出，受过良好教育的公民应该符合全球化和社会发展的标准，拥有生活能力、责任感和创新能力，这些标准共同组成蒙

古国的理想公民形象。2013 年再次修订通过的《中小学教育质量改革的概念文件》也明确提出基础教育改革的原则和政策方针，即全面审查和更新基础教育的标准、课程大纲、方法、质量评估办法，关注教师、教科书和教育机构发展。

2007 年，蒙古国教育科学部将基础教育学制由十一年改为十二年制，至 2014—2015 学年全面完成向十二年学制的过渡，所有班级与课程都开始贯彻执行《2008—2012 年十二年制基础教育基本纲要》。纲要针对所有基础教育阶段制定新标准，在课程内容、学习活动基本形式与方法、课程评估指标等方面，结合学生年龄、心理特点、受教育程度以及课程之间的连续性而不断完善。2014—2015 学年，蒙古国全面完成学制改革，《2008—2012 年十二年制基础教育基本纲要》更名为《2014—2018 年小学、初中和高中教学核心纲要》，并先后于 2014—2015 学年、2015—2016 学年、2016—2018 学年[1]在全国小学、初中、高中范围内广泛使用。

（三）教学计划与内容

教学计划是实施中小学教育政策教学标准和课程指导思想、政策、内容、方法的关键，也是教学管理的主要依据。自 1998 年教育科学部批准《实施中小学教育内容的教学计划》以来，迄今共分三个阶段，对其进行了 21 次修订。第一阶段为 1998—2007 年，《实施中小学教育内容的教学计划》首次向社会公开中小学教学内容，并提出在课程中及时反映公民、民主和人道主义社会价值观、市场经济等相关内容。第二阶段为 2008—2014 年，教学计划更名为《贯彻国家关于提高学生综合能力基本教学纲要和教学计划》，为配合《十二年制基础教育基本纲要》，每年转换两个年级，将

---

[1] 该学年跨两年是由学制改革造成的。

基础教育由十一年逐渐过渡为十二年制。第三阶段为2014—2018年，为配合《小学、初中和高中教学核心纲要》，将教学计划更名为《实施核心纲要的教学计划》，其中最值得关注的变化在于：一是将学生人数较多的城市学校和人数较少的牧区学校不同的教学计划合并为同一版本；二是将教学计划与课外活动合并为同一份规划文件；三是通过少数民族和特殊教育教学计划，为两者予以对比提供了可能；四是2018年重新在中小学教学计划中引入生理教育[1]。

《中小学教育法》规定，基础教育课程类型包括常规课程、专门课程、高级课程、特殊课程和国际课程。其中专门课程培养学生的艺术、体育和设计才能；高级课程是根据国家教育主管部门批准的核心计划，对所有学生进行超出基础教育水平的教学，超出普通教育标准的高级课程所产生的额外学费，应由父母或监护人支付。[2]

蒙古国十二年制基础教育各年级课程教材名称见表5.5。

表5.5 蒙古国十二年制基础教育各年级课程教材名称 [3]

小学	一年级	入学准备、蒙古语、数学、公民教育、人与环境、音乐、绘画技法、数学（哈萨克语）、人与环境（哈萨克语）、母语（哈萨克语）、绘画技法（哈萨克语）、蒙古道德教育。
	二年级	绘画技法、音乐、人与环境、数学、蒙古语、公民教育、象棋、数学（哈萨克语）、公民教育（哈萨克语）、人与环境（哈萨克语）、音乐（哈萨克语）、母语（哈萨克语）、绘画技法（哈萨克语）、蒙古道德教育。
	三年级	绘画技法、音乐、人与环境、公民教育、数学、蒙古语、象棋、数学（哈萨克语）、公民教育（哈萨克语）、人与环境（哈萨克语）、音乐（哈萨克语）、母语（哈萨克语）、绘画技法（哈萨克语）、蒙古道德教育。

---

[1] 生理教育于1998年首次在教学计划中作为选修科目引入，并于2004年成为固定科目。2015年，该课程被删除，于2018年作为生活技能课中的一门独立课程被重新引入。

[2] 资料来源于蒙古国法律信息网。

[3] 资料来源于蒙古国教育科学部官网。

续表

小学	四年级	绘画技法、音乐、人与社会、人与自然、公民教育、数学、蒙古语、象棋、数学（哈萨克语）、公民教育（哈萨克语）、人与社会（哈萨克语）、人与自然（哈萨克语）、音乐（哈萨克语）、母语（哈萨克语）、绘画技法（哈萨克语）、健康、蒙古道德教育。
	五年级	英语、绘画技法、音乐、人与自然、人与社会、公民教育、数学、蒙古语、数学（哈萨克语）、人与社会（哈萨克语）、人与自然（哈萨克语）、音乐（哈萨克语）、母语（哈萨克语）、绘画技法（哈萨克语）、健康、蒙古道德教育。
	六年级	英语、自然科学、音乐、公民教育、数学、信息技术、历史、蒙古语、传统蒙古文、文学、健康、设计技术、绘画。
初中	七年级	英语、体育、生物、设计技术、物理、化学、音乐、数学、公民教育、信息技术、社会研究、俄语、历史、文学、地理、蒙古语、传统蒙古文、健康、绘画。
	八年级	英语、生物、设计技术、物理、地理、化学、公民教育、数学、信息技术、蒙古语、俄语、历史、传统蒙古文、健康、绘画、音乐、社会研究、文学。
	九年级	英语、生物、设计技术、物理、地理、化学、公民教育、数学、信息技术、蒙古语、社会研究、俄语、历史、传统蒙古文、健康、文学、音乐。
高中	十年级	英语、生物、物理、地理、化学、蒙古语、蒙古历史、社会研究、俄语、传统蒙古文、文学、数学、设计技术、信息技术、健康。
	十一年级	英语、物理、地理、化学、数学、蒙古语、蒙古历史、传统蒙古文、文学、信息技术、社会研究、设计技术、健康、生物。
	十二年级	文学、传统蒙古文、蒙古语、信息技术、设计技术、数学、俄语、英语、健康。

2014年，教育科学部通过第240号令，批准1—6年级"初等教育核心课程"；2015年通过第220号令，批准7—9年级"基础教育核心课程"；2016年通过第277号令，批准10—12年级必修和高级课程共9门，5门必修课程和学校课程的相关要求。自2014年起生效的核心课程中，除体现科学知识和技能外，还向儿童传递了正确认识自己的优点、与他人合作、获取知识、不断发展、正确了解环境、正确做人、有意义地生活和工作等个人可持续发展理念。在核心课程的实施中，基于创造性的活动，强调学生自学、自行解决问题及与他人交流合作的理念。

第二节 基础教育的特点和经验

一、基础教育的特点

（一）重视传承民族传统文化

自20世纪90年代以来，蒙古国基础教育领域的重要发展方向是重新强调基础教育对蒙古民族传统文化传承的重要价值，以改变蒙古人民共和国时期教育与传统民族文化的脱轨状态。《中小学教育法》提出："教育研究机构应制定一项计划，向居住在国外的蒙古国籍儿童传授民族遗产、习俗和爱国主义思想，并由负责教育的国家行政机关予以批准。"[1]蒙古国政府《2012—2016年执政纲领》第三章"受教育的蒙古人"指出，要"根据在基础教育中发展每个儿童的政策，制定新的国家标准"。[2]在此背景下，蒙古国学者共同撰写了《培养合格的蒙古儿童》国家计划，以培养儿童爱国主义和生活技能为宗旨，提出少年儿童应该成长为自信、果断、合作，具备终身学习能力，身体健康，有思想、有道德，尊崇母语、文化与传统的公民。纲要特别提出，应该教育学前儿童与学龄儿童，使他们成长为以蒙古国为骄傲、为蒙古民族文化传统而自豪的人。

（二）关注学生性别比

性别平等是蒙古国教育领域长期关注的问题。在蒙古国，学前教育、基础教育和高等教育性别比例常年保持平衡状态，儿童通常不会由于性别

---

[1] 资料来源于蒙古国法律信息网。
[2] 资料来源于蒙古国法律信息网。

原因而失学。数据表明，在蒙古国，年级越高，女生比例越高。2017—2018学年，全国基础教育性别比例为1∶1，如图5.6所示，在小学与初中男女比例基本一致，在高中阶段，男生占比有所减少。

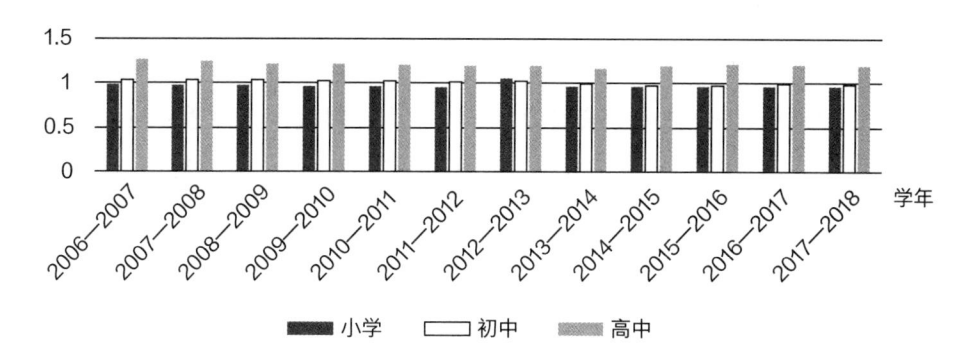

图5.6 2006—2018年蒙古国基础教育性别比（女∶男）[1]

（三）日益关注未成年人健康教育

蒙古国支持学生和青少年的健康教育，健康教育在基础教育中已完全制度化。在蒙古国，健康课程是一门以生命为基础，旨在培养儿童和青少年具备健康生活所需的知识、技能和态度的课程。1996—1997学年，蒙古国开展"支持健康教育"运动，从1997—1998学年开始，每个年级都要在整个学年进行每周1小时的健康教育课程。2004年，蒙古国制定、批准和实施了《小学、初中、高中教育健康教育标准》。2005年，健康教育作为每周一次的独立课程被纳入教学计划。当前，健康教育已成为4—12年级的必修科目（1—3年级相关内容置于"人与环境"课程中），每周1学时，每学年共34—35学时。为推进健康教育，蒙古国政府为所有班级提供教科书、教师用书和其他教具；建立并不断完善卫生健康的教师培训和专业发展体

---

[1] 资料来源于《2019年蒙古国教育年鉴》。

系，实现制度化；基于信息、传媒及年轻人的创造性和现实参与，引入了新的方法和培训；开展健康教育的环境已经改善，支持健康教育的学校、幼儿园和社区的数量也有所增加。

在生理健康教育方面，向青春期少年儿童提供生理教育和性教育是迫切的需要，可以帮助预防风险。根据世界卫生组织对蒙古国1 500名15—18岁青少年进行的性教育调查研究，60%的受访者表示不知道从何处获取信息，27%的受访者表示他们对性知识的初次了解来源于社交媒体和朋友。此外，社会上对女童的污名化和歧视现象也仍然存在。针对这些情况，蒙古国内各界呼吁，应尽早对儿童开展性教育，改变社会与家庭对待女童的传统落后方式，与侵犯女童权利的现象做斗争。因此，将健康教育纳入基础教育就非常重要，应鼓励教师与学生公开谈论生理话题以及女童如何保护自己免受侵犯，帮助少年儿童培养正确的生活观念。为预防青少年感染性疾病和女童意外怀孕，教育科学部将"生活智慧与健康"纳入中小学教育课程。[1]2019年4月，教育科学部部长巴特尔毕力格会见联合国人口基金会驻蒙古国代表石川香织女士时强调，联合国人口基金会对蒙古国2018—2019学年的健康课程建设和师资培训提供了技术、资金和方法指导支持，覆盖儿童60.1万。未来双方不仅针对中小学学生，也将在大学生和青年群体性教育和生理健康教育方面开展合作，减少女童早孕和青少年性疾病的传播。

二、发展基础教育的相关经验

蒙古国基础教育发展的相关经验主要包括：学制改革将蒙古国基础教

---

[1] 资料来源于蒙古国公共电视台官网。

育课程改革提升至新高度；中学推行学分制与高级选修课制度，给予学生更大自由度，同时也有利于学生与高等教育或职业教育相衔接；借助国际合作力量并学习国际模式，弥补自身发展不足。

（一）成功实施复杂而长达十年的学制改革

蒙古国社会转型以来基础教育改革的最重要举措是将学制从十年制改为十二年制。变革流程非常复杂烦琐，涉及国家领导层面、各级政府、学校、师生，以及课程大纲修订、学生录取与升学等各环节的过渡。2007年，蒙古国首先成立学制改革工作组，该工作组由教育科学部副部长、各部门负责人、所有高校校长、所有省教育局负责人组成。随后，教育科学部制定并批准了2008—2015年将中学过渡到十二年制的时间表，更新和实施学前教育政策和课程，修订和调整中学教育政策、相关课程大纲和学年结构，再在全国范围内统计72—83个月（6岁至6岁11个月）儿童人数，并将其纳入基础教育，完善并落实了专门的指南文件。

在学制改革准备工作框架下，2007—2008学年，蒙古国学制改革工作组在全国范围内选择了8所学校，这些学校在结构、规模、类型方面各不相同，地点分布于首都、其他省会城市或苏木等。学制改革工作组制定了一项特殊计划，对6岁儿童的课程学习内容、教师的教学方法和学习环境进行测试，对结果进行了讨论并采取了相应的措施。在具体实施学制改革过程中，全国共有237人次专家组成13个工作组，负责制定与完善《2008—2012年十二年制基础教育基本纲要》，并根据过渡时间表，详细制定每个班级和每个科目的课程，并为授课教师组织了10种类型的406项培训。所有培训费用由亚洲开发银行的《教育发展计划》和国家预算资助。为满足过渡时间表的工作安排，蒙古国从2008—2009学年开始，组织全国所有6岁儿童入学，根据人口增长系数，将十二年教育所需的小学教师人数增加约

20%；考虑到 6 岁和 7 岁的儿童将在两种不同的课程和计划中学习，蒙古国每年为同一年级的老师组织一次高质量培训计划，直到全面过渡为十二年制；同时，还为教师制定了修订十二年制教材的时间表，共需更新教材 105 部。为筹备全国 6 岁儿童如期入学，工作组统计了全国 6 岁儿童入学所需要的桌椅、宿舍房间、床、学校和宿舍的卫生间、盥洗池的数量，对 6 岁儿童教育环境、设备和教材、教具提出明确要求，制定了首都和各省的供应时间表，确定并划拨了必要的支出经费，此外还对教师进行了专门培训。2007—2008 学年，每个省和首都城区至少在两所学校进行试点。2008—2009 学年，小学净入学率和毛入学率稳步增长。同时，工作组还制定了相应的社会心理学准备工作时间表，通过媒体向民众广泛宣传、解释基础教育向十二年制过渡的目的、意义和相关准备工作。

《2006—2015 年蒙古国教育发展总体规划》提出的"重新实施中小学教育课程和计划，并将学校完全转移到十二年制"的目标已成功实现。中小学教育标准和课程改革的概念、中小学教育标准、十二年中学的核心课程、教科书标准、可持续发展教育理念与方法均已通过评估优化，被运用到学校的课程中。

（二）设置高级选修课，有利于基础教育与大学或职业教育相衔接

在向十二年制改革的过程中，蒙古国教育科学部出台十二年制课程标准，推行新一轮课程改革。《蒙古国 2030 年可持续发展目标》提出，使每一位获得完全中等教育的学生（即高中毕业生）拥有自己专业的目标。专业目标的实施通过在中学阶段设置核心课程、选修课程、学分制等方式来实现。在初中教育阶段增加职业方向课程，有助于学生明确未来职业发展方向，在高中阶段推行学分制与高级选修课制度，给予学生更大自由度。以上举措有利于蒙古国的基础教育与高等教育或职业教育阶段相衔接，使学

生更加具有自主性，贴近学生自身选择，有助于使学生取得真正的进步。2016 年，蒙古国教育科学部完善了蒙古国高中教育纲要中的核心部分，高中教育纲要分为核心必修课程、必修课程和高级选修课程（见表 5.6）。同时，为了使高中教育与高等教育衔接，在高级选修核心课程改革中设立了学分制。

表 5.6 蒙古国高中教育核心纲要类型、目标与学时 [1]

类型	目标	学时
核心必修课程	使学生具备科学基础知识、掌握研究方法、形成正确的公民和社会价值观、具备创造性终身学习的态度和能力。	8 门课，占总学时的 48%。
必修课程	使学生具备未来无论学习任何专业，无论个人如何发展，都应该掌握的能力。	5—6 门课，占总学时的 25%。
高级选修课程	使学生们深度学习科学知识、确定学生的职业方向，能够根据自身兴趣及所选择的方向，发展天赋、优势和能力。	15 门课，占总学时的 27%。

从纲要的核心内容可以看出，蒙古国高中核心课程的设置，旨在为高中生提供各种机会，使他们能够根据自身兴趣和理想进行深入的学习，而这也对校长、教务管理人员、教学人员、社会工作者、学生和父母提出新的要求。一方面，高中生应该根据课程和教学大纲选修课程；另一方面，学校、社会和家长应提供新的辅导服务，如了解课程和指导家庭作业，以帮助学生做出选择等。此外，教师素质也需要进一步提升。

---

[1] 资料来源于《2019 年蒙古国教育年鉴》。

（三）广泛开展国内外合作，提升"跨部门伙伴关系"协作机制

蒙古国《教育法》规定，教育是优先发展的领域。在创建和发展国内教育体系的过程中，蒙古国教育科学部与联合国诸多部门、全球和区域性银行与金融机构，外国政府及其他捐助者之间建立了跨部门伙伴关系。这尤其体现在中小学教育标准、课程大纲、教科书和教师培训领域的相关内容中。

例如，在生理健康方面，蒙古国政府与联合国人口署合作，于1996—2006年执行了第一次和第二次《国家生理健康方案》的次级方案《第一和第二阶段的青少年生理健康》。在这一框架下，健康课程首次成为基础教育中的独立课程并实现制度化，其中关于生理健康教育方面比卫生、口腔、食物、身体发育、文化、有害习惯和心理健康等其他8个方面更为详细。在环境保护方面，蒙古国自然环境旅游部与蒙古国教育科学部、蒙古国科学院、德国国际合作机构及世界自然基金会在环境和可持续发展教育领域合作。同时，蒙古国政府一直致力于公民环境教育和可持续发展教育，先后通过并实施了《1998—2005年普遍的生态教育计划》和《2018—2022年可持续发展教育计划》。在这些国家计划的框架内，已经成功实现将生态教育和可持续发展教育纳入学校课程和培训支持活动的目标。2007—2010年，仅针对提高教师素质就编写了7本有关可持续发展的信息、理论和方法的书籍，以及14本与可持续发展内容和方法有关的培训手册，在德国技术合作公司"环境信息、宣传与环境教育"项目框架下全部下发学校，取得了良好的效果。自2011年以来，全球自然环境教育基金会通过非政府组织环境信息培训中心，在蒙古国实施国际生态学校计划。截至2018年，共有288所中小学和4所幼儿园注册该计划，并通过定期活动取得显著成绩：70所学校成功获得铜牌奖，30所学校获得银牌奖，9所学校获得绿旗奖（国际奖）。

第三节 基础教育的挑战和对策

一、基础教育面临的困难与挑战

由于政策的多变和复杂的学制改革，蒙古国许多学校在基础教育管理方面跟不上教学大纲、课程与教材更新的步伐，教学活动的稳定性也受到影响；极低的人口密度也为基础教育的均衡发展带来挑战，教育资源分布不均，牧民子女受教育质量低于城市儿童；城乡差异导致牧区无论学生数量还是师资都严重不足；由于缺乏资金，学校的硬件条件也有待提高。

（一）学制改革复杂、政策文件更新频繁

蒙古国是多党制国家，虽然各届政府均高度重视发展教育，但其教育政策的制定和执行受到国家政局不稳定、改革频繁、管理滞后等因素的影响。有研究指出，由于上述原因，新更迭的政府往往未进行深入研究和分析就推行学制改革，近10年间两次更新全国课程大纲和教科书。课程、教学大纲和教科书评估程序频繁变化，在某种程度上影响了教师的正常教学，破坏了教学活动的稳定性，导致学生的学习效果没有明显改善。2007—2013年，蒙古国中小学教育中有70%的核心纲要课程以及294本教科书被取消。特别是自2013年以来，出版的约80本五、六、七、十、十一、十二年级的教科书只使用了两三年就面临再更新。这类做法缺乏理论和实践论证，同时也是一种经济层面的浪费。此外，教科书作者的知识产权、出版社的利益也受到影响。研究指出，由于缺乏足够的人力，蒙古国课程与教材更新规划不到位，没有进行科学研究与评估。用于核心课程开发、教科书开发、编写、出版和印刷的时间太短，所以无法高质量完成编写任务，这成为影

响课程和教科书质量的重要因素。

（二）城乡儿童受教育机会不均等，城市学校人满为患，多班轮流教学现象仍然存在

由于从牧区迁移到乌兰巴托的人数逐年增加，城市学校的数量难以跟上人口增长和迁移的步伐。尽管牧区学校数量约占全国总数的70%，但从人数来看，全国有接近半数的学生在乌兰巴托就学。由于国家没有及时对学校布局进行调整，所以牧区儿童数量少，师资短缺，首都学校却人满为患。从班额分布来看，2017—2018学年，全国基础教育平均班额为每班28.3人，其中公立学校每班29.5人，民办学校每班17.8人。从城乡分布来看，全国城市平均班额为每班31.5人，牧区为每班26.1人。其中省会城市平均班额为每班30.7人，县乡为每班24.5人，乡村学校为每班18.2人。乌兰巴托的班额数最高。牧区119所公立学校平均每班可容纳最多20名儿童，而首都地区的17所公立学校中每班则可容纳40多名儿童。由于学生数量过多，虽然2007—2017年全国新建184所学校，增加8.12万个学习座位，但三班轮流制学校数量并未减少。公立学校班额过多，导致教师工作量过重，每位教师负责的学生人数过多，教师辅导每个孩子的机会有限，对教学质量和学生的成绩评估产生负面影响。另外，班额过高也导致教室、桌椅和学习资料资源的不足，甚至出现有3人坐在同一张书桌学习的情况。

蒙古国许多学校依然采取二班轮流制甚至三班轮流制教学形式。轮流制由苏联借鉴而来，是指在教学场地、教学资源不够的情况下，学生没有固定教室，不同年级的学生在不同时段轮流上课。《蒙古国2030年可持续发展目标》提出，在基础教育中争取为不超过两班制轮流教学创造条件，具体目标为：2021—2025年将两班制轮流教学的基础教育学校数量减少30%，2026—2030年将两班制轮流教学的基础教育学校数量在已有基础上再减少

50%。由于教学资源缺乏，2019 年，乌兰巴托仍有 180 所中小学校实施三班轮流制教学模式，部分学校甚至出现四班制轮流教学现象。如乌兰巴托市巴彦珠尔赫区第 133 学校代表表示，该校有 1 880 名学生，却只有两层教学楼，只能实施四班制轮流教学模式。如小学生应在楼学习时间为 4—5 小时，实际只能达到 2 小时，其余时间为居家学习。第四班学生只能在每晚 7 点以后放学，对于冬季极其寒冷的蒙古国来说，学生是非常辛苦的。教师由于没有足够的办公场所，只能每天站在走廊里。[1] 改善教学条件，扩大学校面积，增加教室及其他辅助设施的数量，是蒙古国基础教育亟须解决的问题。

（三）牧区教学资源严重不足

联合国儿童基金会调查报告指出，在小学阶段，蒙古国就读于牧区学校的牧民子女学习成绩明显低于省会城市和乌兰巴托的同龄人，牧民子女的失学比例也更高（城市为 1.4%，牧区为 2.4%）。根据联合国儿童基金会调查结果，2013—2014 学年，蒙古国 68% 的失学儿童是牧民子女。[2] 一方面，除乌兰巴托及各省省会以外的地区基础设施严重不足，学校条件、师资与城市均有较大差距，特别是师资流失严重。另一方面，蒙古国地广人稀，牧民居住较为分散，牧民子女上学路途一般较远，特别是初高中阶段基本依赖住宿学校。虽然蒙古国不断改善学校住宿条件，增加床位，提供政府补贴，但牧民子女仍面临上学难问题。此外还应注意到，寄宿在学校的牧民子女也会存在因自身条件不足而产生心理落差、情感需求难以满足的情况，校园霸凌也屡有出现。

---

[1] 资料来源于蒙古国 IKON 新闻网。
[2] 资料来源于联合国教科文组织官网。

（四）改善学校条件仍需国外援助，特别是条件更为简陋的牧区学校

蒙古国基础教育学校的办学经费比较缺乏，许多学校设施陈旧，条件不足以满足学生的就学需求，学校修缮和购置教学设备的资金来源依靠联合国等国际组织及其他国家的援助。由于缺乏足够的资金投入，以乌兰巴托为代表的蒙古国中小学校，大多数实施两班制甚至三班、四班制轮流教学模式，正如上文所说，这虽然是蒙古国基础教育的特殊形式，但也反映出基础教育面临极度的困难。教室拥挤、桌椅缺乏，学生在校接受教育时间严重不足，第三班甚至第四班学生放学较晚，非常辛苦，老师也没有足够的办公场地，只能站在走廊工作12小时以上。加大投入，扩大中小学学校面积，给学生提供必要的学习条件、学习空间，给教师提供必要的办公场地，是蒙古国基础教育亟须解决的问题。

学生的卫生设施配备也存在较大问题，城乡差异更加明显。在全国范围内，有37%的中小学（282所）只能使用室外露天水槽。牧区学校的洗手间不适合儿童使用，儿童在寒冬使用洗手间有滑倒并掉入便池中的危险。

（五）师生教学与课业压力较大

蒙古国教育部门特别关注中小学生学习压力过大的情况。2018年，教育学院开展了"6—21岁蒙古儿童与青少年发展特征"研究项目；2019年，教育科学部组织了一系列关于"中小学基础教育核心课程分析"的主题讨论，详细研究了所有年级的核心课程。研究结论一方面指出小学、初中、高中教学大纲执行不力，学生获得的知识和技能较为肤浅，应该关注教育质量和效果；另一方面则指出学生课业压力过重。小学有38%的被访者认为作业负担过重或非常重，中学为58%，高中为57%。学生普遍反映，家庭

作业通常会涉及课堂以外的内容；小学生的家庭作业过多；部分家庭作业不符合学生的年龄和心理特征；除了课程中指定的核心主题，学生还需参与社区和学校组织的课外活动等。

同时，中小学教师也面临教学能力不足、压力与负担较大的情况。第一，教师的知识和技能各不相同，专业教师短缺，在教学过程中对较难知识点的理解不足，加之课程大纲、教科书更新频繁，都对教学产生了一定影响。第二，除规定内容、评估课程与制定教学计划外，中小学教师要花费大量时间投入文案工作，例如撰写报告、完成调查等。第三，教师通常被要求参加教学外的临时工作。第四，教师平均每周课时量为19课时，但不同课型的老师会有过度工作的情况，如音乐、设计、信息技术等课程教师除课堂教学外，还需花费大量时间开展课外活动。第五，教师信息化教学能力有待提高。参与调查的中小学教师在课程计划中，使用信息化教学及数据库的能力虽然略有增加，但总体上仍然较弱。同时教育信息系统的硬件老化与网速慢也影响了信息化教学的普及。不过值得指出的是，在2020年新冠肺炎疫情期间，蒙古国教育部门相关网站也能够为中小学生提供所有基础教育课程的实时直播与在线点播服务。

二、应对措施

自20世纪90年代社会转型至今，蒙古国教育事业发生了大的变革，不断向国际化发展迈进，取得了令人瞩目的成绩。在此期间，教育部门通过实施多项改革举措，以减轻社会变革对基础教育带来的负面影响，努力将蒙古国的教育向可持续发展方向推进。蒙古国在提升入学覆盖率、改善教学条件、保障学生权益、体现教育公平、提高教学质量等方面采取了多项举措。

（一）政府重视对基础教育环境与条件的改善

由于政府重视保障学生的学习权，并全面支持改善学习环境，蒙古国儿童受教育机会和教育质量逐年提高。在学校数量与分布上，学生能够就近入学的高中数量不断增加，对高中入学率的提高产生了积极影响。在饮食保障方面，2000年政府通过第186号决议，修订了学校宿舍伙食费的标准，2006年第194号政府决议批准了午餐计划，覆盖1—2年级的11万名儿童，促进了小学入学率的增加。2007年，小学总入学率比2006年提高了1.1%。在卫生与健康方面，2015年蒙古国批准《幼儿园、学校、宿舍用水、卫生和个人卫生规范》，规定"平均每个班级应为30名女生提供1间卫生间，为40名男生提供1间卫生间"。在学校硬件方面，政府未来将继续关注学校教室和宿舍的翻新、扩建和建设，使其符合卫生要求，并完善问责制度。各级政府注意改善学校条件，致力于使儿童在健康安全的环境中学习和生活。

随着近年来乌兰巴托人口的不断增加，许多儿童出现入园难、入学难问题，将三班轮流制教学改善为两班制是蒙古国教育部门努力的方向。自2017年以来，日本国际协力机构一直致力于"乌兰巴托中小学校舍翻新改建"项目，陆续启动清格尔泰区校舍兴建项目（可容纳720名学生）、汗乌拉区第74学校翻新校舍项目（可容纳920名学生）、那莱河区109学校翻新校舍项目（可容纳320名学生）、巴彦珠尔赫区第53学校校舍兴建项目（可容纳480名学生）。[1]同时，蒙古国境内的中小学校数量也稳步增长，已由2017年的798所增至2020年的839所。[2]

---

[1] 资料来源于蒙古国《今日报》官网。
[2] 资料来源于蒙古国国家统计局官网。

（二）努力消除教育不平等

在牧民子女入学保障方面，2000年政府在修订学校宿舍伙食费标准的同时，提出由政府全额负担基础教育阶段学生住宿费用，这极大地增加了需要住宿学习的儿童入学率。由于儿童人数的增加，政府更加重视宿舍的供给，2008—2017年，总共新建79栋宿舍楼，增加床位8 684张。2017—2018学年，基础教育领域的在校生中有19.1%为牧民子女。在2015—2016学年，住宿学习的牧民子女入学率达到98.1%，与《2006—2015年蒙古国教育发展总体规划》中设定的目标相符。在2017年，申请宿舍的38 444名儿童中，有35 196名儿童获得宿舍床位，申请者中有27 945名为牧民子女，有25 705名获得宿舍床位。宿舍床位配给率为91.6%，可以满足92%牧民子女的住宿要求。

2006—2017年蒙古国基础教育住宿申请配给率见图5.7。

图 5.7　2006—2017年蒙古国基础教育住宿申请配给率（单位：%）

在教材供应保障方面，《2006—2015年蒙古国教育发展总体规划》提出了为基础教育涵盖的贫困家庭中小学生提供免费教科书的目标。在这一目标框架下，政府自2009年起，通过学校图书馆向中小学每个孤儿、残疾儿童，以及家庭收入低于平均水平的儿童免费提供教科书，也向每个有3名或

3 名以上接受基础教育儿童的家庭免费提供教科书。在基础教育阶段，全国统一使用统编教材，每门课都有自己的教材，为少数民族（哈萨克族）儿童印刷母语小学教材，提供满足残疾儿童特殊需求的教材，上述费用全部由政府承担，并推出增加教科书供应的政策。

（三）在教育发展改革方面依托国际合作力量

2007—2015 年蒙古国基础教育学制过渡期间，由十多名国内外顾问组成的团队参加了 2008 年亚行的"第三项计划"，为所有改革课程设置结构与方案标准，为编写、审查教科书，制定教学计划，评估教师教学工作提供便利。2015 年，亚行表示愿为蒙古国基础教育改革与管理提供帮助，该技术援助项目有两大具体目标：一是提高教育学院、教师发展学院和教育评估中心等专业教育机构的能力；二是对目标学校进行研究，并评估蒙古国教育改革对教育质量和入学率的影响。在该技术援助的框架内，亚行在课程标准、学生评估、学校与教师评估、培训、师资可持续发展、使用信息技术教学等领域提出了建议：一是简化当前课程标准条款；二是保持当前课程结构，并根据现实的、可观察的国际标准更新学习目标；三是明确学习目标，以便观察、衡量学生的活动和技能，使其适应班级课程及提升自身的能力；四是按学科建立课题组，使教师和学生更加明确教育学院设定的学习目标。

除亚行以外，蒙古国政府、联合国专门机构和外国政府、国际金融和专业组织之间的伙伴关系为中小学教育标准、课程以及教学方法的发展也做出了重大贡献。相关成果包括蒙古国科学院完成的《中小学教育国家核心课程中的可持续发展整合和整合评估调查》及日本国际协力机构完成的"为期六年、分两个阶段实施的向教师教授和传播的课程安全研究方法项目"等。亚行等国际组织通过义务教育科目和课外活动，向学校教师提供额外的课程和创新手册，向学生传授可持续发展知识。教育科学部针对基础教育每个年级制定了《2008—2012年教师指南》以及《2014—2018年中小学教育课程指南》，分发给教师，以实施核心课程。2016年，教育科学部通过第277号部长令，要求制定、批准和传播用于实施中学教育核心课程的《学习指南》，但由于缺少资金和课程的频繁更改，每个班级、每门课程内容不尽相同，只能依托多方力量完成该计划。例如，十年级数学、物理、化学和生物课程的《学习指南》在亚行的资助下出版，而十一年级和十二年级的《学习指南》由教育学院学术委员会讨论并发布在学院的网站。为了支持2016—2018年中等教育核心课程中数学、物理、化学的课程建设，亚行组织了教师暑期培训，其余教师培训由教育研究所开展。

（四）在教育改革中注重培养学生综合能力，努力保持国际化进程

蒙古国以实现可持续发展和重视培养综合能力为方针，在未来拟密切结合教育国际化进程，将生态、健康、经济、法律等学科作为必修课引入基础教育课堂，使学生具备可持续发展的综合能力，并在学校的教学内容和方法框架下，运用这一能力解决当地的环境、经济、社会、文化问题以及学校发展面临的问题，满足学生参与可持续发展的需求。对此，蒙古国通过支持开发选修课和课外活动等方式，在保护自然环境、创新健康课程、支持新教学法等方面，出台了多项纲领计划。在标准、课程、教科书和人力资源等方面，政府应不断提供教育基础研究的条件，在国内外分享知识和经验，在专业和公共管理层面学习可持续发展的理论和方法，传承自身的价值观与文化遗产，实施创新有效管理，与世界范围内可持续发展保持同步。

第六章 高等教育

第一节 高等教育的发展和现状

一、高等教育的建立与发展

蒙古国的高等教育是在完全中等教育的基础上进行的专业教育，为国家培养各类高级专门人才，在学历和培养层次上包括学历教育（专科生）、本科生、硕士研究生、博士研究生。2002年，蒙古国通过《教育法》，指出"高等教育分为大学、学院和职业技能型学院（高等专科院校），大学应为学术型或学术实践型机构，学院应为实践学术型机构，职业技能型学院应为教学或教学实践型高等教育机构"。[1] 蒙古国高等教育起步于20世纪40年代，在院系设置、培养体系等各方面都以苏联高等院校模式为基础。20世纪90年代初，蒙古国高等教育克服国家转型危机，开始向全球化、国际化趋势发展。

---

[1] 资料来源于蒙古国法律信息网。

（一）蒙古人民共和国时期的高等教育

1940年4月5日，蒙古人民革命党第十次代表大会通过"准备在未来几年筹建大学"的决定，这是蒙古国关于建立高等教育体系的第一个历史性决定。根据党代会的决定，蒙古人民共和国部长会议于1940年12月6日发布了《关于在乌兰巴托建立国立大学》的第45号决议。由于处在战争年代，国家面临财政困难，且缺乏建设大学的经验，筹建过程历经两年才逐渐落实，初步解决了教学场地、教学设备、安置苏联专家等事宜。1942年9月，蒙古国立大学首先开设规模90人的预备班，并临时征用边防部队学校等机构解决校舍问题。当时的国家领导人泽登巴尔提名人民教育部部长T.玛什莱参与文化教育改革及高等教育的筹备工作，主要负责筹建蒙古国立大学。玛什莱在回忆录中写道，他没有受过高等教育，也不清楚高等教育为何物，所有筹建工作和预算规划均由苏联专家A.B.鲁萨科夫完成。[1] 苏联专家鲁萨科夫与玛什莱部长共同确立中小学教育体制为十年制，1941年，首批十年制学生即将毕业，在这一背景下，高等教育的创立势在必行。同时，苏联方面还派遣了以N.I.伊万诺夫为首的专家团队帮助筹建大学，伊万诺夫在蒙古人民共和国工作了7年，负责制定高等院校规章制度并向师生介绍苏联高等教育模式。

1942年，蒙古国立大学正式成立，这是蒙古第一所高等教育机构，标志着蒙古高等教育的开端。蒙古国立大学在蒙古高等教育体系的建立中发挥了重要的奠基作用，现在的蒙古国立教育大学、蒙古农牧业大学、蒙古医科大学、蒙古科技大学、蒙古人文大学、科布多大学等6所高校都源自蒙古国立大学。

1942年10月5日，蒙古国立大学在乌兰巴托列宁俱乐部举行成立仪

---

[1] 资料来源于蒙古国立大学官网。

式，斯大林、乔巴山、泽登巴尔担任名誉主席。泽登巴尔指出，国家对高等教育专业人员的需求非常迫切，开设大学将使蒙古有机会在国内培养高素质人才，这与国家发展总体目标密切相关。在院系设置方面，泽登巴尔认为，当前国家需要解决的问题是人与牲畜的健康问题。根据泽登巴尔的指导思想，蒙古国立大学最初设置了医学系、兽医系和教育学系（培养中学教师）3个系，随后兽医系扩建为兽医学和动物工程学两大分支。为培养教学人才，蒙古国立大学选拔最优秀的学生作为师资储备，对他们实施特别教育计划，并开设了为期2年的预备班。1944年，泽登巴尔任命B.锡林迪布担任蒙古国立大学校长，这是蒙古国立大学首位正式任命的校长。1946年，蒙古国家领导人乔巴山、泽登巴尔、玛什莱担任蒙古国立大学首届毕业考试委员会成员。根据1946年10月11日蒙古总理第16号令，副总理泽登巴尔被任命负责国家科学、文化、艺术工作。泽登巴尔直接领导加速开展高校建设工作，在蒙古国立大学设立了社会科学学院，包括马克思列宁主义和哲学系、政治经济学系和历史学系，并由苏联专家继续参与学科建设工作。1947年2月，蒙古人民革命党中央委员会第5次会议通过关于《蒙古国立大学教学过程审查结果》的决议。[1]1947年12月，蒙古人民革命党"十一大"高度评价了大学建设的阶段性成果，并提出5年内将大学生人数增加2.2倍，培养本土教师和研究人员的目标。20世纪60年代，蒙古国立大学经过机构调整，形成了由物理与数学系、理工系、自然科学系、社会科学系、化学与生物系，以及文学夜校、建筑工程夜校组成的院系结构，机构改革使蒙古国立大学的发展迈向新阶段。1962年，蒙古人民代表大会决定成立高等和中等专业教育委员会。1979年，蒙古国立大学成立俄语学院，认为学好俄语是掌握世界先进文化和科学成就的关键，也是学习其他语言的基础。

---

[1] 值得注意的是，这项决议总结了蒙古国立大学第一届教学工作，认为其过于"商业化"，并点名批评了许多院系的苏联专家，但苏联继续对蒙古高等教育提供帮助，开启了蒙古国立大学发展的新阶段。

历任蒙古国立大学校长都是蒙古著名学者，如著名历史学家、政治与社会活动家 B. 锡林迪布，著名的生物学家、作家、政治与社会活动家 D. 策旺格米德，国际著名物理学家、院士、教授 N. 索德诺姆，著名经济学家、教授、政治与社会活动家 J. 巴特蒙赫，著名生物学家、院士 O. 沙格达尔苏伦等，他们为蒙古高等教育的发展做出了杰出贡献。20 世纪 80 年代末，全国 15 岁以上人口识字率达 96%，小学入学率达 98%，中学入学率达 85%，高等教育入学率达 7.5%。至 1989 年，全国共开设 8 所大学，46 所技术职业学校，全国人口的 1.7% 在大学学习。[1]

（二）社会转型以来的高等教育

20 世纪 90 年代，由于东欧剧变、苏联解体，蒙古国失去苏联援助与贷款，经济严重动荡。受此影响，政府在教育领域的支出也大幅度下降。1985—1990 年，蒙古人民共和国教育支出占 GDP 的 12%—13.4%，而 1991—1993 年却降至 4.8%—6.2%，对高等教育产生了冲击。社会转型前，蒙古高等教育沿袭苏联式教育制度，学制五年，俄语为第一外语，高等教育教科书中只有 15% 为蒙古文，其余均为俄文，高校主要开展教学工作，学术研究工作由蒙古国科学院承担。[2] 由于基础设施落后及纸张短缺，高等教育教学资源严重不足，特别是缺乏蒙古文教材，许多课程中唯一可用的学习材料是教师笔记。教师待遇也处于较低水平，甚至有高校教师因收入过低而从事第二职业。由于没有独立管理的自主权，高等院校在预算、课程内容、结构、规模和毕业生就业方面全面受到国家教育机构监管。

在由计划经济向市场经济转变的过程中，蒙古国高等教育也发生了变

---

[1] 资料来源于马萨里克大学与蒙古国立大学学术合作项目报告。

[2] HALL D, THOMAS H. Higher education reform in a transitional economy: a case study from the School of Economic Studies in Mongolia [J]. Higher Education, 38(4): 441-460.

化，变革由政府主导与国际援助共同推进。20世纪90年代初，蒙古国首先确定了"高等教育改革应更有效地满足国家发展需求"的目标，并在亚洲开发银行的支持下制定了详细发展规划。这一时期，蒙古国政府还重点关注贫困生入学问题，并将教育市场化作为教育改革的重点方向，鼓励民办教育机构的发展。2000年，新一届政府采取了为贫困人口、牧民和来自多子女大家庭的学生提供免费高等教育的举措，将这些学生纳入资助计划。以上改革举措均需要大量资金投入，2000—2004年，高等教育在政府教育支出中所占的份额稳定增长。1992—2013年，蒙古国政府在教育领域的实际财政投入增至原来的2.7倍。

2002年，蒙古国《教育法》对该国大学、学院、职业技能型学院等高等院校做出了明确定位。2006年以来，蒙古国可持续发展长期规划的诸多重要文件也特别关注高等教育，如《2006—2015年蒙古国教育发展总体规划》《2007—2020年蒙古国科技发展总体计划》《基于千年发展目标的国家综合发展政策》等。[1]2007年，蒙古国还通过并实施了《支持公立高校学术研究与教育工作子计划》和《支持青年研究人员子计划》。上述系列重要文件围绕高等教育的发展提出以下主要目标：一是提高高等教育入学率；二是保证教育质量，使高校课程质量达到国际标准；三是培养学生的爱国主义思想，提高教师专业技能、声誉和道德水平；四是简化管理体系，根据劳动力市场需求，增加工程技术、自然科学、教师及农牧业领域专业人才，支持建立"开放大学"；五是支持民企建立地质与采矿专业的高等及专科院校大学城、科技校园、职业院校及其分支机构等；六是发展研究型大学，支持将高等教育纳入国际认证体系，到2024年，蒙古国至少应有20项优先级课程获得国际认证，至少应有4所大学跻身亚洲前100名大学的行列。

---

[1] 资料来源于蒙古国立大学官网及蒙古国法律信息网。

蒙古国社会转型30年以来，英语成为高等教育第一外语，公立与民办高等教育蓬勃发展。如今，蒙古国立大学仍是蒙古国最大的学术研究中心，拥有5所学院、2所地方分校、3个国家级研究所和其他科研单位，在读本科生1.6万人、硕士3100人、博士生近千人、教职员工1500余人。蒙古国立大学、蒙古国立教育大学、蒙古人文大学等高校均与世界数十个国家和地区高校建立了合作关系，开展联合培养计划，使蒙古国高等教育不断向国际化迈进。根据《2016—2017年全球竞争力报告》，就高等教育入学率而言，蒙古国在138个国家中排名第38位；在数学和科学教育质量方面排名第40位；在高等教育和职业培训指数方面，蒙古国从2007年的3.8下降到2009年的3.5，随后2010—2016年，每年增加0.1—0.3个百分点，2017年达到4.6。[1] 为了将高等教育的质量和效率提高到国际水平，2018年，蒙古国签署《亚太地区承认高等教育资历公约》，并开始采取相关措施。[2]

二、高等教育的普及与现状

（一）高等院校的数量与分布

2018—2019学年统计数据显示，蒙古国共有94所高等院校或机构，其中37.2%为大学，52.1%为学院，7.4%为职业技能型学院（高等专科院校），3.2%为国外学校的分支院校。由于蒙古国政府注重提高高等教育质量，同时精简低水平院校数量，政府自2010年开始陆续合并部分公立学校，一些教育质量不高的民办高校入学率下降，逐渐被市场淘汰。2004—2005学年，蒙古国国内高等院校总数量为183所，至2019—2020学年降至95所，几乎减半。

---

[1] 资料来源于《2019年蒙古国教育年鉴》。
[2] 资料来源于联合国教科文组织官网。

在学生数量方面，由于国家不断扩招，高等院校学生总数由 2006 年的 142 411 人升至 2014 年的 178 295 人，其中蒙古国立大学和蒙古国立教育大学规模相对较为庞大，学生人数约占蒙古国高校学生总人数的 10% 左右。

为减少高等院校的数量并提高其质量，2010—2015 年，蒙古国教育科学部对国内高校开展认证工作。2016 年起，所有高校须每五年认证一次。经过认证的高校数量及其所占比例逐年增加，截至 2018—2019 学年，已有 77% 的高校通过认证（见图 6.1）。

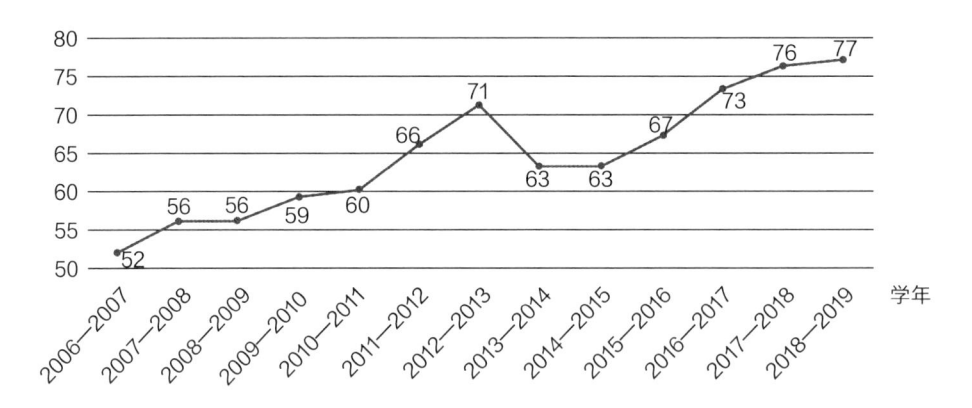

图 6.1 2006—2019 年，蒙古国经认证的高等院校所占比例（单位：%）

从高校所有制性质来看，截至 2019—2020 学年，在全国 95 所高校中，公立高校占 21 所、民办高校占 71 所，其余 3 所为外国在蒙古国开设的高等院校分支。公立院校以大学为主，民办高校以学院及专科院校为主。值得关注的是，虽然公立学校数量只占 19.1%，但有 55.8% 的学生在此就读，公立院校所承担的教学任务仍然较重。从地区分布上来看，2019 年，94 所高校中有 86 所位于乌兰巴托，地方高校仅有 8 所。

（二）高等教育的录取

蒙古国《教育法》规定全民普及和平等是教育的基本原则。《高等教育法》第7.1条指出："大学、学院及专科院校须接收有完全中等教育或以上教育程度的公民，根据其知识、技能、水平及学习能力入学。录取入学应该是可选择的、开放的、有适当评估方式的。根据蒙古国教育科学部批准的一般录取条例，所有经认证的高等院校，无论所有制形式如何，都应以传统形式和网络形式组织录取工作。"虽然高校录取方式多元化，但高等学校招生全国统一考试仍是蒙古国高中生升学的主要方式。2006—2009年，蒙古国高等院校录取率为74%，2010—2013年为70%，而2014—2018年的平均录取率是81%。同时，被录取人员除应届高中毕业生外，还有3%—4%来自其他类型学校，15%—20%来自就业人员，2%—3%来自失业人员。2015年是蒙古国基础教育学制改革最后一个过渡年，由于学制改革全面实现，当年高中毕业生的数量同比几乎减少一半，入学率高达90.3%（见表6.1）。

表6.1 2006—2019年蒙古国高等院校录取人数（单位：人）[1]

学年	新录取				同年毕业生总数	同年高中毕业生	高中毕业生本科录取率
	全体	女性	本科	学历教育（专科）			
2006—2007	39 460	23 871	35 111	1 624	—	29 331	74.3%
2007—2008	43 897	26 829	39 216	1 459	—	32 232	73.4%
2008—2009	46 692	28 321	40 895	1 838	—	35 338	75.7%

---

[1] 资料来源于《2019年蒙古国教育年鉴》。

续表

学年	新录取				同年毕业生总数	同年高中毕业生	高中毕业生本科录取率
	全体	女性	本科	学历教育（专科）			
2009—2010	43 829	26 169	38 312	1 602	—	32 569	74.3%
2010—2011	44 472	26 425	38 553	1 449	—	31 334	70.5%
2011—2012	44 484	26 374	38 665	—	—	30 536	68.6%
2012—2013	47 744	27 795	41 329	—	—	33 328	69.8%
2013—2014	47 182	27 909	40 927	—	—	33 273	70.5%
2014—2015	43 834	25 097	37 495	—	—	30 537	87.2%
2015—2016	29 023	17 032	23 562	—	19 735	17 828	90.3%
2016—2017	41 195	24 097	35 429	—	36 562	27 626	75.6%
2017—2018	45 480	26 592	39 311	66	38 525	32 919	85.4%
2018—2019	44 094	26 373	36 726	244	40 818	31 558	77.3%

在学生性别上，女性录取率高于男性，2006—2018年，女性平均录取率占总人数的59.3%。在地域分布上，生源分布不平衡的问题仍然存在，2018—2019学年，全国高等教育院校总入学人数的42.7%为首都居民。由于在首都及其他城市学习的牧区学生，除缴纳学费外，还需要承担住宿费、往返路费等更高的教育费用，国家为进城市读书的牧区学生提供奖学金支持，此举对提高蒙古国高等教育的覆盖率产生了积极影响。

（三）高等院校学生分布与留学生情况

蒙古国高等院校的学生主要集中在乌兰巴托。2010—2011 学年，在乌兰巴托学习的高校学生有 148 726 人，已达到全国高校学生总数的 87.4%，在牧区学习的高校学生有 21 400 人，占学生总数的 12.6%。随着牧区学生人数逐年减少，乌兰巴托的学生人数不断上升。2018—2019 学年，乌兰巴托高校学生占全国大学生总人数的 92.6%。

就受教育程度而言，2006—2007 学年，蒙古国获得学历教育的学生占总数的 2.9%，本科生占 91.2%，硕士研究生占 4.4%，博士研究生占 1.5%。2018—2019 学年，获得学历教育的学生占总数的 0.2%，本科生占 82.8%，硕士研究生占 14.3%，博士研究生占 2.7%。相比之下，硕士生人数比例增加 3.6 倍，博士生增加一倍。

在招收外国留学生就读方面，蒙古国目前有 10 所公立高校、27 所民办高校、2 所外国分支院校共计 39 所高等院校接收外籍留学生就读（见表 6.2）。根据 2018—2019 学年的统计数据，来自 33 个国家的 2 275 名外籍留学生在蒙古国高校留学，其中以本科生为主，共 1 235 人（占 54.3%，包括蒙古语语言预科），硕士生 731 人（占 32.1%）、博士生 309 人（占 13.6%）。这些留学生中有 99 名（4.4%）持政府间合作协议获得蒙古国政府奖学金，2 036 人（89.5%）为自费留学，其余 140 人通过其他途径留学。留学生在蒙古国就读的高校以公立院校为主，占 76.5%，在民办高校就读的留学生仅占 21.6%，1.9% 在外国分支院校学习。按国籍来看，中国留学生 1 640 人，俄罗斯留学生 236 人，韩国留学生 171 人，中、俄、韩三国留学生占蒙古国所有留学生人数的 90.0%。根据最近五年统计数据，蒙古国外籍留学生人数逐年增加，特别是来自中国的学生人数增加了 2.9 倍。

表 6.2 2014—2019 年蒙古国接收外国留学生国籍与数量[1]

学年		2014—2015	2015—2016	2016—2017	2017—2018	2018—2019
来自国家数（个）		32	37	32	31	33
留学生就读的高校数（所）		39	46	38	38	39
外籍留学生总数（人）		1 245	1 450	1 520	1 636	2 275
中国留学生数（人）		561	837	969	1 118	1 640
俄罗斯留学生数（人）		254	206	182	180	236
韩国留学生数（人）		176	137	132	135	171
其中	硕士（人）	258	368	497	420	731
	占比	20.7%	25.4%	32.7%	25.7%	32.1%
其中	博士（人）	114	138	173	150	309
	占比	9.2%	9.5%	11.4%	9.2%	13.6%

（四）高等教育院校毕业生就业情况

2017—2018 学年，蒙古国高校毕业生总人数为 29 164 人。其中 45 人（0.2%）获得学历教育，25 120 人（86.1%）获得学士学位，3 868 人（13.3%）获得硕士学位，131 人（0.4%）获得博士学位。在 2017—2018 学年，全国毕业生总就业率达 34.4%，绝大部分博士生（96.2%）和硕士生（80.1%）都能够按时就业，但本科生就业率仅为 27.1%。这一方面是因为学校提供的数据并不完整，另一方面也存在学生毕业后不能立即就业的现实情况。

2017 年，劳动和社会保障部从 4.49 万名高校毕业生中抽查 4 909 人，发

---

[1] 资料来源于《2019 年蒙古国教育年鉴》。

布了《2017年毕业生就业率调查》报告，指出在2015—2016学年有68.4%的毕业生就业，就业学生中又有69.6%以所学专业就业。[1] 在高校毕业生中，建筑学专业就业率最高，为83.2%，计算机、医学、物理、化学、生物学、地理、数理统计、社会科学、经济学、交通运输和师范教育专业的就业率也较高，保持在70.9%—76.5%。

根据2018年《蒙古国劳动力调查报告》，受过高等教育的失业者占失业总人数的75.0%。[2] 在大多数发展中国家，未受教育的人口更易处于失业状态，而在蒙古国，处于失业状态的人口则以受过教育的为多，这可能与高等教育的高入学率相关。根据劳动社会保障研究所2014—2016年的《毕业生就业状况调查研究》，毕业生与就业技能需求之间存在差距，即每年有超过70%的工作岗位要求与大学生的就业能力相匹配，其余工作岗位的要求与大学生的就业能力不匹配，这些工作岗位需要从业的高等院校毕业生掌握更高的工作技能。[3]

（五）高等教育院校的师资情况

在2018—2019学年，蒙古国共有12 633名在职高等院校教职工，其中女性占62.6%，公立高校教职工人数为8 177人，占64.7%，见图6.2。专职教师有6 668名，占所有教职工人数的52.8%，其中有62.7%在公立高校任教，37.1%在民办高校任教，还有0.2%在外国分支院校任教。从地区分布来看，大部分高校教师在城市高校工作，少部分教师在牧区高校任教，见图6.3。

---

[1] 资料来源于蒙古国劳动和社会保障部官网。
[2] 资料来源于蒙古国国家统计局官网。
[3] 资料来源于蒙古国劳动和社会保障部官网。

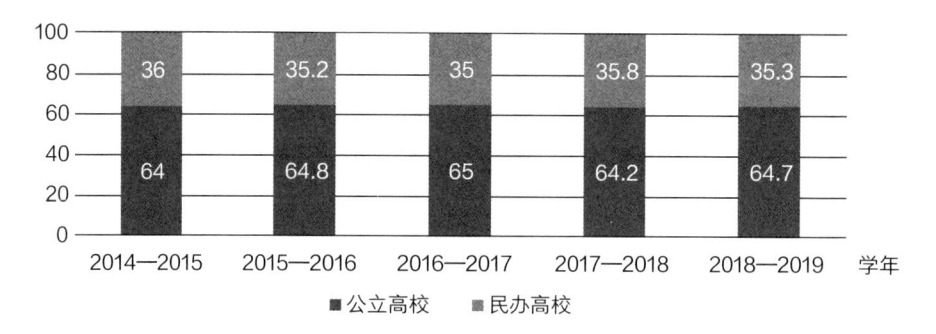

图6.2 2014—2019年蒙古国高等院校教职工分布（按所有制形式，单位：%）[1]

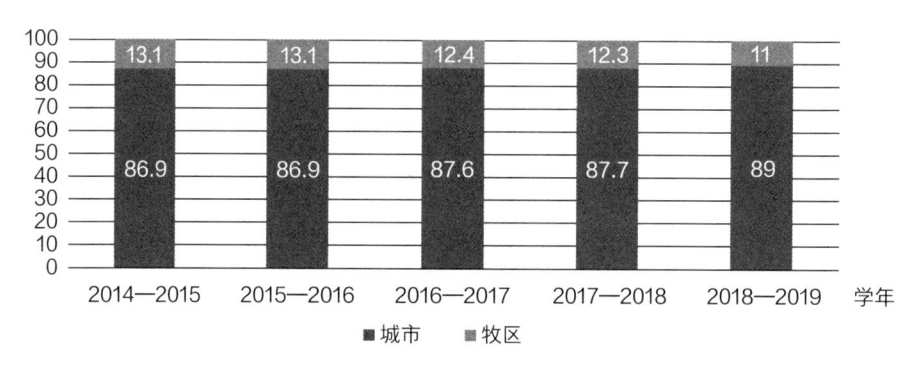

图6.3 2014—2019年蒙古国高等院校教职工分布（按地域，单位：%）[2]

从教师受教育程度来看，2018—2019学年，蒙古国高校专业教师中有2 033人（30.5%）拥有博士学位，4 236人（63.5%）拥有硕士学位。从职称级别来看，在专职教师中实习教师占7.1%、讲师占41.9%、高级教师占29.0%、副教授占12.4%、教授占9.6%。在年龄结构方面，全职教师中30岁以下的占18.0%，55岁以上的高级教师占14.2%，其中435名为退休返聘人员。就工作年限而言，18.1%具有5年以下工作经验，14.7%具有超过25年工作经验。

---

[1] 资料来源于《2019年蒙古国教育年鉴》。
[2] 资料来源于《2019年蒙古国教育年鉴》。

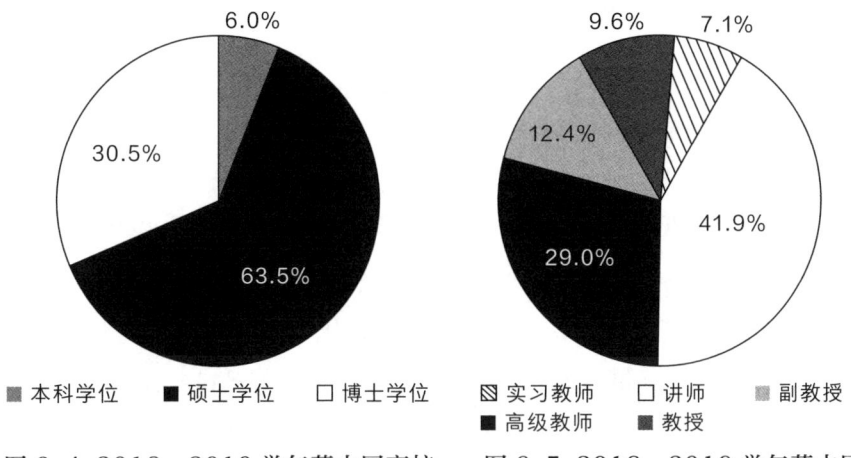

图 6.4 2018—2019 学年蒙古国高校教师学历结构分布（本科学位 6.0%，硕士学位 63.5%，博士学位 30.5%）

图 6.5 2018—2019 学年蒙古国高校教师职称结构分布（实习教师 7.1%，讲师 41.9%，副教授 12.4%，高级教师 9.6%，教授 29.0%）

从师生比来看，2006—2019 年，蒙古国高等院校平均每名高校教师对应 21—24 名学生，见图 6.6。负担学生较多，工作量较大。

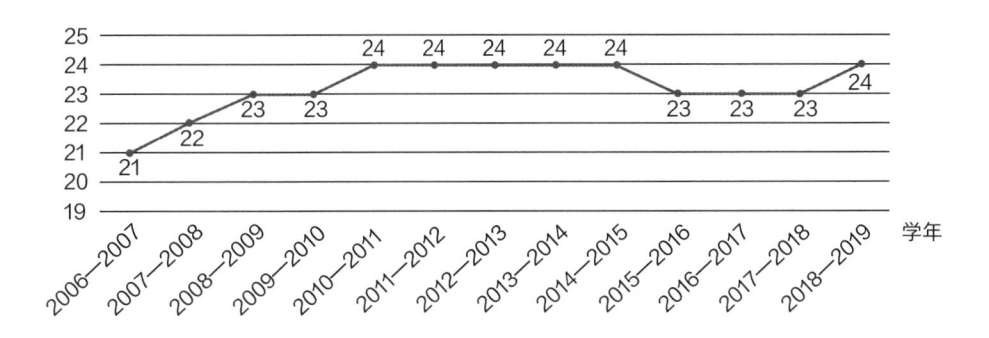

图 6.6 2006—2019 年蒙古国每名高校教师对应学生人数（单位：人）[1]

---

[1] 资料来源于《2019 年蒙古国教育年鉴》。

三、高等教育的认证、标准与管理

（一）高等院校与课程体系的认证

1997年，蒙古国政府通过《全国教育认证机构章程》。1998年全国高等教育认证委员会率先成立，委员会主席为时任教育科学部部长。1999年，蒙古国启动首次高等院校认证工作，并加入国际高等教育质量保障组织。2004年，蒙古国启动第二次高等院校认证工作，并开始进行课程大纲认证。同年，蒙古国加入亚太地区高等教育质量保障组织。2006年，《2006—2015年蒙古国教育发展总体规划》提出，应为确保高等教育质量创造有利条件，具体措施如下：一是制定并实施高等院校教学环境的标准，二是改进并执行课程大纲确定的要求和标准，三是课程大纲认证机构的职能应遵守国际标准，四是为高校教职工建立工作与服务认证标准，五是制定并执行大学教学与科研工作道德规范，六是与外国高校相互承认学历。[1] 为了使蒙古国高等教育与国际标准接轨，亚洲开发银行资助蒙古国开展"高等教育改革项目"，为工程技术、农牧业、师范和医学领域等7个项目获得国际认证提供支持。[2] 该项目在发展国家认证体系并使之与国际标准保持一致方面取得重大进展。在国内认证方面，根据《教育法》与《高等教育法》，高校课程大纲认证工作是在自愿基础上，提高课程与所在学校的国内外声誉，每5年认证一次。在国际认证方面，最早在2013年，蒙古国立大学化学与化学工程学院、蒙古科技大学食品工程与生物技术学院首次获得美国工程技术认证协会的权威认证。同年，蒙古国立大学经济学院、蒙古科技大学工商管理与人文学院均获得美国商学院认证委员会权威认证。全国教育认证委员会与美国商学院认证委员会和德国高等工程教育认证机构开展合作，已经

---

[1] 资料来源于蒙古国立大学官网。

[2] 资料来源于蒙古国国家教育认证委员会官网。

为蒙古国培训了 50 多名国际专家和 300 多名国内专家。

迄今为止，全国高等教育认证委员会已认证 72 所高校、250 个课程大纲，并有来自 18 所高校的 90 多门课程获得国际认证，这是蒙古国高等教育质量提升的关键性成果。2018 年，联合国教科文组织教育创新和技能发展部主任汪利兵访蒙，探讨改善蒙古国高等教育质量标准并推动蒙古国加入《2011 年亚太高等教育资格认可区域公约》（2011 年东京公约）事宜。2019 年，蒙古国将自我评估报告提交亚太地区教育质量保障注册系统，并得到该机构的回访与审核。[1] 此外，蒙古国正在开发"高等教育信息管理系统"，将高校的招生、毕业、迁移、文凭发放、注册等信息全部纳入统一系统，确保管理与决策公开透明。

（二）高等教育的标准与质量

2002 年，蒙古国教育科学部根据《高等教育法》修正案，通过《本科教育标准范本》，在 2003—2013 年确定了 130 个专业的高等教育标准。这些标准定义了高等教育毕业生应具备的知识、技能和态度，构成了本科阶段"学习范围"和"学习成果"概念的基础。根据联合国教科文组织 2013 年修订的新版《国际教育标准分类》，蒙古国教育科学部 2014 年修订了 2010 年版的专业领域方针索引，分别通过《学士学位课程一般标准》和《硕士、博士学位课程一般标准》，并确定了《学士学位课程索引》。为增加学术自由度，蒙古国教育科学部不再确定高校具体专业名称，而仅批准审核课程纲要中的名称和索引。该命令将此前高等教育 24 个领域中 417 个专业改为 10 个方向、181 个课程纲要。高等院校不再提供过多门类的专业教学，而是将其精简为教学纲要，重视培养具备终身学习技能的专业人员。高等院校

---

[1] 资料来源于亚太地区教育质量保障组织官网。

调整专业的出发点在于，评估这些课程纲要中的课程名称和索引是否符合蒙古国劳动力市场结构及畜牧业的国家特征，并对其进行更新。对此，高等院校内部应设立"课程大纲委员会"，独立制定、批准和更新具有明确指标的课程大纲，逐步向基于结果导向的教育体系转变。

在教育质量方面，《2006—2015年蒙古国教育发展总体规划》通过高等教育部门体制改革解决质量问题。此后，在2010年批准的《教育基本纲要》[1]以及2012—2016年和2016—2020年政府执政纲领中都提出了相应的工作内容。例如，2012—2019年的"高等教育改革项目"旨在建立优质、管理完善、平等覆盖的高等教育系统，并增加具有全球竞争力的蒙古国高校毕业生的数量。为了提高教学大纲质量的一致性，蒙古国主要进行了以下活动：一是使认证符合国际标准，二是进行课程开发，三是在工程技术专业中引入国际工程教育模式标准，四是改善学习环境，五是建立劳动力市场信息系统，六是加强研究能力，七是支持高校办成创新型大学。

（三）高校资金来源

根据《教育法》第39.2条，教育机构的资金来源应包括国家财政预算，地方财政预算，投资，国内外商业实体、组织捐款，学费，教育机构的贷款和经营收入。对公立高等院校而言，经费来源主要包括国家预算、学费、科研项目活动经费以及自身经营收入，学费占公立高校收入的70%—85%，其他来源占15%—30%，每年从政府获得的固定资金占5%—6%。民办高等院校经费的96%来自民企投入的创始资金、学费或经营收入，其余经费来自国家预算对每位学生提供的经常性费用支出、项目融资、各界捐

---

[1] 参见蒙古国法律信息网。

赠、优惠贷款、住宿费等。根据 2018—2019 学年的情况，蒙古国公立高校本科全日制学生人均学费为 214.98 万图格里克 / 年（约合人民币 5 200 元 / 年），民办高校本科全日制人均学费为 231.68 万图格里克 / 年（约合人民币 5 700 元 / 年）。根据近年的统计数据，本科全日制学费逐年增加，民办高校略高于公立高校。

第二节 高等教育的特点和经验

一、高等教育的主要特点

蒙古国的高等教育主要有高等教育机构由国家管理向市场调节转变、维护高等教育公平化、积极支持高等教育国际化等 3 个特点。

（一）高等教育机构由国家管理向市场化、独立化发展

1990 年以来，蒙古国高等教育由国家主导逐渐转向市场导向机制。国家通过立法为高等教育适应市场经济奠定法律基础。1991 年通过的《教育法》分散了教育领域各部门的权力，并允许成立民办教育机构。1995 年再次通过的《教育法》与《高等教育法》使蒙古国从苏联式教育体系过渡到从多渠道筹措经费的美国式教育体系。1995 年的《教育法》允许高校在财政预算外有多元资金来源，包括研究经费、学费、捐赠经费、贷款以及援助经费等，国家下放了对高等教育的许多管控权，给予高等教育机构更多自主权。高等教育逐渐向市场化、独立化方向发展。

（二）通过教育基金大力维护高等教育公平化

为确保实现高等教育公平化，蒙古国在实施社会保障政策时充分考虑到学生需求的差异性。1993年，蒙古国政府成立国家教育基金，旨在为已获得大学入学资格但无法负担学费的学生提供学费和财务支持。截至2016年，国家财政提供了10余种助学服务类型，以确保实施20多个有关国家高等教育财政拨款的政策文件，如优惠贷款、助学金、差旅费、国家奖学金和奖励性奖学金、外国贷款、学生发展贷款等。其中，助学金适用于孤儿、残障人士、父母残障、丧失劳动能力以及同一家庭同时有三名及以上大学生的情况。2006—2017年，共有48 516名学生获得了助学金以支付学费（见表6.3）。2006—2011年，单亲家庭、牧民家庭、服兵役两年或以上、来自低收入家庭的本科生和硕士研究生，可以文凭做担保，享受学费无息优惠贷款，毕业后偿还。2016年，蒙古国政府将国家教育基金更名为教育贷款基金，旨在支持学生自我发展和负责任学习，提高高等教育的质量和竞争力。2018年2月，蒙古国开始实施新的学生发展贷款计划，以解决由于地理位置差异而导致的教育不公平问题。根据该计划，大多数高等院校为来自牧区和偏远地区的学生提供宿舍。2018—2019学年，共有12 486名学生申请宿舍，其中11 435名学生在自己就读的学校解决了宿舍问题，有667名学生被安排到其他学校住宿。

表6.3 2006—2017年蒙古国接受教育贷款、基金贷款及助学金的学生人数 [1]

（单位：人）

年份	优惠贷款	助学金	奥林匹克奖	贫困学生	牧民学生	大家庭学生	共计
2006	8 460	2 377	139	12 156	4 808	941	28 881

---

[1] 资料来源于《2019年蒙古国教育年鉴》。

续表

年份	优惠贷款	助学金	奥林匹克奖	贫困学生	牧民学生	大家庭学生	共计
2007	7 782	2 418	138	11 523	4 167	897	26 925
2008	7 048	2 424	113	11 117	3 021	565	24 288
2009	7 319	2 361	173	11 242	2 757	380	24 232
2010	7 280	2 612	200	11 606	2 613	236	24 547
2011	6 013	2 416	230	10 876	2 212	67	21 814
2012	3 381	3 462	—	—	—	—	6 843
2013	5 849	8 840	—	—	—	—	14 689
2014	4 421	5 088	—	—	—	—	9 509
2015	1 985	5 273	—	—	—	—	7 258
2016	1 830	5 415	—	—	—	—	7 245
2017	—	5 830	—	—	—	—	5 830
共计	61 368	48 516	993	68 520	19 578	3 086	202 061

（三）积极支持高等教育国际化

一方面，蒙古国在高等教育发展方面，积极发展国际合作，借助国际力量。随着经济的快速发展，蒙古国对高等教育的需求不断增加。2011年，亚行开始融资在蒙古国实施教育改革。2012—2019年实施的"高等教育改革项目"是亚行的首个独立项目，旨在加强蒙古国的大学治理、管理和筹资，使课程适应劳动力市场需求，并进行必要的改革和制度化，以确保高等教育平等化。在项目框架下，在加强高校能力建设、发展人力资源、增加教学与研究机构、提供教学科研设备、修缮校舍、增加公私合作伙伴、改善高等教育政策环境等方面开展工作。2006—2013年，为提高高等教育部门效率并使其达到国际标准，亚行实施了"为建设知识型社会的高等教育改革"技术援助项目，在该项目的框架内，提出了4项政策建议，项目目标已经全部实现。

另一方面，蒙古国积极支持国民接受高等教育。政府奉行在世界各国培训高素质人才的政策，并实施特定计划和各种奖学金。2013年政府奖学金赴外留学人数见表6.4。

表6.4 2013年蒙古国公民赴境外留学人数（单位：人）[1]

	OECD成员国	OECD以外国家	俄罗斯	中国	共计
享受政府奖学金的博士	230	64	159	895	1 348
享受国家教育基金的硕士及博士	337	1	61	0	399
自费及享受其他奖学金的学生	6 361	0	22	1 571	7 954

2012—2018年，共有8 088名蒙古国大学生通过政府资助出国留学。其中，享受政府间协议资助的留学生有7 181人，占88.8%，通过教育贷款基金出国的留学生有907人，占11.2%（见图6.7）。根据政府间协议，蒙古国公派赴俄罗斯的留学生占34.6%，赴华留学生占33.7%，赴匈牙利留学生占8.2%，赴日本留学生占4.5%，赴土耳其留学生占4.4%，此外还有0.1%—0.2%的学生赴白俄罗斯、古巴和罗马尼亚留学。由于蒙古国与各国加强教育人文合作，享受政府间协议出国留学的人数逐年增加，过去六年平均增长率为7.4%。从申请比例来看，2018年提交留学申请的公民中有31.7%获得出国留学资格。除政府间协议外，通过教育贷款基金出国的留学生毕业后须返回本国，至少从事5年以上的生产性工作并偿还贷款。此类贷款于1997年首次实施，不限专业，目的是为公务员、政府人员和决策者提供赴名校深造的机会。近年来，国家更多关注工程、技术、自然科学等40多个重点专业的人才培养。

---

[1] 资料来源于《2019年蒙古国教育年鉴》。

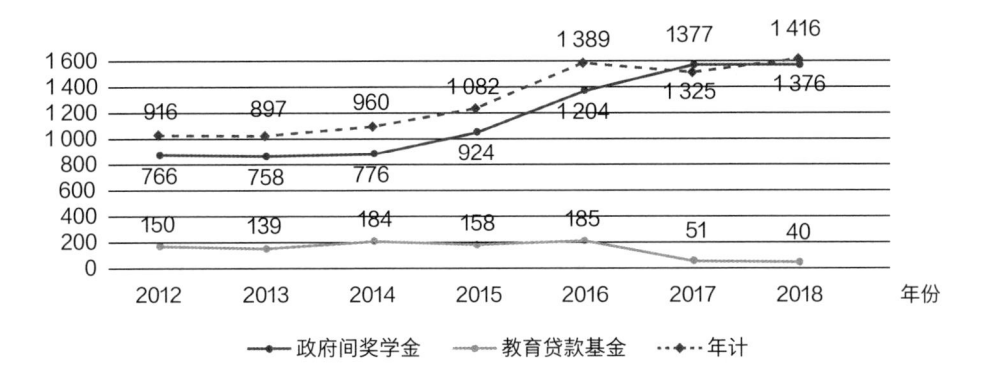

图 6.7 2012—2018 年蒙古国政府公派留学人数（单位：人）[1]

二、发展高等教育的相关经验

蒙古国高等教育的经验主要包括通过国际援助实现教育改革与体制转型，提高教育质量、满足国家对人才的需求，根据国家发展需求进行专业设置等。

（一）借助国际援助实现转型

蒙古国政府在高等教育领域的改革举措得到国际社会的大力支持。亚洲开发银行在蒙古国的各级教育改革中发挥重要作用，并取得较为瞩目的成就。在高等教育领域，亚洲开发银行资助了一系列涵盖所有教育领域的大规模技术援助和贷款项目，包括：帮助蒙古国将基础教育由十年制改革为十二年制；制定职业教育培训方案，并将其纳入《2006—2015 年蒙古国教育发展总体规划》；实施全部门参与教育计划，支持教育捐助者协调小组；关注高等教育及其改革。在高等教育改革项目框架下，亚行还实施了

---

[1] 资料来源于《2019 年蒙古国教育年鉴》。

"高等教育与劳动力市场对接"项目。总之，外国的投资与援助关注蒙古国高等教育制度改革、科研、教学管理与就业问题，促进了蒙古国高等教育体系向国际水平发展。

（二）通过联合办学提高教育质量，满足国内人才需求

联合培养是蒙古国高校提高教育质量的重要方式。近年来，蒙古国高校与其他国家高校共同实施"2+2"和"3+1"联合计划，其数量不断增加，旨在使本国课程大纲与国际标准保持一致，并通过获得国际权威认证的方式提高蒙古国高等教育的含金量。如在《蒙日战略伙伴关系中期纲要》框架下，蒙古国实施了《2014—2023年工程与技术高等教育项目》，旨在为蒙古国培养受过高等教育的工程师和技术专家，提高蒙古国工程教育的竞争力，加强师资队伍，更新现代化学习环境并提高教学质量。[1] 对此，蒙日两国教育部门除在"建筑与环境工程""建筑""机械工程"领域联合开设本科课程外，还围绕蒙古国立大学、蒙古科技大学8个优先科研领域开展20项课题合作。在蒙古国与德国政府间协议框架下，两国于2013年建立蒙德矿业科技大学。蒙古国教育科学部与德国国际合作机构、德国学术交流中心共同支持蒙古国教育机构与德国弗莱贝格技术大学、亚琛工业大学以及其他高等院校共同制定课程大纲、邀请专家访学、开展教学科研活动、开展学生交流、实习计划，以及学士学位管理等合作。这一系列举措为蒙古国高校学生提供了在本国学习国际标准课程的机会，并为蒙古国劳动力市场急需专业培养了具有国际水平的高素质人才。

---

[1] 资料来源于蒙古国外交部官网及蒙古国教育科学部官网。

（三）根据国家发展需求进行专业设置

蒙古国国家发展急需自然科学类专业、理工类技术专业、师范、农牧业类专业人才。《2006—2015年蒙古国教育发展总体规划》提出，将高等教育中工程与工程技术、自然科学、师范和农牧业专业学生的合计比例由29.0%提高至45.0%。具体修订情况如表6.5所示。

表6.5 《2006—2015年蒙古国教育发展总体规划》专业占比调整要求[1]

专业	原比例	修订后比例
工程与工程技术	13.0%	25.0%
农牧业	3.1%	6.0%
自然科学	2.9%	4.0%
师范专业	9.8%	10.0%
其他专业	38.9%	34.0%
人文社会科学	18.5%	10.0%
法学	5.8%	4.0%
医学	7.7%	7.0%

可以看到工程与工程技术类专业的占比得到大幅增加，由13.0%增至25.0%，同时人文社会科学专业的占比大幅下调，由18.5%降至10.0%。这说明以发展经济为首要任务的蒙古国重视科技发展，在专业设置方面较为务实，贴近国家发展需要。但学生实际入学情况却尚未达到《2006—2015年蒙古国教育发展总体规划》所提出的目标。

从各专业学生实际占比来看，商务管理与法律专业所学人数最多，而

[1] 资料来源于《2019年蒙古国教育年鉴》。

政府倡导发展的工程类专业人数未达到规划要求，并有持续下降的趋势，农牧业、自然科学类专业学生占比也不升反降，这主要是因为只有城市高校能够教授工程、技术、科学和农牧业等国家重点专业，而牧区高校无法提供相应的学习条件。由于民办高等院校制定了新的教育卫生计划，并逐步建立分校，卫生与社会保障领域的学生人数有所增加，占比稳定增长，但也存在卫生部门医生和药剂师专业人员过多，护士和辅助人员短缺的问题。对此，蒙古国卫生部和教育科学部联合工作组一再呼吁，应基于人力资源储备与研究，招收更多稀缺专业人才，但收效甚微。在15个卫生健康纲要规划（专业）中，学习医学、药学、传统医学、护理学和口腔医学5个专业的学生占学生总数的91.0%。医护比例为4.5∶1，远远超过1∶3，即每名医生应对应3名护士的国际标准。这说明在高等教育人才培养方面，除扩大覆盖服务范围外，还应引导学生选择与劳动力市场需求相匹配的专业。尽管这一原则在蒙古国政策文件中已反复强调，但高等教育的专业分配与劳动力市场需求和国家发展政策并不一致，需要采取更严格的措施来落实这一原则。

第三节 高等教育的挑战和对策

一、高等教育面临的困难与挑战

与学前教育和基础教育类似，蒙古国高等教育也面临政策延续性较差、城乡差异较大、教育标准相对落后、民办院校发展混乱、师资不足等普遍性问题。

（一）政策延续性较差，管理薄弱

在蒙古国社会转型初期，由于经验不足，包括高等教育在内的教育改革普遍存在无法照搬国外模式，新体制需要漫长的适应期等问题。高等教育政策不稳定，无法实施长期发展规划，缺乏定期监测和评估机制，项目执行不力等问题也随之而来，许多计划和目标都无法达成。与基础教育比较而言，国家对高等教育的政策投入力度较为薄弱。2010年，蒙古国政府批准通过《2010—2021年高等教育改革纲要》和《大学城发展方针》，但未取得明显进展。[1]《2012—2016年政府执政纲领》提出"为大学校园创造法律环境，批准可行性研究、总体和局部计划，并开始修建第一批建筑物和设施"，但是，2014年新政府通过的《大学城校园发展总体规划》，导致上届政府的执政纲领被废除。尽管国家对《高等教育法》进行多次修订，但它与蒙古国的发展政策和教育发展需求并不完全一致，无法完全规范高等教育部门的活动。虽然相关目标和战略规划已包括在政策文件中，但实施不力且拖延严重。同时，由于政府监督的缺失，质量不高的民办高校如雨后春笋般涌现，这些情况也导致了高等教育质量的下降。因此，需要对高等教育既有发展概念、总体计划、战略文件、项目和方案的执行情况以及系统方法进行综合分析，建立完整的政策计划实施周期系统。

（二）高等教育城乡分布差异较大

蒙古国全国每年有3—4万名高中生毕业，其中40%来自乌兰巴托，60%来自牧区。这些毕业生有91%需要在乌兰巴托读大学。当前，蒙古国牧区只有2所独立的公立大学，11所公立高等院校分校，4所独立民办高校

---

[1] 资料来源于蒙古国立大学官网及蒙古国法律信息网。

和 5 所民办高校分校。

根据蒙古国国家统计局关于劳动力的调查结果，不同地域人口受教育程度差异很大。首都人口有 34% 拥有学士或更高学位，而在牧区这一数据仅为 5%。62% 的牧区人口仅为初中学历。这反映出蒙古国当前城乡差距过大，社会、经济、人口和区域发展政策不平衡。蒙古国《区域发展构想》提出"支持在地方建立大学、学院及分支机构，建立研究中心、信息和培训中心，并根据该地区的发展方向建立新型教育和科学体系"[1]，但高等院校的录取、招生及毕业生质量与劳动力市场需求完全不协调，而且长期缺乏明确规定。蒙古国应全面制定政策，以增加牧区学生平等接受优质教育的机会，同时改善区域和地方的社会经济状况，缩小城乡差距。

（三）教育标准更新较慢

2003—2013 年，蒙古国高等教育共确定并执行了 130 个专业标准。这些标准最初由专业教师起草，经国家教育标准技术委员会与教育部门工作人员代表讨论，国家标准化委员会批准。但迄今为止，上述标准只有两项得以更新。长期以来，由于高等教育标准固定化，课程调整与完善的可能性受限。为创建灵活体系以满足社会和个人需求和执行教学计划，教育科学部 2014 年批准了《学士学位课程一般标准》和《硕士、博士学位课程一般标准》，但由于缺乏针对教师、管理人员和其他利益相关者进行改革的系统性能力建设，改革实施因学校而异，落实速度较慢。

（四）民办高校监管不足，发展水平参差不齐

在教育改革初期，蒙古国政府对高等教育的监管相对薄弱，决策者缺

---

[1] 资料来源于蒙古国法律信息网。

乏对市场的了解，导致高等教育市场发展不规范，高等教育机构数量增加的同时，质量却有所下降，民办高校数量急剧增加，高等教育机构数量与人口比处于世界前列。当前，蒙古国有 10 所高校的学生人数不到 100 人，有 15 所高校的学生人数不到 200 人。[1] 小型民办高校过度扩张，质量下降，与劳动力市场不兼容，给蒙古国的高等教育带来了负面影响。

（五）高等教育领域难以吸引专业人才

由于教师工资待遇较低，蒙古国高校很难吸引到优秀师资，高校行政管理人员也缺乏管理技能。[2] 当前，蒙古国教育部门逐渐建立法律环境，通过选拔、评比等举措奖励优秀教师，同时积极吸引海外归国人才。

二、应对措施

为继续推进高等教育改革，提高教育质量及国际竞争力，蒙古国主要采取加强政府监管、制定专业化发展框架、关注师资培养、支持发展研究型高校等举措，以促进高等教育稳定发展。

（一）加强政府监管，保障高等教育稳定发展

民办高等教育机构过度发展产生的系列问题表明，在蒙古国，仅靠市场调节无法监管高等教育，需要增加政府的参与和监管力度。2000 年以来，蒙古国在该领域的主要政策方向是提高高等教育的质量和竞争力，并使其

---

[1] 资料来源于全球教育伙伴关系组织官网。
[2] 资料来源于全球教育伙伴关系组织官网。

更接近国际标准。国家重视加强和规范高等教育系统，并进行了长达10年的政策调整，相继多次修订《教育法》和《高等教育法》，以"质量优先于数量"为目标，加强高等教育改革。

（二）提高教育质量，增强高等教育竞争力，根据国家需求培养专业人才

为满足国家经济发展需求，提高蒙古国的全球竞争力，高等教育不断推进改革。一是在教学质量方面，拟制定国家专业化框架，以确保国际一流的高等教育质量，提高高等院校的国际排名。二是在就业对接方面，为解决入学率较高而就业率相对较低、高等教育供过于求的问题，有必要根据国家和地方发展需要、根据劳动力市场需求来更新高等教育培养方案，完善教育目标和学习成果；结合对劳动力市场的研究、毕业生就业调查，对高等教育的专业、学校和课程大纲进行详细研究。三是支持非传统学习方式，特别是开发在线教学资源，拓展远程教学范围，使高等教育学习更加灵活，结合个人兴趣和需求的同时，也提升学生的就业技能和终身学习的能力。四是在专业配置方面，由国家统筹继续支持工程技术、自然科学、农牧业、教育和卫生等专业的人才培养，同时还支持第二学位的学习，并实施有针对性的培养计划。

（三）关注重点专业与师资培养，支持发展研究型高校

《2006—2015年蒙古国教育发展总体规划》为高等教育的质量和兼容性设定了以下目标：一是为主修工程与工程技术、自然科学、师范、农牧业和医学专业的学生，每4人中为3人提供国家教育基金学费贷款，为其他专业的学生，每4人中为1人提供国家教育基金学费贷款；二是将高等

教育教师在职培训费用每年增加8%，每年派遣100名教师赴国外进修；三是每年对高等教育的投资增加8%。从表6.6可以看到，国家财政在高等教育领域的支出逐年增长，同时占比相对比较稳定，约占教育总支出的10%左右。

表6.6 2015—2018年蒙古国国家财政在教育领域及高等教育领域的支出[1]

（单位：十亿图格里克）

年份	2015	2016	2017	2018
教育领域	978.5	1 147.6	1 112.2	1 305.8
高等教育领域	88.6	158.1	95.3	123.6
高等教育领域占比	9.1%	13.8%	8.6%	9.4%

从经费用途来看，公立学校教学经费所占份额高达70%—85%，学术研究与创新项目所占份额较少，应通过资金来源多元化支持高等院校向研究型机构转变。2016年，蒙古国再次修订的《高等教育法》增加了第12.2条规定："大学和学院可以利用知识和技术资源，以将研究成果引入生产和服务领域为目的，单独建立或与企业联合建立自己的教学—研究业务孵化中心和技术转让中心。"同时根据《高等教育法》第12.3条，高等院校可以设立以教学科研为目的的各类基金，如根据用人单位需求建立学生培训基金、设立教学与研发支持基金、奖学金、应急基金、投资基金、特殊用途基金等，以提高高等院校的教学科研能力。

（四）继续加大教育资金投入，维护教育公平，增加牧民子女入学机会

为实现教育公平，蒙古国政府使用财政拨款、奖学金等方式，支持有

---

[1] 资料来源于《2019年蒙古国教育年鉴》。

天赋的学生、扩大特殊教育服务。自 2011 年 1 月 1 日起，政府开始承担大学生学费的一半额度。此外，政府还动用国家培训基金，向有志于出国深造的大学生和公务员提供助学贷款和无偿资助。这既减轻了学生家庭的经济负担，也提高了蒙古国高等教育的竞争力，为未来经济发展提供了人才保障。

自 2006 年以来，教育科学部陆续出台决议，将高等教育入学考试总分升至 800 分，而此前的高校录取分数线为 400—450 分。2018 年，教育科学部提出，考虑到入学者的素质及劳动力市场的需求，无论何种所有制形式的高校都将提高牧区学校的入学率，并将牧区学生录取分数线设定为 420 分，低于城市分数线（460 分）。这一举措提高了牧区的整体入学率，有利于使牧区学生所学专业与当地劳动力市场保持一致，使牧区学生的素质达到与城市学生相同水平，以提高牧区毕业生的竞争力。这些都是蒙古国教育部门长期努力的方向。

2018—2019 学年蒙古国高等教育录取人数按学历占比见图 6.8。

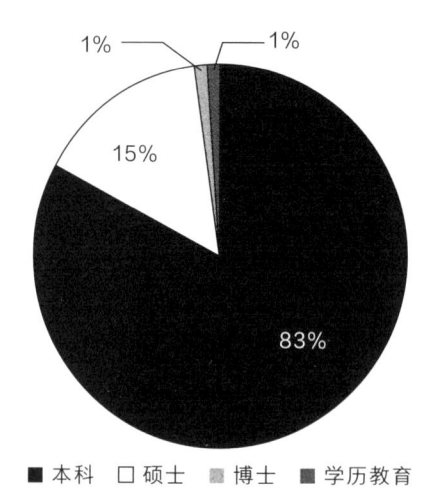

图 6.8 2018—2019 学年蒙古国高等教育录取人数按学历占比

（五）关注性别比例平衡问题

蒙古国《教育法》规定："不得基于种族、语言、年龄、性别、社会出身、地位、财富、职业、职位、宗教或见解而歧视公民；确保用母语学习机会均等。"因此，高等教育奉行非歧视原则，禁止性别歧视。值得注意的是，蒙古国女性受教育机会并不低于男性，且在各级教育中占人数优势，受教育的水平越高，女性比例就越高。

2006—2019年蒙古国高校女性占比见图6.9。

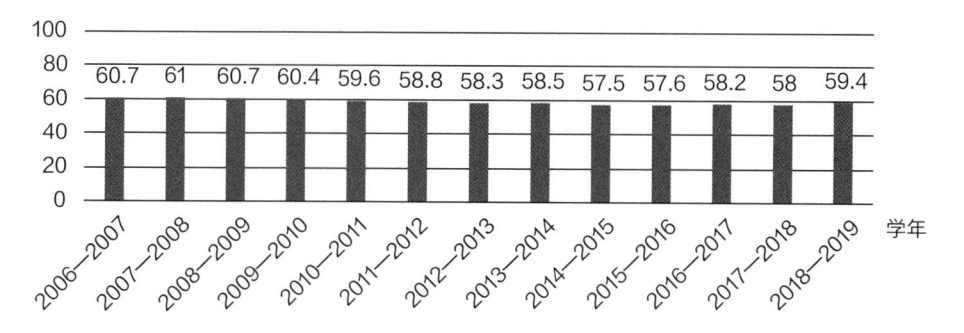

图6.9 2006—2019年蒙古国高校女性占比（单位：%）[1]

2017—2018学年蒙古国高等教育不同学历性别比见表6.7。

表6.7 2017—2018学年蒙古国高等教育不同学历性别比[2]

	学历教育	本科	硕士	博士
男性	62.2%	40.6%	36.8%	38.2%
女性	37.8%	59.4%	63.2%	61.8%

---

[1] 资料来源于《2019年蒙古国教育年鉴》。
[2] 资料来源于《2019年蒙古国教育年鉴》。

2017—2018学年，本科毕业生中男性占 40.6%，女性占 59.4%，性别差异指数为 1.46，即每 100 名男性毕业生对应 146 名女性毕业生，而硕士、博士生中，女性占比均超过 60%。根据教育科学部 2019 年《高等教育法律和政策文件中的性别分析》年度报告，188 个本科教学专业有 42% 招收女性，27% 招收男性，另有 31% 不限性别招生。蒙古国高等教育关注性别比例问题，为打破就业性别刻板印象，一些高校采取相关举措以平衡性别比，如蒙德矿业科技大学要求女性录取占比不得低于 30%，而同时，蒙古国立教育大学在招收自然科学、数学、学前教育和小学教育专业学生过程中，为吸引更多男性报名，实施了奖学金政策。

第七章 职业教育

第一节 职业教育的发展和现状

一、职业教育的发展脉络

根据蒙古国《职业教育与培训法》，职业教育与培训是指让受教育者根据特定职业或生产劳动的需要，通过组织培训，获得职业或生产劳动所需要的知识、技能以及职业道德的教育，是公民获得劳动技能的重要途径。[1] 公民可以通过职业教育阶段的学习，掌握一定职业技能，获得在社会上生存和发展的空间，并有机会进行更专业的进阶学习。蒙古国的职业教育由劳动和社会保障部负责，有明确的教育等级序列。职业教育是蒙古国教育发展历程中历史最悠久的教育类型。

（一）1921—1990 年的职业教育

20 世纪 20 年代初，蒙古陆续成立电话电报员培训班、洗毛车间工人培

---

[1] 资料来源于蒙古国法律信息网。

训班、兽医学校等机构，对劳动力进行简单的职业技能培训。随着工业和服务业的发展，第一批职业工人开始接受培训。20世纪60年代，蒙古人民共和国正式建立职业教育体系。1961—1976年，由部长会议下属的国家高等、特殊、中等技术职业委员会开展部委间的协调工作，校企合作的效率也得以提高。1982年，人民教育部下设职业学院管理总局。1960—1990年，蒙古的职业培训体系全面发展，职业教育机构数量达到46家，培养了全国60%以上的生产和服务人员，为国家发展做出实质贡献。但1990年后，由于国家内外环境的变化，职业教育部门经历了社会变革和市场转型。1990年，职业学院管理总局解散，职业技术学院改为各部委各省管理，职业教育的发展失去了国家统一政策的支持。

（二）1990年以来职业教育的政策法律环境

20世纪90年代开始，蒙古国内外环境发生巨变，国家由计划经济逐渐向市场经济过渡，由政府主导的职业教育体系不能满足市场对劳动力多元化的需求，职业教育在课程内容和培训设备等方面都有待更新和提升。1990年，蒙古国家职业学院管理总局解散后，职业教育转为由教育部门直接负责。到2000年，蒙古国教育科学部成立职业教育中心，专门负责职业教育。2009年，蒙古国成立全国职业教育和培训理事会，负责职业教育政策的具体执行，开始建立符合国际标准的职业教育体系，其工作重点也开始向能力培养和评估方向过渡。2012年，蒙古国劳动和社会保障部成立职业教育培训政策实施协调司，将职业教育和培训与增加就业相联系，旨在提高公民就业能力。在蒙古国，职业教育的优先方向是通过培训职业技术人才发展专业技能，以促进就业、减少贫困。对此，国家一系列发展政策文件对职业教育均有明确的指导方针和举措。梳理1992年以来蒙古国历届政府的执政纲领，可以发现蒙古国不断加强对职业教育的投入和指导（见表7.1），职业教育的发展也从扩大培训行业范围、提高教育质量、规范教育机构和认证管理体系等内容逐渐向信息化、科技化、市场化、培养学生的职业素养和道德素养方向发展，使职业教育与国家经济发展需要密切结合。

表 7.1 1992 年至今蒙古国历届政府执政纲领中对职业教育的指导方针

政府执政年份	指导方针
1992—1996	加强职业技术教育培训的连续性和相关性，完善管理和组织体系与结构；确保教育、科学和工业一体化；扩大培训行业的范围；通过毕业凭证、证书规范教育机构的培训，提高毕业生的就业竞争力。
1996—2000	调整职业技术教育培训专业以适应社会需求，增加学生人数，提高教育质量；初级与中级职业学校学生免交学费。
2000—2004	提高职业技术教育机构认证程序的质量；培训特殊专业人才；完善职业技术教育培训指导方针与行动。
2004—2008	更新职业教育的内容和标准，改善学习环境；将职业培训和生产中心计算机化并连接到网络；支持为学生建宿舍和校园，支持以大学城形式建立大学、职业培训和生产中心。
2008—2012	提高职业技术教育与培训的质量和普及性；为职业技术教育培训提供现代化的培训基地和实验室；全面发展劳动力市场体系，根据市场需求培训员工，建立发展技能和实习体系；使职业技术教育培训学生数量增加 3 倍，支持以企业工厂为支撑的专业体系。
2012—2016	建立与职业技术教育培训直接关联的工作岗位系统；使职业技术教育培训的活动与劳动力市场的供求相协调；根据雇主的合同和订单进行招聘，创造条件为毕业生提供工作；在不减少学生奖学金的情况下支持学生的学习兴趣。
2016—2020	实施一项全面的政策，使学生掌握生活技能，发展良好的沟通技巧，尊重他人，承担责任，守信；为学生发放 7.02 万图格里克奖学金；开发培训职业技术工作系统以满足劳动力需要的技能和资格要求；为职业技术教育培训与私营部门合作创造条件。
2020—2024	根据国家重大建设项目以及国家和地方发展目标，使职业技术教育培训多样化发展，充分满足劳动力市场需求；建立职业教育培训与实习新基地，并实现财务独立。

在国家发展政策纲领方面，《蒙古国 2030 年可持续发展目标》《2014—2024 年蒙古国国家教育政策》《政府就业政策》《2010—2021 年教育基本纲要》《2016—2022 年国家技术与职业教育发展规划》《"培养有专业技能、有收入、有成绩的蒙古人"国家纲要》《职业教育师资发展纲要》等文件均对职业教育提出了目标和具体指导意见。[1]《蒙古国 2030 年可持续发展目标》指出，要"根据发展重点改善职业教育和培训体系，为学生提供高级专业技能培训"。在此框架下，国家将以降低贫困率为目标，继续发展职业教育、创造就业条件；增加职业教育覆盖人数并扩大师资队伍，至 2030 年，为国家培养一支掌握高级技能的劳动力队伍，充分满足国家劳动力需求。在此期间，职业教育将侧重发展以下内容：第一，基于社会需求，建立职业技术培训体系，扩大私营部门的参与；第二，使职业技术教育培训与劳动力市场需求和发展目标保持一致；第三，开展基于职业技术能力的培训和评估系统，给予职业指导，更新培训标准和课程，充分满足雇主需求；第四，提升师资水平，提高职业技术教育与培训和科技专科学校毕业生的专业技能培养，将毕业生技能与工作实践密切结合；第五，提高工业实习培训的质量，使基地和实验室符合现代产业要求；第六，发展职业教育多元化融资模式。未来，在以提高职业教育教师与管理者技能为目标的"专业员工"政策框架下，蒙古国每年将至少为 2 万名年轻人提供职业教育和技能培训机会，并采取相关措施，使高等院校和职业院校毕业生能够租赁设备及获得小额贷款。

在职业教育的法律环境方面，2002 年以前，蒙古国职业教育相关法律包含在《教育法》和《高等教育法》之中。2002 年，蒙古国颁布第一部《职业教育与培训法》，并分别于 2009 年、2016 年修订。截至目前，蒙古国关于职业教育所适用的主要法律法规包括《职业教育与培训法》《教育法》《高等教育法》《劳动法》《促进就业法》《商业许可法》《预算法》《发展政

---

[1] 资料来源于蒙古国外交部官网、蒙古国法律信息网及蒙古国教师发展学院官网。

策与规划法》以及其他相关法律。2009 年，蒙古国通过《关于建立代理机构的决议》，成立了由政府主导的全国职业教育和培训理事会。[1]2011 年，蒙古国政府通过《关于批准职业教育和培训支持基金的成立、支付与监督的条例的决定》，同年又通过《关于在职业教育和培训方面应采取的一些措施的决定》，涉及行业发展战略、师资培训、提高专业化水平、增加私营部门的参与度和问责制、升级预算系统等内容。[2]2012 年，蒙古国政府通过第 94 号政府决议《关于批准职业教育学生平均费用的规范》，确定了每位职业教育学生的平均费用标准。[3]2016 年，蒙古国政府先后通过《国家职业教育培训理事会章程》《2016—2022 年国家职业技术教育发展计划》《关于建立职业教育与培训评估中心》的决议。[4]2017 年，蒙古国政府批准《成立国家职业教育和培训理事会》的决议。[5] 从以上诸多政府决议可以得知，蒙古国不断加强职业教育的法律环境建设，努力深化职业教育机构改革，培训专业化劳动技能型人才，为满足市场需求，实现教育与社会实践多元化衔接提供了法律保障。

二、职业教育的普及与现状

在蒙古国，职业教育培训机构类型包括中等职业教育学院、高等职业教育学院、高等院校与隶属于工厂的培训中心。联合国教科文组织职教中心数据显示，截至 2020 年 6 月，蒙古国共有职业教育培训机构 80 所（见表 7.2），职业教育培训机构在校生总人数为 40 011 人。这些职业教育机构覆盖建筑、

---

[1] 资料来源于蒙古国法律信息网及蒙古国家大呼拉尔委员网。
[2] 资料来源于蒙古国法律信息网。
[3] 资料来源于蒙古国法律信息网。
[4] 资料来源于蒙古国法律信息网。
[5] 资料来源于蒙古国法律信息网。

道路建设、采矿、金融、商业贸易和城市发展等15个领域的192个专业，平均每年培训并向劳动力市场输送职业技术人才近2万人。[1]

表 7.2 2020 年 6 月蒙古国职业教育培训机构数量[2]

机构类型	教育等级	负责部门	机构数量（所）
中等职业教育学院	高中及通识教育证书	劳动和社会保障部	41
高等职业教育学院	中等以上非高等教育	劳动和社会保障部	22
高等院校和工厂培训中心	能力证书	劳动和社会保障部	17

2005—2019 年蒙古国职业教育培训机构数量变化情况见图 7.1。

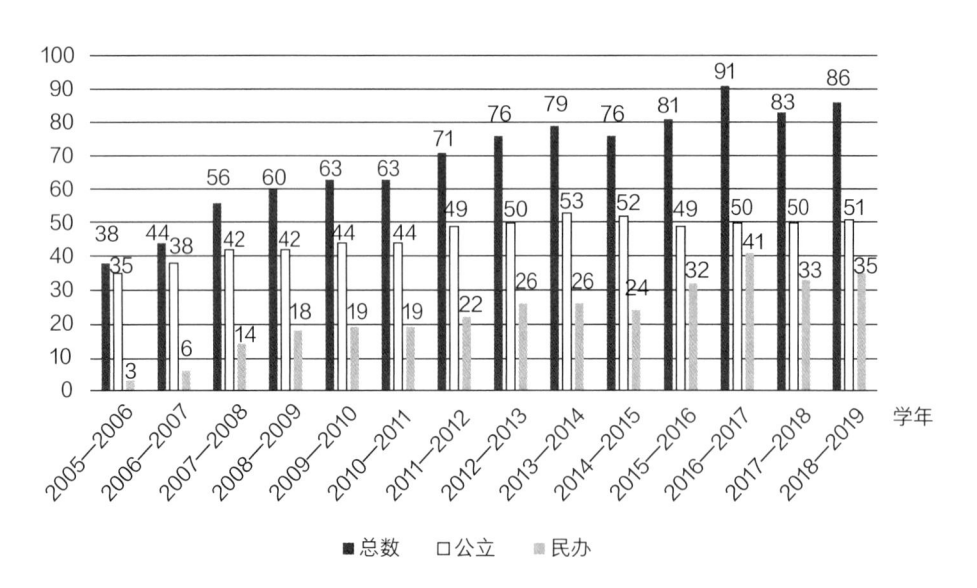

图 7.1 2005—2019 年蒙古国职业教育培训机构数量变化情况（单位：所）[3]

---

[1] 资料来源于《2019 年蒙古国教育年鉴》。
[2] 资料来源于联合国教科文组织官网。
[3] 资料来源于《2019 年蒙古国教育年鉴》。

可以看到，近20年来蒙古国民办培训机构数量稳步上升，在职业教育培训中所占比例日益增加。从培训类型上划分，蒙古国职业教育机构的类型包括科技专科学校、职业培训生产中心、短期培训中心、隶属于工厂的培训中心、劳动就业培训中心、劳动就业教育中心、特殊需要教育培训机构等。从培训等级上划分，蒙古国职业教育机构可以接收初中毕业生（9年级毕业生）和高中毕业生（12年级毕业生），录取没有年龄、性别、宗教信仰和民族上的限制。培训内容中70%—80%为实习，20%—30%为理论学习，即在职业教育中，实习实践占主导地位，以能力培养为主要目标。

蒙古国职业教育还有正规教育与非正规教育之分。2016年，蒙古国成立职业教育培训评估中心，所有参加正规或非正规培训的学员都可以接受国家职业教育培训评估中心的水平认证测试。其中正规教育系统包括三种类型，如表7.3所示。

表7.3 蒙古国正规职业教育类型[1]

类型	学习年限	入学要求	授课机构	水平认证
中等以上职业教育	2.5年	初中毕业	中等职业教育学校	同时获得职业教育和普通高中教育证书。
	1年	初中毕业	中等职业教育学校	1年的职业教育培训是一种灵活的培训计划，它根据雇主的需求和特定职业的特点招收成人和初中毕业生。

---

[1] 资料来源于联合国教科文组织官网。

续表

类型	学习年限	入学要求	授课机构	水平认证
中等以上非高等教育	1.5—3 年	高中毕业或拥有高等专科学历	科技专科学校	1. 进行 1 年职业培训可获得专业证书。 2. 进行 1—2.5 年职业教育培训可获得职业教育证书、完全中等教育证书。 3. 进行 3 年技术教育培训可获得职业技术文凭。 4. 在科技专科学校学习 1.5 年，可以获得教育技术文凭，如果从科技专科学校转入高等院校学习 2—3 年，还可以获得本科学士学位。

非正规职业教育指短期（最长 3 个月）技能培训，这一类教育与国家倡导的终身教育改革理念契合，即非正规技能培训应整合到终身学习系统中，以将蒙古国打造为基于技能的知识型社会。2018 年，蒙古国劳动和社会保障部建立了短期职业培训机构注册程序，非正规培训机构注册必须满足相应要求并确保培训质量。截至 2020 年 6 月，蒙古国已有逾 2 000 家培训实体注册。根据劳动和社会保障部 2020 年的数据，在蒙古国需求最大的 5 个职业教育行业是厨师、汽车维修、焊接、纺织缝制和建筑工作。短期职业培训通常为满足寻求新技能的失业者和就业不足者的需求而量身定制。

从学生人数来看（见图 7.2），受经济危机、基础教育十年制改革等多重因素影响，蒙古国接受职业教育的学生数量一度有所下降，但自 2017 年开始有所回升，这与基础教育制度改革顺利完成、经济发展、企业复苏及政府与职业技术教育培训机构所采取的具体措施有关。从性别比例来看，职业教育中女性的参与比例较低，这与国家重点发展采矿、交通运输、建筑业等行业相关，而女性在这些行业常受到不公平对待。

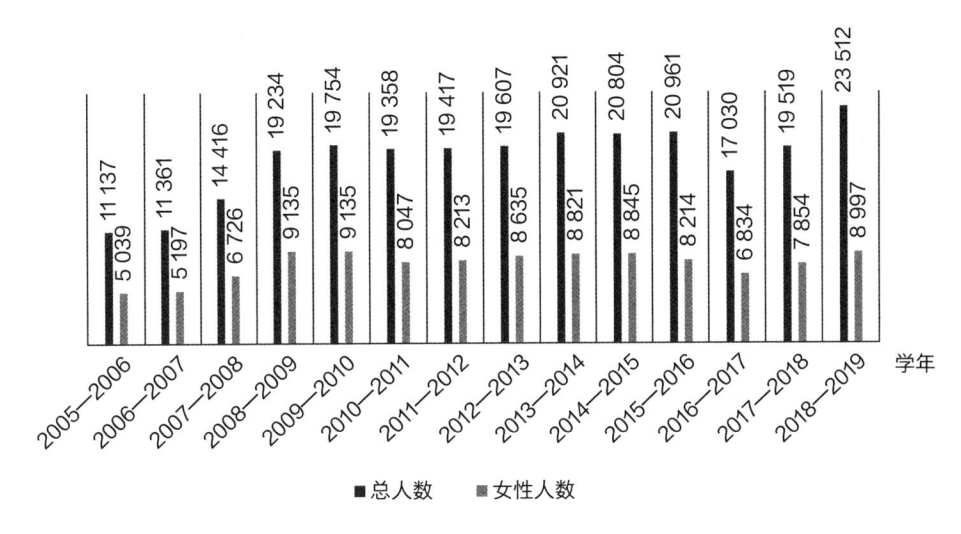

学年	总人数	女性人数
2005—2006	11 137	5 039
2006—2007	11 361	5 197
2007—2008	14 416	6 726
2008—2009	19 234	9 135
2009—2010	19 754	9 135
2010—2011	19 358	8 047
2011—2012	19 417	8 213
2012—2013	19 607	8 635
2013—2014	20 921	8 821
2014—2015	20 804	8 845
2015—2016	20 961	8 214
2016—2017	17 030	6 834
2017—2018	19 519	7 854
2018—2019	23 512	8 997

图 7.2 2005—2019 年蒙古国职业教育院校入学人数和女性人数（单位：人）[1]

三、职业教育的资金来源

蒙古国《职业教育与培训法》为职业技术教育与培训多元筹资模式提供了法律依据。2011 年，政府通过第 117 号决议《职业教育和培训支持基金的成立、支付与监督条例》，为《职业教育与培训法》落实多元筹资模式创造了基本条件。在蒙古国，职业教育的所有资金都由职业教育和培训支持基金统一支出，政府负责监管调配，职业教育和培训支持基金的预算方案必须由职业教育和培训评估委员会批准通过。

蒙古国职业教育资金有四大来源：一是国家财政公共资金，即国家预算、地方政府预算、政府委托项目资金、职业教育培训机构自主收入（学费）等；二是从私营部门征收的外国劳工税；三是来自多边组织和双边发展机构的国际发展援助；四是来自国内外企业、机构、非政府组织和个人

---

[1] 资料来源于《2019 年蒙古国教育年鉴》。

的援助、捐赠，以及某些领域的财务支持。但职业教育最主要的资金来源是国家公共财政。2014年数据显示，职业教育总资金中超过95.0%来自国家预算。2016年，蒙古国职业技术教育与培训部门支出资金总额约为4 000万美元，其中大部分用于培训设施和设备的翻新、教职员工和管理人员的能力发展、社会伙伴关系的维护、培训课程和内容的升级等。

国家大呼拉尔、首都公民议会、地方议会通过预算方案，企业与机构按季度对职业教育和培训支持基金提供财政支持，基金资产应存放在国库中，经财政部审批方可存放于商业账户。国家职业教育和培训评估委员会、负责教育与劳动问题的中央行政机关（财政部、劳动和社会保障部）将资金划拨予职业教育机构，并进行资金监管；提供资金支持的企业和机构也具有监管的权力。从资金的支出与使用来看，蒙古国所有公立职业教育培训机构均可以从劳动和社会保障部获得运营和成本资金，包括学生宿舍费用支持；同时，无论公私所有制形式，职业院校各专业应根据其成本，对每名学生提供经常性费用支持及奖学金。

四、职业教育的管理体系与师资情况

当前，蒙古国职业教育的最高管理机构为政府下设的全国职业教育和培训理事会。《职业技术教育与培训法》规定，"理事会对职业教育和培训实施最高管理"，其中包括：公立与民办职业教育院校应执行理事会制定的决策；理事会批准全国职业教育和培训的预算资金；理事会通过职业技术教育培训支持基金，对财务和资本管理进行参与、监督与问责；理事会应确保人员培训部门的可持续性。在全国职业教育和培训理事会的直接领导下，劳动和社会保障部负责职业教育和培训政策的执行与协调，其下设评估与信息中心，对全国各区域进行统筹管理。为职业教育机构提供支持和指导，组织培训活动、培训职业教育领域专业人员与教师发展等。与此同时，全国雇主联合会、蒙古国工商协会作为非政府组织，与劳动和社会保障部直接对接，对接产业以采矿和重工业、建筑业、交通运输业、食品农牧业、能源产业为主。全国雇主联合会是独立的非政府组织，主要向其成员单位提供与企业合作有关的各类信息和咨询服务，在职业教育中发挥重要作用，也是国际雇主组织的成员单位。蒙古国工商协会成立于1927年，前身是蒙古人民共和国工会，其主要职责是建立解决争端机制，保护劳工利益，为其成员提供法律咨询服务。

截至2018—2019学年，蒙古国共有职业教育领域教师2 469名、工作人员2 155名。[1] 国家职业技术教育培训的内容、方法和师资储备，主要由劳动和社会保障部、地区方法中心和职业教育培训机构共同负责。2009年，蒙古国职业技术教育培训以能力教育为核心培训目标，以国家职业分类与定义为基础，制定并开始实施"能力教育培训计划"。劳动和社会保障部、地区方法中心、职业教育培训相关机构共同参与培训内容的制定和师资培养规划，包括：制定并遵循"职业指南"（由全国雇主联合会、国际援助机构共同参与）；更新职业教育培训标准和课程；制定并执行实习培训计划；开展教师能力培训，在培训中采用积极的教学方法；通过工业实习对人才进行培养；建立质量保证体系（颁发许可、认证、外部评估结果、证书等）。地区方法中心负责进行教学培训，包括144小时的理论学习和6个月的在职培训。信息和通信技术的技术技能培训已嵌入到职业技术教育与培训的教师培训中，其中包括信息通信技术、电子课程开发技术。大约有70%的职业教育培训学校实施"能力教育培训计划"。

目前在国家层面，蒙古国尚未出台职业教育教师资格统一专业认证标准，职业教育的师资来源主要为职业教育机构的毕业生、工程师或技术人

---

[1] 资料来源于《2019年蒙古国教育年鉴》。

才。近年来，在国际合作发展伙伴的支持下，蒙古国职业教育师资储备不断扩大，在职业教育课程内容设计以及师资培养方面，获得了德国、澳大利亚、新加坡等国家的经验输出以及项目支持。2017年，蒙古国在国际合作项目的支持下，共对273名职业教育从业人员进行了师资培训，同时有123名工业培训师、76名评估师、1 629名各行业培训师、650名高级官员等都接受了技能提升培训。2018年1—5月，在国际援助支持下，蒙古国对2 100名教师和管理人员进行了再培训，职业教育培训"教师发展计划"也已获批准并开始实施。同时，通过奥尤陶勒盖国际矿业公司资助的职业培训项目，蒙古国已有200多名职业教育教师获得澳大利亚职业教育认证。

五、职业教育的质量评估与认证

2009年的《职业技术教育与培训法》根据培训内容分别定义了"职业培训""职业教育"和"技术教育"的概念。"职业"是指从事特定工作或劳动所需要的知识、技能和实践。"职业培训"是指根据特定工作或劳动的需要，提供并改善再培训实践，发展劳动和沟通文化的商业活动。"职业教育培训"是指根据特定职业或生产劳动的需要，通过组织培训，让受教育者获得或提升专业知识、技能以及职业道德的教育类型。"技术教育"是指根据技术活动的执行和管理需要，通过有组织的培训，获得生产、技术、工艺等专业知识、技能，以及职业道德的教育类型。因此，对应不同的概念，蒙古国有不同的职业教育质量认证等级。目前，蒙古国正在依据国际惯例开发建设职业教育质量评估与认同系统，其职业教育质量认证共有6个等级，见表7.4。

表 7.4 蒙古国职业教育质量认证等级 [1]

等级	职业教育质量认证
1—2 级	为期 1 年的职业培训（能力培训）
	为期 1 年的职业培训（在职培训）
3—4 级	为期 1 年的职业教育（能力培训）
	为期 2.5—3 年的职业教育（持有职业教育证书和普通中等教育证书者）
5—6 级	为期 1.5 年的技术教育（持有职业教育证书者）
	为期 3 年的技术教育（持有普通中等教育证书者）

职业教育的质量评估与认证，对提升教师技能和学生的专业技能有积极影响。蒙古国职业教育质量评估与认证程序如下：一是职业教育机构应获得从业许可，即由负责职业教育培训的国家管理机构签发职业教育培训活动许可证，获得许可后，管理部门将对培训机构进行定期评估，以确保教育机构满足许可证的条件与要求；二是职业技术教育培训机构应满足《职业教育机构认证的标准和要求》和《课程认证的标准和要求》，目前有越来越多的职业教育机构参与认证；三是课程大纲专业资格认证，为确保职业教育培训活动的质量，蒙古国开始课程大纲专业资格认证工作，作为职业教育的重要一环，目的在于使毕业生通过认证更加符合用人单位需求；四是教学活动评估，蒙古国不断改进基于能力的职业教育培训评估体系，评估教学活动中的教师能力、学生的学习兴趣、参与度以及学习方法，这也是积极适应劳动力市场及雇主需求的体现；五是文凭认证，该环节以前由职业教育培训机构自行认证，自 2016 年职业教育培训评估中心成立，又改为由劳动和社会保障部和职业教育培训评估中心共同认证。这一系列政策方针和认证程序，为蒙古国职业教育的发展提供了质量保障机制。

---

[1] 资料来源于联合国教科文组织官网。

蒙古国职业教育认证的衡量标准包括国际认证、国家认证、职业教育培训评估中心认证、毕业生就业率等四大指标。在国际认证层面，蒙古国建筑科技专科学校成绩突出，于 2009 年、2012 年先后获得国际认证铜牌。自乌兰巴托建筑职业技术学院于 2009 年获得亚太认可合作组织的认证以来，蒙古国现已有 4 所职业技术学院获得认证。在国家认证层面，主要由全国教育认证委员会负责认证。2005 年至今，全国教育认证委员会已为 12 所职业教育培训院校认证一次，为 5 所职业教育培训院校认证两次，还认证了国立医科大学下属卫生技术学院 4 份教学大纲，工业工艺学院 3 份教学大纲。在职业教育培训评估中心层面，该中心主要履行毕业生专业水平认证以及授予学位等职能。

从就业率来看，2017—2019 年，蒙古国职业教育培训院校年均毕业生约 1.95 万人，其中 46%—50% 的学生在一年内可以获得稳定工作岗位，8%—10% 进入高等院校继续学习深造。这意味着平均每年有 54%—60% 的毕业生能够就业或继续深造，这一比例高于高等院校毕业生情况。2018 年，劳动和社会保障部调查数据显示，职业教育培训机构毕业生就业率为 62.3%，其中以本专业从事就业的职业教育培训机构毕业生为 53.0%，未就业者为 16.8%，低就业意愿者占 20.9%。

调查显示，2017—2018 年，卫生、能源、交通运输、采矿、建筑、工业和文化艺术领域的毕业生就业率相对较高，而信息技术、金融等专业的劳动力市场需求较低，毕业生的竞争力与就业率受到影响（见图 7.3）。

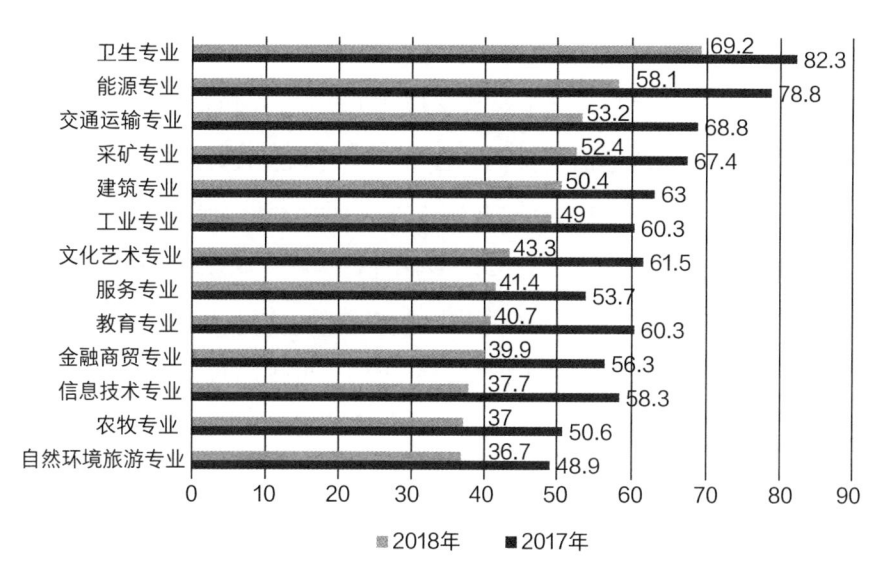

专业	2018年	2017年
卫生专业	69.2	82.3
能源专业	58.1	78.8
交通运输专业	53.2	68.8
采矿专业	52.4	67.4
建筑专业	50.4	63
工业专业	49	60.3
文化艺术专业	43.3	61.5
服务专业	41.4	53.7
教育专业	40.7	60.3
金融商贸专业	39.9	56.3
信息技术专业	37.7	58.3
农牧专业	37	50.6
自然环境旅游专业	36.7	48.9

图 7.3 2017—2018 年职业教育培训院校毕业生按专业就业率（单位：%）[1]

第二节 职业教育的特点和经验

一、职业教育的特点

（一）立足国家发展需要，调整职业教育人才培养方向

蒙古国高度重视职业教育和就业培训，学生初中毕业后即可参加职业教育，所设立的相关专业也多为劳动技术型专业。这与蒙古国经济发展、市场需求以及国家奉行对外开放的经济外交理念密切相关。畜牧业是蒙古国传统经济产业，同时由于国家实施"矿业兴国"战略，采矿与能源、建筑、交通、医疗卫生等行业都是立足于当地社会需求的重点行业，

[1] 资料来源于《2019 年蒙古国教育年鉴》。

特别是采矿业、交通运输与基础设施相关的领域,需要大量拥有国际化、专业化水平的劳动技术型人才。在教学模式上,蒙古国的职业教育普遍采取"车间+教室"和"理论+实践"合二为一的职业教育形式,正如前文所说,实践与实习占培训内容的70%—80%,而理论学习只占20%—30%。学生可以根据兴趣爱好,选择1—2个专业进行学习。职业教育的发展,有利于改变蒙古国单一的传统游牧生产生活方式,为牧民子女提供更广阔的就业发展空间,甚至可以为蒙古国公民赴中国、韩国、日本等国输出劳务打下基础。

(二)充分吸收国际援助与经验

国际援助也是推动蒙古国职业教育发展的重要力量。20世纪90年代以来,蒙古国职业教育逐步向市场经济转变,由国家宏观调控逐步向满足劳动力市场需求过渡。2008—2013年,美国"千年挑战基金"项目开始参与推动职业教育的发展,援助资金为4 932.27万美元。[1]援助项目包括政策与改革框架体系、课程更新、建立劳动力市场信息系统、提供先进设备等,该项目共支持12 000名学生,共安装和升级了54个技术实验室,使106个实践培训场所实现现代化。此外,"发展伙伴资金"也做出切实贡献。发展伙伴资金是国际合作方为蒙古国在教育领域提供的教育资金,合作方包括亚洲开发银行,德国国际合作机构,联合国人口与儿童基金会,欧盟、韩国国际合作署,瑞士合作发展署,印度、新加坡、澳大利亚外资贸易部,奥尤陶勒盖铜金矿公司等。目前,德国国际合作机构已经在蒙古国实施了一项部门技能发展项目;世界银行帮助蒙古国建立了"教育捐赠者咨询机制",项目由亚行和日本国际协力机构共同主持。近年来,亚行和奥尤陶勒

---

[1] 资料来源于美国"千年挑战基金"项目官网。

盖铜金矿公司在蒙古国职业教育培训领域投资最多。截至 2015 年，包括奥尤陶勒盖铜金矿公司投入的无偿援助及贷款，"发展伙伴资金"共向蒙古国职业教育领域投入 2.67 亿美元。

2019 年，联合国教科文组织在蒙古国主办了"为可持续发展提供优质的职业教育论坛"，旨在审查和讨论蒙古国职业技术教育与培训部门政策、监管框架、战略计划以及全球优先领域和框架。在国际组织与机构的援助下，蒙古国职业教育不断向前发展。

二、发展职业教育的相关经验

（一）由国家主导和多方参与相结合

在蒙古国，职业教育形成了由全国职业教育和培训理事会、劳动和社会保障部、全国雇主联合会、蒙古国工商协会共同负责管理，企业参与并监督的管理模式。全国职业教育和培训理事会属于国家层面的统筹管理，劳动和社会保障部负责职业教育发展战略的制定、执行和监督，而全国雇主联合会、蒙古国工商协会的共同参与则实现了由政府和工商界代表组成的公私混合型管理方式。此外，在职业教育课程内容改革方面，劳动和社会保障部与地区方法中心、职业教育培训机构、全国雇主联合会、国际援助机构共同参与课程改革，包括职业教育人才培养与师资培养，国家主导与多方参与相结合，保障了蒙古国职业教育的质量与发展活力，使职业教育更加贴近劳动力市场需求。

（二）资金来源向多元化转变

20世纪90年代以来，蒙古国职业教育的资金来源由单一的政府出资模式，逐渐向多元融资渠道转变。资金来源除国家预算外，还包括国内外机构、私营部门的援助和捐赠。虽然职业教育发展资金主要以国家公共财政为主，并监管严格，但资金来源多元化已经成为该领域的发展趋势。一方面，国际援助资金在其中发挥重要作用；另一方面，结合国内劳动力市场和就业需求，政府着力为国内公民职业提升与就业创造条件。早在2001年，蒙古国就建立了就业促进基金，用于促进就业，包括对失业人员以及希望获得新技能或提高就业能力的人员进行短期技能培训。该基金的一半资金来自蒙古国雇主支付的用于雇佣外国劳工的款项。在蒙古国，雇佣外国劳工的雇主应向国家缴纳相关税款，而这部分税款被用于建设职业教育以及提升蒙古国公民就业能力的项目中。

第三节 职业教育的挑战和对策

一、职业教育面临的困难与挑战

蒙古国职业教育体系仍处于发展阶段，师资、设备、课程内容、认证体系等方面的发展仍然有较大空间。根据当前国情，仍需继续加强以下各方面的能力，使职业教育能够教授专业核心技术与技能，向市场输出专业熟练的劳动力。

（一）职业教育培训管理各部门协调不足

2012年以前，蒙古国职业教育培训体系相对不稳定，归属部门在教育部门、劳动社会保障部门之间频繁转移。同时受国家政权更迭影响，主管部门与领导经常更换，不利于职业教育的管理和长期稳定发展。当前，蒙古国的职业教育虽然由劳动和社会保障部负责，但职业教育的发展涉及教育部门、各领域各行业之间的协调合作，应完善职业教育管理机制，在劳动和社会保障部主要负责的基础上，由政府各相关部门通力合作，整合跨部门、跨行业的各类职业教育资源。

（二）法律落实不到位，缺乏公私伙伴关系合作机制

当前，《职业教育与培训法》尚未得到充分执行，缺乏稳定运作的机制，职业教育培训学校及其理事会无法根据法律法规充分行使其权力。同时，筹资系统尚不完善，职业技术教育培训支持基金未能提供足够的财务支持。仅靠政府和培训机构培训不出劳动力市场需求的熟练工人，主要企业实体和组织应定期在各阶段有成效、负责任地参与进来，丰富职业技术培训支持基金的资金来源。

（三）院校设备设施老化严重

职业教育培训院校的许多设备、建筑物、办公家具和固定装置已经使用多年，无法满足现代职业培训需求。虽然在美国"千年挑战基金"项目框架下的职业教育培训项目已投资超过3 000万美元，用于改善职业教育学习环境，但目前蒙古国49家公立职业技术教育培训机构中，只有28家院校改善了设备。如果按专业划分，在职业技术教育培训的193项专业培训计划

中，设备得到改善的占比不足10%。[1]

（四）招生与劳动力市场需求难相协调

从就业的角度来看，职业教育难以根据劳动力市场的普遍需求准确计划和组织招生。如建筑业需求大，但该专业毕业生就业率不高，主要原因在于所学技能与市场需求不匹配，同时也与雇主的责任感较低有关。调查结果表明，除了就业市场所需的专业技能外，职业教育培训机构毕业生的通用技能还不够，如团队合作能力、沟通能力、独立工作能力、效率、决策能力、口头表达能力、组织协调能力、解决问题能力、持续学习能力、适应变化能力等。除了为毕业生提供专业的理论知识，外语、计算机技能和文档处理技能的提升是培训机构面临的主要挑战，有必要丰富这一领域的培训计划。

（五）弱势群体与女性参与率不高

蒙古国《教育法》保障了公民受教育的权利，并规定了公民在接受教育时不受歧视的基本原则，即无论肤色、种族、公民身份、性别、宗教、是否残疾、社会地位或经济能力如何，每个公民都有平等的受教育权。同时《职业教育与培训法》规定："职业教育机构应根据公民的受教育程度、技能、需要和兴趣，对公民进行适当的培训。"

从对残疾人士的教育培训来看，在蒙古国，"国家康复、培训和生产中心"是唯一负责为残疾人士提供职业培训的机构，内容涵盖职业培训、初级和中级手语培训、为雇主提供与残疾人士合作的培训和咨询、家长与监护人的宣传培训、工作准备和就业等。然而残疾学生相对较少，根据2019

---

[1] 资料来源于《2019年蒙古国教育年鉴》。

年统计数据，蒙古国残疾人士总数达 107 075 人，其中就业人口 12 589 人，而在该中心接受培训的残疾人士只有 139 名，占就业人口总数的 1.1%，残疾人士职业教育尚未充分得到发展。根据国家康复、培训和生产中心的报告，2018—2019 学年参加培训的 139 名残疾人士主要在 10 个领域接受培训，具体内容包括厨艺、木工、手机维修、裁缝、针织、雕刻等，时长 1—2.5 年不等。其中，14—24 岁的儿童和年轻人超过 40%。

从性别比例来看，与学前教育、基础教育、高等教育等其他教育类型相比，参加职业教育的女性人数相对较少，并呈下降趋势（见图 7.4）。主要原因在于，近年来国家增加了对重点发展专业（如采矿、道路、建筑和农牧业）的招生人数，这些专业大部分为男性，蒙古国的劳动力市场以性别区分，劳动力市场对男性的需求较高，打破性别差异的就业机会有限，男女同工同酬仍然未能实现。

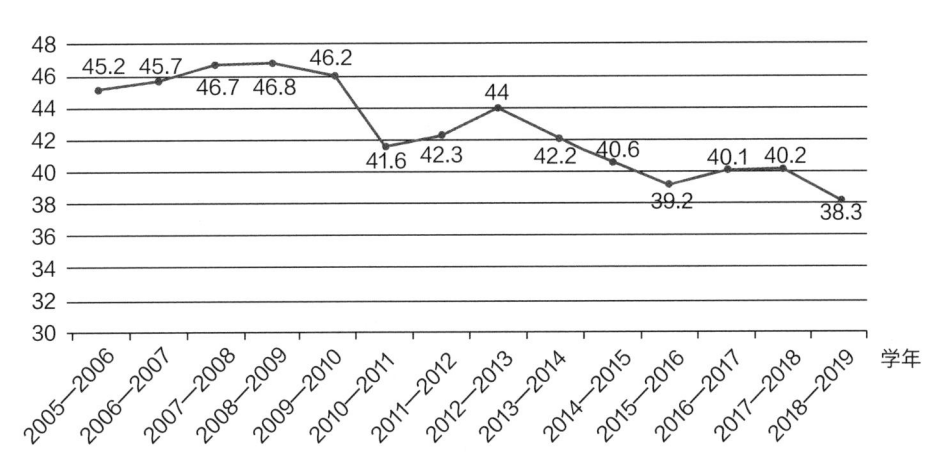

图 7.4 2005—2019 年蒙古国女性占职业教育学生比例（单位: %）[1]

---

[1] 资料来源于《2019 年蒙古国教育年鉴》。

二、应对措施

（一）设立全国职业教育和培训理事会，推动跨部门协调合作

2009年，蒙古国成立了由副总理担任主席的政府机构全国职业教育和培训理事会，这是一个跨部门的公共管理机构。由此，职业教育培训扩大了合作伙伴范围，全国和部门理事会的协调、管理与活动变得更加有效，培训技术工人领域的关键指标总体上有所改善。例如，过去四年里，在教育培训机构就读的学生人数有所增加，成年人比例已达到34.6%。2010—2011学年，几乎70%的职业培训生产中心和科技专科学校毕业生都实现了就业或升学，比2008年增加18.3%。由跨部门的公共管理机构来主导运营职业技术教育与培训学校，使蒙古国的职业教育有充分机会转向符合国际标准、更有效的管理体系。

（二）进一步推进职业教育机构改革，鼓励职业教育机构提高自主性

国家重视通过各类政策来提高职业技术教育培训学生的资金使用效率，尤其重视通过提供切实的活动及提高薪金等激励措施来增加从事专业生产工作的机会。在国家资金支持下，职业技术教育培训学校的自主权得以扩大。此外，鼓励公司对技术工人的培训进行投资，使他们切实参与国家对职业教育人才的培养；支持具备实力的企业机构管理层，使其能够在职业技术教育培训院校中以代表身份参与；推进校企合作，重新考虑制定职业教育培训标准及课程指南，为提高学生和教师能力提供更多方法上的支持，探索更加灵活的、符合市场和雇主需要的职业培训计划。

（三）采取措施维护残疾人士平等受教育权

2020年12月，蒙古国政府通过《关于全纳教育[1]的一些措施办法》决议草案，主要内容包括：修订有关残疾儿童平等入园、入学的立法，以及为因健康原因而无法上课的儿童提供流动教育服务和替代教育的相关立法；在大学、学院、职业培训中心规定每年录取残疾学生的最低人数，并由专职人员为残疾学生提供服务；开发网络学习培训，提高教师网络授课能力；提高为残疾人士提供教育服务的教师薪资待遇；2021—2023年，计划在所有教育机构均配备为残疾人士提供方便的公共服务设施。

---

[1] 全纳教育是一种容纳所有学生，反对歧视与排斥的教育理念。

第八章 成人教育

第一节 成人教育的发展和现状

一、成人教育的发展情况

1990年以前，蒙古人民共和国的教育形式只有公立教育或正规教育。1990年以来，随着所有制的变化，计划经济向市场经济转变，蒙古国开始了私有化进程，失业、辍学、文盲现象再度出现，全民教育需要以更灵活的方式开展，因此非正规的教育体系得以产生和发展。本章所指的成人教育，实指蒙古国包括成人教育在内的终身教育体系。1992年，因为牲畜私有化进程的开始，许多牧民子女辍学，蒙古国文盲率有所反复，非正规教育有助于缓解这一问题。1991年通过的《教育法》首次提出正规教育与非正规教育两种形式，同年，"继续教育体系理论基础的构成"工作组于蒙古教育研究所成立。1992年，蒙古国政府与联合国教科文组织联合实施"满足戈壁地区牧民妇女教育需求项目（1992—1997年）"，为非正规的教育培训形式奠定了基础。

1997年，政府第116号决议通过《1997—2004年非正规教育发展基本纲要》，将教育研究所下设的非正规教育处改为非正规教育中心，作为非正规教育发展基本纲要的领导与协调主管部门。同时非正规教育中心还与联合国教科文组织共同开展"学习生活"合作项目，通过远程广播教育，覆盖全国民众。不仅如此，远程广播教育还针对失业者、学生、青年、成人、妇女，提供了能够增加家庭收入、提高生活技能、服务小型商业活动等许多相关内容的教育培训服务，覆盖范围达 8 000 多户，3.4 万人，得到了联合国教科文组织的高度评价。

2002 年，蒙古国政府第 14 号决议通过《2002—2012 年远程教育基本纲要》，非正规教育中心又更名为国家非正规教育与远程教育中心。远程教育的宗旨是通过正规与非正规教育形式，以远程教育来提高教育的覆盖范围。2012 年，该机构再次更名为国家成人（终身）教育中心，隶属于教育科学部。2013 年，教育科学部通过第 242 号部长令，明确了成人教育的方针、原则、结构、管理部门。

综上所述，蒙古国成人教育的发展阶段可以划分为：萌芽与初步发展阶段（1992—2002 年）、以远程教育为主的非正规教育阶段（2002—2012 年）、独立发展阶段（2012 年至今）。

蒙古国《教育法》第 17.1 条规定，成人教育机构应该对各地区成人及非正规教育机构进行统一领导和政策协调，提供专业指导，并组织教师进修培训活动。在国家层面，隶属于教育科学部的国家成人（终身）教育中心有两大职能：一是为首都和各省教育部门以及当地的成人（终身）教育中心提供方法指导，管理首都和各省教育局成人（终身）教育中心、首都各区与地方各乡教育小组；二是设有教育评估中心教育研究所、教师专业进修机构、审核与认证委员会，在成人教育政策的制定过程中，向负责教育问题的国家机构提供信息，进行理论方法研究，并在国家层面组织实施。参与成人教育服务的各级组织的基本工作方针是消除文盲、改善人口教育水平，提供优质的教育服务并教授生活技能，增加收入，减少贫困。

二、成人教育的类型与普及

在国家层面，成人教育包括扫盲教育、同等学力教育，以及其他类型教育，如生活技能教育、家庭教育、公民教育、道德教育、美育等。

（一）扫盲教育

扫盲教育是2010年教育科学部部长令"基于生活技能的扫盲纲要"的具体实践，旨在帮助成年文盲脱盲，特别是提高少数民族成年人的识字水平；通过培训识字能力较弱的成年人阅读、书写和计算能力，提高他们的知识水平和技能；提供扫盲与生活技能培训，增加这一群体的家庭收入，改善其生活质量；通过提高成年人特别是偏远地区和各民族聚居地区的民众素养，以提高整体人口的识字水平。

1997—2018年蒙古国接受扫盲教育人数见图8.1。

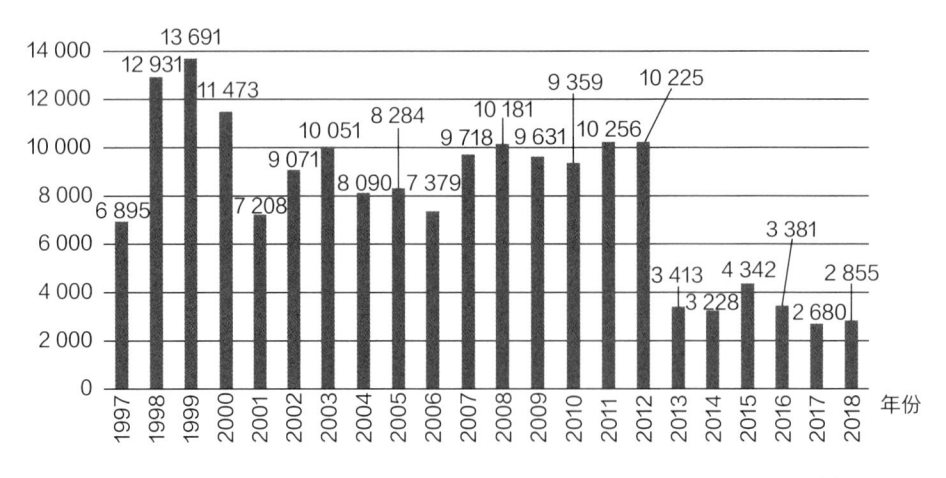

图8.1 1997—2018年蒙古国接受扫盲教育人数（单位：人）[1]

---

[1] 资料来源于《2019年蒙古国教育年鉴》。

1997—2018 年，蒙古国共有 174 342 人次参加了在各省、乡和首都的成人（终身）教育中心组织的扫盲培训。1997 年的学生人数为 6 895 人，并于 1999 年增加到 13 691 人，这是由当时的社会经济状况和非正规教育政策的实施所造成的，也从侧面反映出当时大批学生辍学的现象。

扫盲班的人数在 2000 年有所下降，而在实施《2004—2012 年国家扫盲教育计划》期间，入学人数再次增加，共有 83 123 人次参加了课堂和非课堂培训。该计划结束时，参加扫盲教育的学生数量从 2012 年的 10 225 人急剧下降至 2013 年的 3 413 人，这与人口识字率的不断提高导致培训需求减少有关。2018—2019 学年，蒙古国共有 2 602 人参加了扫盲培训，其中有 727 名残疾人士、191 名喇嘛和 236 名服刑人员，他们的识字能力得到了提高。根据 2020 年全国人口普查结果，蒙古国 15 岁以上人口的识字率达 98.7%，参加扫盲教育的人员大部分为成年人。

（二）同等学力教育

根据《非正规教育发展基本纲要》，国家为辍学儿童和青少年提供补偿性教育，同等学力教育已成为成人教育服务的重要组成部分。该方案为因某种原因辍学或从未接受学校教育的儿童和青年人提供第二次机会，在实现基础教育的全面覆盖方面发挥了重要作用。同等学力教育包括与小学、初中、高中教育完全相匹配的课程，并提供灵活的教育形式，根据学生的特点和需求，培养学生沟通、学习、研究、生活技能等综合能力。

1997—2018 年蒙古国同等学力教育覆盖人数情况见图 8.2。

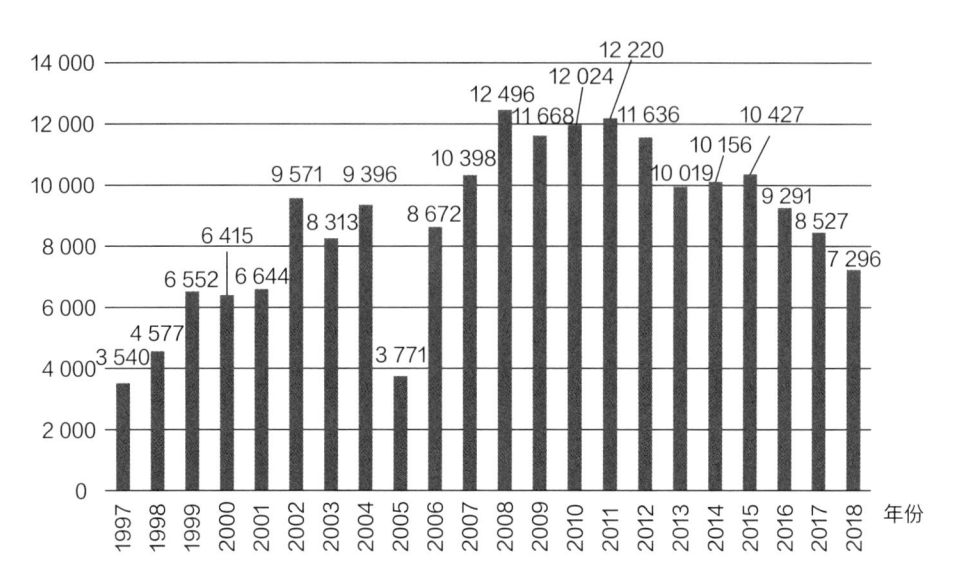

图 8.2 1997—2018 年蒙古国同等学力教育覆盖人数（单位：人）[1]

完成同等学力教育的学生可以根据其学习成绩的检验结果获得认证证书。2007—2018 年，该计划所覆盖的人员每年在 8 500 人至 13 000 人波动，获得证书的人数约为受教育总人数的 1/3。2018—2019 学年，有 1 412 人接受了小学教育课程，3 258 人接受了初中教育课程，2 514 人接受了高中教育课程，共计 7 184 人。2019—2020 学年，全国学员总数降至 6 410 人。[2]

（三）其他类型

成人教育还有其他一些类型。（1）家庭教育，即帮助每个人进行家庭规划，创造有利的环境以保持儿童的身心健康，预防成长风险，妥善解决家庭问题，对家庭成员履行责任；（2）公民教育，即促进本国公民结合国家和

---

[1] 资料来源于《2019 年蒙古国教育年鉴》。
[2] 资料来源于蒙古国国家成人（终身）教育中心官网。

公民社会价值观，以公民身份平等参与多边社会关系，在生态、经济、政治和法律领域具备独立或与他人和谐相处的能力；（3）道德教育，即让每个人都在青春期找到学习生活的意义，为未来设定目标，培养青年人拥有才干和健康的体魄，正确引导青年人构建人际关系、发展道德，避免陷入歧途，获得社会生活所需的技能；（4）生活技能教育，即让每个人都有机会发展身心、才智，精进专业技能，还包括理财培训及发展多种日常活动的相关技能；（5）美育，即让每个人了解自然与人类社会相互依存的和谐美，并将这种体验与认知运用于人与自然及人与社会的关系中，培养民众通过各种艺术形式以获得体验人类生存价值和美的能力。

从成人教育培训数量来看，2007—2018年成人（终身）教育中心共举办34 750场培训，学员人数达1 421 990人，见图8.3。

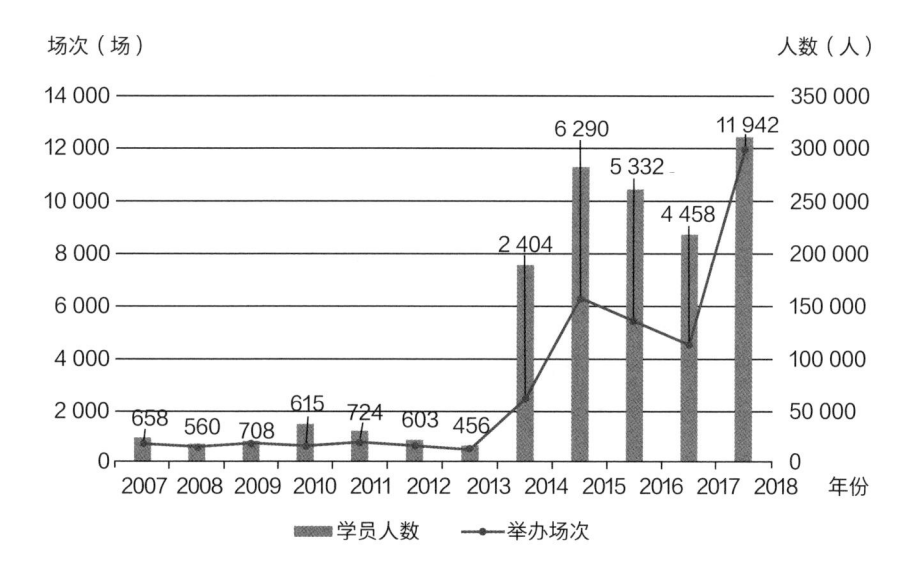

图8.3 2007—2018年蒙古国成人（终身）教育中心共举办培训场次及学员人数[1]

---

[1] 资料来源于《2019年蒙古国教育年鉴》。

（四）学员群体

成人教育的服务对象包括学龄儿童、青少年、家庭主妇、失业者、城市移民、学龄前儿童及其家长、弱势群体以及失学的残疾人。实际上，大多数学员是文盲和辍学学生，其中 15 岁以下的儿童占主要部分。成人教育所覆盖的群体分为基本群体和特殊目标群体。基本群体包括文盲、从未受过学校教育者、希望接受中小学教育者和希望接受家庭理财或商业经营培训者；特殊目标群体者包括希望获得收入来源者、希望精进专业技能者、残疾人士，以及长期居住在海外的人员。基本群体多为 15 岁以下的青少年，特殊群体多为成人。成人教育效果显著，根据全国人口普查结果，2000—2020 年，全国文盲比例不断降低，受教育程度逐年提高，见表 8.1。

表 8.1 2000—2020 年蒙古国 10 岁以上公民受教育程度（单位：%）

年份	所占比例							
	文盲	识字率	小学教育	初中教育	高中教育	职业技术教育	特殊专业教育	高等教育
2000	2.2	97.8	23.4	25.1	21.0	3.6	7.6	7.6
2010	1.7	98.3	15.8	17.9	32.0	2.8	5.7	18.3
2020	1.3	98.7	13.7	17.1	29.2	3.9	4.7	26.5

牧区人口，特别是初中学历以下的牧区人口，是成人教育的重点服务对象。此外，弱势群体也常参与受资助的培训。2012 年，非正规教育与远程教育国家中心在联合国儿童基金会的支持下，启动了一项同等学力教育计划，为僧侣提供受同等学力教育的机会，该计划持续至 2016 年，在 2014—2016 年共培训僧侣 558 人。

在残疾人士培训方面，2017年蒙古国国家大呼拉尔通过第46号决议《残疾人员权利法实施举措》，自2018年开始，成人（终身）教育中心开始对残疾儿童实施教育培训。2018—2019学年，全国共有7 296名学生参加了成人教育培训，其中12.8%为残疾学生。在残疾学生中，接受小学教育者为393人，接受初中教育者为440人，接受高中教育者为100人。同时，8个省和首都2个区的成人（终身）教育中心开展了针对住院和重度残疾儿童的家庭教育服务，覆盖儿童131人。

三、成人教育的资金来源、质量标准与师资储备

（一）资金来源

1997—2002年，蒙古国成人（终身）教育主管部门非正规教育中心由国家财政拨款，而各省、地方对口执行单位教育中心的员工薪酬和培训费用全部来自联合国教科文组织"学习生活"项目。蒙古国教育科学部2003年以法律文件的形式确定了启蒙中心的运行原则、教职员工和校长的工作职责，并规定启蒙中心的师资薪酬自2004年起纳入国家预算，由国家财政负担。2006年的《教育法》规定为同等学力课程的学员提供可变费用，自2007年起，国家财政投入开始增加。

1997—2017年蒙古国成人教育资金来源总体情况见表8.2。

表 8.2 1997—2017 年蒙古国成人教育资金来源总体情况（单位：百万图格里克）[1]

年份	国家预算 地方成人（终身）教育机构	国家预算 国家成人（终身）教育中心	国际组织项目融资	共计
1997	30.0	—	—	30.0
1998	58.0	—	—	58.0
1999	111.0	—	—	111.0
2000	103.0	—	—	103.0
2001	146.0	—	—	146.0
2002	190.0	—	—	190.0
2003	219.0	—	—	219.0
2004	152.8	21.6	5.5	179.9
2005	306.7	40.9	48.0	395.6
2006	290.7	57.9	80.0	428.6
2007	1 900.9	47.9	83.5	2 032.3
2008	1 301.6	78.0	43.4	1 423.0
2009	1 909.2	70.0	286.1	2 265.3
2010	2 501.4	105.0	236.9	2 843.3
2011	3 365.7	96.6	324.8	3 787.1
2012	3 480.5	124.6	140.6	3 745.7
2013	3 412.1	129.9	108.4	3 650.4
2014	3 777.0	167.6	193.3	4 137.9
2015	3 361.2	146.0	177.4	3 684.6
2016	4 110.8	142.5	467.0	4 720.3
2017	3 393.2	180.3	68.6	3 642.1
共计	34 120.8	1 408.8	2 263.5	37 793.1

[1] 资料来源于《2019 年蒙古国教育年鉴》。

蒙古国成人教育体系全部资金的80%以上来自国家财政预算。2002—2012年，蒙古国共投入131.45亿图格里克财政资金（按2012年汇率计算，约合人民币5 000万元），其中大部分应用于同等学力领域，包括支付教师薪酬。2019年，蒙古国成人教育预算资金1.68亿图格里克，经营收入636万图格里克，共计1.74亿图格里克（约合人民币45万元）。

成人教育的资金来源包括国家预算和国际项目融资。国家预算用于固定支出和支付可变成本，不用于支付运营成本，例如培训材料的开发等。因此，成人教育主要通过实施国际组织支持的项目和方案，来开展人力资源建设、印发手册、编写教科书、开发音频和视频资料等工作。一方面，国家预算在成人教育资金中所占的份额一直稳步增加。另一方面，国际项目融资具有不可持续性，由于成人（终身）教育中心并非总是成功立项并提交联合国教科文组织、联合国儿童基金会、联合国人口基金会等相关机构，且所提交的项目能否获得相关国际机构批准也是未知数，故成人教育无法持续稳定获得国际项目融资。

自2004年以来，蒙古国成人（终身）教育中心与国际组织合作，已获得项目资金22.63亿图格里克（约合人民币580万元），主要用于教育培训材料的开发与传播以及部门的人力资源建设领域。其中针对低龄僧侣、弱势群体的培训和对牧民子女的教育服务对消除社会不平等和歧视现象发挥了积极作用。在过去20年间实施的30余个项目中，有4个项目来自科学技术基金会，其余则来自蒙古国与联合国教科文组织、联合国人口基金会、国际劳工组织和亚太经合组织、日本儿童救助基金会、世界宣明会驻蒙古国代表处等机构的共同合作项目。自2013年以来，在瑞士发展与合作署和卢森堡政府的支持下，可持续发展理念融入蒙古国成人教育体系。蒙古央行和财政部开发了系列手册，以实施改善公共融资教育计划。上述融资与项目合作的开展为蒙古国成人教育的发展做出了重要贡献。

（二）质量与标准

2000 年，蒙古国教育科学部在《中小学同等学力教育纲要》框架内，依据基础教育的基本内容，编写了《基础教育同等学力教科书》，包括自然科学、社会科学、蒙古语、文学、外语（俄语、英语）、绘画、劳动技能 7 门课程。2001—2003 年，在"中小学基础教育标准制定项目"框架下，蒙古国制定了《基础教育同等学力课程标准》，这是同等学力教育的规范性文件，进一步推动了同等学力教育的发展。2007 年，国家非正规教育与远程教育中心提交《同等学力教育纲要》，由教育科学部批准通过。在该方案的框架内，约 150 个中小学教育模块得以开发，平均每个中心拥有模块 1—2 个，每个模块可供 15—25 名学生学习。此外，在教学中还可以结合使用其他手册和教科书。

同时，各成人（终身）教育中心为提高人口总体教育水平，也根据学员需求、教育水平、年龄特点、各机构及地方资源，开发和使用了其他相关质量标准纲要。

蒙古国国家成人（终身）教育中心出台的培训材料见表 8.3。

表 8.3 蒙古国国家成人（终身）教育中心出台的培训材料 [1]

1	理论、方法书籍手册 16 部。
2	研究手册 13 部。
3	扫盲学习与远程教育书籍、手册 118 部。
4	同等学力教育教材 9 部；同等学力课程培训模块 138 个。
5	音频课程（14 门，总计 1 398 分钟）、视频课程（39 门，总计 944 分钟）、远程电视课程（50 门，总计 1 340 分钟）。

[1] 资料来源于《2019 年蒙古国教育年鉴》。

续表

6	纪录片CD、DVD（7部），总计158分钟（包括4本扫盲教材、8本扫盲手册、5本生活技能手册、17本远程学习书籍、5本生命科学视频、123个同等学力课程培训模块、5本健康手册和6本生活技能手册）。
7	初级、中级、高级扫盲培训手册（《智慧之眼1—3册》）；14套系列扫盲教材。

上述教材大多在2006—2007年出版使用，已经不能充分满足当前成人教育的需求。为改善成人教育质量，应配备更多满足当前需求的教科书与教学资料。编写筹备成人教育学习资料尚面临师资不足、设备与资金不足的困境。应提高成人教育的资金投入，并加强师资储备、提升师资水平。

（三）教学环境与师资储备

20世纪90年代，由于辍学人数增加，蒙古国内各地纷纷建起教育中心，作为扫盲教育和中小学教育的补充。这些中心有87.5%都依托已有中小学建立，其师资、薪酬、教学场地全部由所依托的中小学提供。虽然学员可以在校园中学习，但存在培训活动不稳定、培训质量无法保证等问题。成人（终身）教育中心需要当地政府和教育部门的支持，以解决师资、薪酬和教学场地问题。启蒙中心迫切需要独立稳定的师资队伍、教学设施、教学场地和预算，以实现独立运行。

在教学场地方面，截至2018年，全国354个成人（终身）教育中心只有4家拥有独立场地，其中3家位于乌兰巴托，1家位于牧区。其余中心大多只能从其他机构或学校租用教室，因教学场地与设施不足，卫生条件达不到标准，不具备同时开展多项培训的条件。

在教学设备方面，截至2018年，全国354个成人（终身）教育中心共有笔记本电脑208台、台式计算机239台、彩色打印机63台、黑白打印机

102 台、电视 32 台、摄像机 80 台、视频播放器 3 台、投影仪 3 台及缝纫机 25 台，每个中心的数量各不相同，主要取决于地方政府的支持力度。

在师资储备方面，成人教育对师资水平的要求与基础教育相同。成人教育评估体系也根据中小学同等学力教育纲要实施，已获得中小学同等教育学力证书的学生数量或在校学生的数量是教学评估的主要指标。同时，教学评估也对已毕业学员的生活与消费水平进行追踪。从师资人数上看，截至 2018 年，全国共有成人教育从业者 630 人，其中包括 23 位校长、23 位培训专家、14 位社会工作者、499 位教师和 71 位助理工作者。2015 年，蒙古国立教育大学开设"教师–终身教育"班，截至 2018 年，大学 1—3 年级共有在班学生 45 人。

第二节 成人教育的特点和经验

成人教育在蒙古国社会意识层面已经被民众广泛接受。非正式教育的对象为失学儿童、弱势群体、普通民众等有需求的国民，为他们提供了再次接受教育的机会。

一、成人教育的特点

（一）具有完备的法律保障

《教育法》的历次修订（1996 年、2002 年、2006 年、2010 年）都涉及中小学同等学力教育的实施、成人教育覆盖率的提升、地方政府的资助与支持、师资岗位职责的规范、教学质量的规范等衍生法律文件。《2006—

2015 年教育发展总体规划》有单独条款对非正规教育与成人教育进行规划与说明。政府已实施《国家远程学习计划》和《国家扫盲计划》。成人教育计划覆盖领域较广，与国家公共卫生、法律、可持续教育等公共领域的发展也密切相关。目前，蒙古国成人教育体系已基本形成，包括国家层面、各省层面和地区层面，成人教育有力地提升了全国人口的受教育水平。

（二）培训内容不断丰富

蒙古国成人教育培训内容丰富多样，包括扫盲教育、同等学力教育、生活技能教育、道德教育、美学教育等诸多模块，同时还开发了可持续教育和混合教育类型。成人教育的教学方法各不相同，但 2004 年以来开发的混合小组方法已得到广泛使用。目前，蒙古国已出版大量针对成人教育教师的工作方法手册和材料，约有 60% 的教师接受了混合小组培训并获得证书。

此外，成人教育培训教材也实现了基本供应，截至 2018 年，全国共发行 200 余部教材或手册，以供成人（终身）教育中心使用。远程教育扩大了教育覆盖范围，虽然在线教育服务尚未完全实现，但广播、电视、CD 等多媒体教育教学资料正在不断丰富。

（三）与国际组织的合作不断加强

联合国教科文组织、联合国儿童基金会、国际劳工组织和其他国际组织对蒙古国成人教育工作予以了极大支持和帮助。此外，国家官方与非政府组织也不断加强合作。蒙古国内非政府组织与国家成人（终身）教育中心和地方中心开展合作，为扫盲教育、同等学力教育、生活技能教育等各领域提供培训资料。

（四）教育形式灵活

在蒙古国，成人教育不受年龄、学历和时间限制，教育形式灵活开放。特别是音频、视频课程的不断开发，改善了仅由广播电视作为授课媒介的传统形式，也为蒙古国教育电视台的建立和发展奠定了基础，形成了在蒙古国建立开放大学的理念。

二、发展成人教育的相关经验

（一）将成人教育作为国家可持续发展的重要目标

《蒙古国2030年可持续发展目标》提出，要在成人教育领域建立开放的、可覆盖的、有质量保障的终身教育学习系统。同时，《2021—2030年教育领域中期发展纲要》对成人教育提出了具体目标：加强成人教育教师与学员的能力建设和培养；改善基础设施，以支持建立终身学习中心；确定各教育阶段终身学习的形式和类型；实施成人教育计划的跨部门机制；建立成人教育的数据库和跟踪系统；更新并逐步淘汰当前成人教育系统；开展成人教育质量评估等。

（二）深入了解民众具体需求

2014年，蒙古国国家成人（终身）教育中心针对国民需求问题开展调研。调研显示，蒙古国国民非常关心成人教育内容的实用性，特别在金融、税收、养老及相关法律法规等领域希望得到培训。同时，健康的生活方式、理财等相关知识也是公众感兴趣的议题。年轻的父母需要学习育儿知识，对道德建设、社会交往及生活技能的学习也是必不可少的内容。此后，蒙古国不断开设法律、金融、道德建设、日常生活等技能课，扩大了公民参与，提高了国民素养，对普法工作以及维护公民权益均发挥了积极作用。

（三）培训形式与时俱进

电视传播曾是蒙古国成人教育采取的最广泛的途径，随着手机与网络的普及，2014年民调显示，民众认为接收信息的条件已经具备，但无法分辨信息真伪。近年来，蒙古国不断开发线上教育与短视频课程、在线课堂、电视课堂等线上教育方式，为公众接受成人教育提供了最便捷的途径，提高了公众的参与度。2019年，蒙古国国家成人（终身）教育中心官网发布2014—2019年同等学力培训、扫盲培训、家庭教育培训线上课程信息；在"提高公众金融知识计划"框架下，蒙古国央行、金融监管委员会和小额信贷发展基金在金融教育领域开发了3个视频课堂、1个节目、8个短视频，共计12项视频课程；在"可持续发展目标"框架下，国家成人（终身）教育中心制作了"节电""垃圾分类""节约用水"等数十项生活教育类短视频，发布在官方主页；蒙古国国家公共广播电视台、第5电视台都设有同等学力教育、扫盲教育等成人教育直播节目。

第三节 成人教育的挑战和对策

一、成人教育面临的困难与挑战

（一）管理机制尚待完善，需要加强跨部门的制度协调与合作能力

虽然国家为成人教育提供了法律政策保障，但在落实过程中，仍然存在地方机构对国家政策执行不力的问题。国家财政支出有时仅停留在文件层面，资金支配与管理制度仍然不完善、不明确。蒙古国的成人教育包括失学儿童教育，受教育对象从学龄前儿童直至成人，具有跨部门、跨领域的特殊性，但目前相关部门的综合统筹管理仍面临困难，需对现有系统进行改善，加强制度建设，增强成人教育跨部门、跨领域的监管，以及协调与合作能力。此外，地方部门的参与不足。虽然《教育法》就地方政府机构如何参与有诸多规定，但目前仍缺乏相关激励措施来加强地方部门的参与程度。同时，官方和非政府组织之间的协调机制也仍然缺乏，大部分机构的帮扶对象仅限于失学儿童和弱势群体。

（二）缺乏足够的教育场地

第一节第三部分提到，全国354个成人（终身）教育中心只有4家机构拥有独立场地，其中3家位于乌兰巴托，1家位于牧区，地区分布不平衡。大多数培训中心只能从其他机构或学校租借教室，教学场地与设施不足，卫生条件达不到标准，不具备同时开展多项培训的能力。

（三）教学效果不理想，教学机制仍待完善

在蒙古国，成人教育教学评估系统尚未建立，教学效果和教学活动的组织实施仍有较大改善空间。特别是牧民子女，他们过着游牧生活，居住场所并不固定，很难集中进行教育和培训，住宿和饮食问题也难以解决。同时，中小学同等学力教育课程本应面向所有希望接受教育者，但目前的教育范围仍然局限于失学儿童。此外，虽然 2017 年 6 月 4 日发布的政府决议要求为住院和重度残疾儿童提供成人教育服务，但该政府决议尚无相关组织机制，也没有任何财政依托，因此无法落实。

（四）无法得到有力的资金支持

根据当前财政制度，基层教育中心的教学活动无法得到国家财政支持，国家预算仅用于固定支出和支付可变成本，不包括运营成本。因此，成人教育主要通过实施国际组织支持的项目和方案来获得资金，而能否成功申请国际组织相关项目也存在不确定性。

二、应对措施

（一）落实成人教育法律制度

2019 年，为落实成人教育制度以及国家相关法律法规，国家成人（终身）教育中心对全国 5 个省（后杭爱、前杭爱、南戈壁、色楞格、布尔干）及首都 8 个区的成人（终身）教育中心开展调研，并向这些机构提出了改善工作的相关建议。

（二）对成人教育从业者进行专业培训

为提高从业人员对成人教育的认识水平与工作能力，2019年，国家成人（终身）教育中心与相关机构合作，在国家层面组织了15场成人教育培训与学习宣传活动，培训成人教育师资、管理者及政府职能部门相关人员共计1 678人。具体情况见表8.4。

表8.4 2019年蒙古国成人教育从业者培训情况[1]

序号	培训内容	时间	人数（人）	资金来源
1	与首都第63特殊学校共同举办"与残疾儿童和成人共事指导方法"培训	1月	40	国家成人（终身）教育中心
2	"地方政府在确保失学儿童获得平等教育机会方面的职责和参与"培训	2—3月	176	日本儿童救助基金会
3	法律指南培训	2—8月	146	国家法律研究所
4	"地方金融培训师人才建设"培训	2—5月、8—9月	244	蒙古央行、小额信贷发展基金
5	"儿童用户需求教育"培训	3月	30	国家成人（终身）教育中心
6	"特殊教育领域成人教育师资能力建设"培训	4月	20	日本国际协力机构JICA
7	"首都乌兰巴托成人教育现状与挑战"会议与培训	5月	22	国家成人（终身）教育中心
8	"金融教育培训师培训新模式测试"	6月	23	世界银行
9	"可持续发展教育导师师资"培训	7月	15	联合国教科文组织曼谷代表处

---

[1] 资料来源于蒙古国国家成人（终身）教育中心《2019年活动报告》。

续表

序号	培训内容	时间	人数（人）	资金来源
10	"可持续发展教育"培训	9—10月	189	联合国教科文组织曼谷代表处
11	"在特殊需求儿童混合班级开展同等学力教育培训的方法"	8—9月	31	日本儿童救助基金会
12	"全纳教育混合班级的师资能力建设"区域培训	9—11月	459	联合国儿童基金会
13	"平等全覆盖的成人教育机会"宣传会议	9—11月	181	联合国儿童基金会
14	"全纳教育混合班级的师资能力建设"培训	10月	37	国家成人（终身）教育中心
15	"成人教育管理人员能力建设"培训与研讨会	11月	65	国家成人（终身）教育中心
	共计		1 678	

（三）逐步完善成人教育相关教学资料

2019年6月，日本儿童救助基金会与蒙古国国家成人（终身）教育中心合作，根据成人教育教师的需求与要求，更新了《在特殊需求儿童混合班级开展同等学力教育培训的方法》手册，并发放至蒙古国各地成人（终身）教育中心使用。在联合国教科文组织曼谷代表处实施的"支持亚太社区面向公众的可持续发展教育项目"框架内，完成了成人教育培训导师指南手册，并分发至各成人教育师生手中。在联合国教科文组织"将成人教育与非正规教育纳入教育领域规划"项目框架下，蒙古国国家成人（终身）教育中心专家共同翻译了《成人培训与非正规教育结合》手册，并分发至各机构。

（四）加强部门之间的合作协调

除成人教育主管部门蒙古国国家成人（终身）教育中心以外，蒙古国央行、小额信贷发展基金、世界银行的高级金融专家，联合国教科文组织、联合国儿童基金会、国外非政府组织等机构均对蒙古国成人教育进行了深入了解，提供融资、培训师资、拓展培训领域、扩大受众范围等服务。蒙古国国家成人（终身）教育中心还与蒙古国专家理事会签署合作备忘录，旨在建立公共、开放的成人教育体系，完善培训课程的科学性，引进最好的技术，支持开展学术研究工作，实施专门的国际教育组织、教师、学者和研究人员联合计划，并通过远程学习方式向民众普及培训课程。

（五）在高校设置成人教育专业，开设相关课程

2014年，蒙古国立教育大学设立成人教育系，2015年开设"成人教育"专业课程，2017年扩大为成人教育远程教育系，办学目标旨在"支持多元化社会中人的学习发展活动"，培养"成人教育教师""远程教育与在线教育教师"专业的本科生，支持成人教育领域的人才培养与研究。

第九章 教师教育

第一节 教师教育的发展和现状

一、教师教育的发展情况

（一）教师教育的起步与相关机构

蒙古国教师教育始于20世纪20年代，随着学前教育与基础教育的起步，国家对教师人才需求日益迫切。1922年，根据人民政府决议，负责教学事务的内务部决定在首都范围内举办为期4个月的"教师临时培训班"，1923年扩建为"学生临时学校"，学习时长4个月。1924年，"学生临时学校"再次扩建为"学生学校"，招收了60名掌握蒙古文字的成年学生，分别在教师、法律、互助经济学3个班级学习，时长1年。1928年，根据人民政府决议，"学生学校"扩建为"教师储备学校"，有教师6人，学生100名，学习时长为3年。1929年，开始培养中学师资。1938年，开设为期两年的大学预科班，这为蒙古国立大学与蒙古国立教育大学的建立奠定了基础。

1941年，人民教育部开始承担学前教育师资培训工作，培训周期为3—6个月，培训人员达248人。1951年，蒙古教师培训学院成立，下设乌兰巴托师范学院,并于 1951—1952 学年开始开设幼师培训课程。专门培养幼教人才的乌兰巴托师范学院亦几经更名,现为蒙古国立教育大学下属的学前教育学院,自成立以来已经培养毕业生 7 177 名,为蒙古国提供的幼教人才占全国幼教总人数的 90% 以上。

1957 年,教师培训学院更名为国立师范学院,1991 年更名为国立师范大学,2003 年再次更名为蒙古国立教育大学。目前,蒙古国立教育大学下设 8 个学院,分别是数学与自然科学学院、社会与人文科学学院、造型艺术与技术学院、教育研究学院、师范学院、体育学院、学前教育学院、后杭爱省师范学院。在本科课程方面,各学院开设了数学、信息学、物理、化学、生物、地理、软件工程、生态学、卫生健康、蒙古语言文学、社会科学、历史学、英语、俄语、俄英双语、俄蒙双语、汉语、德语、日语、朝鲜语、艺术教育、学前教育、小学教育、成人教育、特殊教育等诸多师范类本科课程;在硕博课程方面,也开设有包含自然科学与人文社会科学各学科的教育研究、教育学、心理学、教育管理等综合课程。蒙古国立教育大学的宗旨是顺应全球化时代发展趋势,基于国民教育、师范教育的理论和方法,提供高质量的教育、培训与研究。该校自成立以来,为蒙古国教育文化事业培养了大批师资和专家人才,其中包括学前教育、基础教育等教学工作者,文化和新闻工作者,甚至还有体育教师和体育教练。[1]

1993 年 5 月,根据蒙古国教育科学部部长令,古尔班额尔德尼高等师范学院成立,并于 1993—1994 年开始招收语言-文学、文学-历史、小学教学法师范类本科生。1996 年至今,该校共计培养师范类蒙古语言文学、小学教育、历史-文学、蒙古语-英语、数学-信息学、历史-社会学、学前教育类教师,以及旅游管理、新闻记者专业人才 2 000 余人。2004 年开始,开设教育理论与历史学硕士研究生课程。该校毕业人员的 80% 都从事基础或

---

[1] 资料来源于蒙古国立教育大学官网。

高等教育教学工作，或者担任教育部门管理人员、研究人员、新闻记者等。此外，蒙古国教育文化法律学院下属教育学院，蒙古民族大学教育学院、社会心理学研究学院，奥特根腾格尔大学人文学院师范类外语系、师范类学前教育系、教育学系等高等院校和院系，都开设了小学教育、学前教育、师范类自然科学、师范类社会科学、教育理论、心理学等相关专业课程，并对教育理论与教学法开展研究工作。蒙古国立大学社会科学学院教育心理学系还开设了教育学、心理学课程，培养教育心理学专家，并为教师群体提供心理学培训。

除师范类高等院校以外，蒙古国教师发展学院是负责全国教师培训的主要单位。教师发展学院最早为1951年成立的蒙古国立教育大学的前身——教师培训学院，虽然国立教育大学几经更名，但教师发展学院一直为该校的下属院系。2002年后，教师发展学院隶属蒙古国教育研究所，2012年以来直接隶属蒙古国教育科学部。教师发展学院有两个主要职能：一是对教师进行在职集中培训；二是开展针对教师教育的研究工作、撰写调研报告、举办学术会议等。

（二）教师教育政策法律环境的形成

20世纪90年代，蒙古国社会经济体系发生变革，由于国民经济面临较大困难，教师薪水无法按月发放，许多教师放弃该工作，以其他方式谋生。因此，在社会变革初期，蒙古国曾出现"教师荒"现象，这一问题导致了1995年的教师罢工运动。在此背景下，原有的教师教育发展体系瓦解，不再奉行苏联模式，英语成为第一外语，迫切需要建立新的教师培训体系。蒙古国立教育大学、教师发展学院等高校和机构随之进行了调整与改革，在国家层面教师教育政策规划陆续出台，教师教育新体系逐渐形成。

根据蒙古国政府2001年第120号决议，《中小学师资培训和专业发展规划纲要》分 2001—2004 年、2005—2010 年两个阶段先后实施。该纲要提出以下目标：一是更新师资培训制度；二是开发基于伙伴关系的、灵活的教师培训系统；三是加强师资培训和专业发展的培训环境，完善经费筹措机制；四是改进对教师工作的评价机制，建立支持激励教师工作机制。在新体系重建期间，蒙古国确立了教师教育的具体发展目标，包括：优化教师的工作量；更新教师管理培训系统；建立以学校为中心的教师培训体系；提高教师的专业能力和教学方法技能；体现教师和教育管理者的工作价值，并改革薪金、津贴和奖金制度。期间，蒙古国还通过并实施了诸多与教师教育有关的规章制度，如 2001 年的教育科学部部长第 173 号令和 2003 年的教育科学部部长第 392 号令。2002 年，教育科学部部长发布第 202 号令，批准了《中小学教育标准和课程改革的概念文件》，并以此为基础，制定教育标准，2004 年在全国范围内实施。

2007—2011 年，蒙古国开始推行由"以教师为中心"转变为"以学生为中心"的教育理念，因此教师队伍需要一种全新的方法来计划、评估、评价，并提升其工作标准。在此阶段，蒙古国政府通过《国家教师培训和专业发展计划》，教育科学部通过《教职工专业发展条例》《授予和撤销教师专业等级条例》《授予和撤销教师资格条例》《2010—2012 年提升人力资源技能行动计划》《教师工作规划、评估与评价程序》《使幼儿园、中小学教师及公职人员增加技能的相关指标》等重要文件。2007 年 4 月，蒙古国教育科学部组织首届全国教师大会，批准了《学前教育与中小学教师人才储备与专业发展国家计划》，为教师提升专业水平和教学法提供支持。该计划主要有两大目标：一是建立符合学校要求、结构、规模和类型的教师培训体系，以开放、灵活、可持续的方式面向教师劳动力市场需求；二是根据教师在工作中不断产生的实际需求，开发以学校为中心的专业发展体系，使其具有开放性、可选择性及可持续性。

2010 年，蒙古国政府批准《2010—2021 年国家教育计划》，旨在逐步提高教育质量和效率,并使国家教育体系更接近国际水平。该计划提出"全面解决提升教师专业和方法问题,提高薪资、奖金和社会保障问题,增加资金投入和教师的回报率"。具体举措包括:确保各级教育中师资性别比平衡;建立教师和管理人员培训系统,增加政府和非政府组织的参与;为中小学师范专业的优秀高校学生提供奖学金;提高高等院校的教师能力建设;将教育部门总资金的至少15%用于教师培训,在学校设置教师培训专项资金;改革职业教育的教师培训体系;制定并实施大学教师能力建设计划;为偏远地区的各级教师提供紧急津贴;向社区提供专业教师,并改善可持续就业的经济和法律环境。2001年以来,蒙古国教师教育相关法律法规逐渐完备,涉及教师资格、工作规范、教师评估、薪水、奖金、道德规范等诸多领域,中小学教师的专业标准也得到批准并开始实施。

2012年以来,蒙古国教师教育体系逐渐实现制度化发展。2012年蒙古国《教育法》修正案第40.8条规定"中小学和幼儿园教师,无论体制内外,应每五年由国家财政资助提升级别",这是恢复教师培训体系制度化的重要基础。因此,建立和加强制度化师资培训体系,是确保教师能力发展的当务之急。根据2012年的政府第180号决议,教师发展学院独立于教育研究所,直接隶属于蒙古国教育科学部。教师发展学院章程指出,在国家和地方各级,应利用现代通信技术,为学前教育、中小学教育机构的教师提供基础性的、集中的、有针对性的教师培训服务,使教师提升教学技能、取得相关资格和学位。2012年,教育科学部部长通过第136号决议《关于教师发展》,旨在明确在工作中培养学生所需的教学方法,为教育可持续发展提供条件,提高优秀教师的声誉并推广先进经验。决议确定了以下3个目标:明确针对每个儿童的教学方法,为教师提高专业技能创造条件,培养具备因材施教能力的教师。

2015年,蒙古国国家大呼拉尔更新了《2014—2024年蒙古国国家教育政策》,以加强支持人力资源发展体系,具体内容包括:改善法律环境,支持教师培训机构的发展，为其提供全方位支持；提高教师的专业技能、道德和责任心，建立具体的教师工作评估体系；协调教育管理人员和其他人员的人力资源计划和政策，为教师培训、实习和可持续就业提供条件。2018年，蒙古国国家大呼拉尔首次通过《支持教师发展法》。该法于2019年生效，在构建国家教师发展支持体系、教师道德规范和声誉等方面提出了具体要求。《支持教师发展法》提出，应在国家层面建立支持教师发展的体系和计划，以增强教师储备，提升教师的知识、能力与道德水平，给予教师更多社会保障。

二、教师教育的现状

（一）师资培养

在蒙古国，已完成中学或同等学力并希望就读师范专业的公民，可通过高考进入大学攻读师范专业学士学位，专业教师则通过具有教师培训计划的公办和民办高校接受师资培训。其中，蒙古国立教育大学对全国幼儿园和中小学教师的培训率超过50%。2004年，国家批准蒙古语、文学、社会科学和美术等专业的教师标准，2009年批准"中小学教师标准"，并于2010年开始在高等学校实施。上述标准旨在保障中小学教育的教学内容、教学评估、教学时间和环境等基本要求。为符合上述标准，中小学教师须必修或选修表9.1所示的课程。

表 9.1 蒙古国中小学教师标准培训大纲

普通基础课		专业基础课
必修课	选修课	必修课
• 英语 • 信息技术与信息系统 • 体育	人文科学课： • 外语 • 哲学 • 蒙古历史 • 文化研究基础 • 生态环保 • 人的发展 • 蒙古语文法 社会科学课： • 经济理论基础 • 政治学基础 • 社会学基础 • 管理学基础	• 健康教育 • 心理学 • 教育学 • 专业实践 • 教育实践

从人数来看，蒙古国每年平均有 16.3% 的本科毕业生为师范专业。如 2017 年共有 30 301 人从大学毕业，其中 4 587 人为师范专业。2012—2017 年蒙古国本科毕业生中师范类专业学生占比见图 9.1。全国本科毕业生中女性的比例为 64.2%，而师范类专业毕业生中，女性占比高达 83%。2012—2017 年蒙古国师范类毕业生性别比见图 9.2。

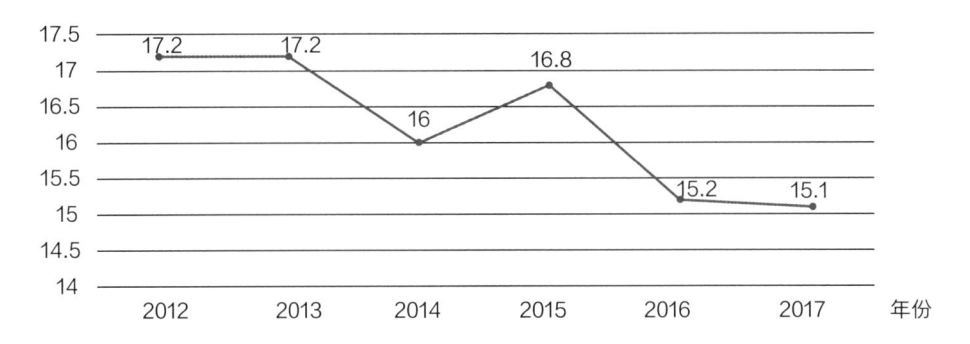

图 9.1 2012—2017 年蒙古国本科毕业生中师范类专业学生占比（单位：%）[1]

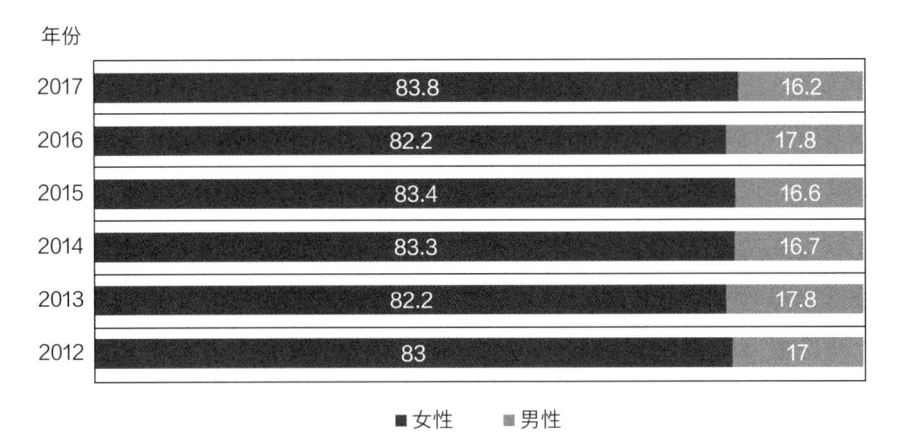

图 9.2 2012—2017 年蒙古国师范类毕业生性别比（单位：%）[2]

（二）全国专业教师的人才储备情况

2017—2018 学年，蒙古国全国 1 416 所幼儿园共有教师 7 745 名，798 所中小学共有教师 29 242 名，355 个成人（终身）教育中心共有教师 362 名，83 所职业教育中心共有教师 2 230 名，96 所高校共有教师 6 724 名，共计拥有教师 46 303 名，较 2007—2008 学年的 35 686 人增加了 29.75%。

---

[1] 资料来源于《2019 年蒙古国教育年鉴》。
[2] 资料来源于《2019 年蒙古国教育年鉴》。

蒙古国的学校数量、学生容纳能力、教师和学生数量都有了整体提升和发展。

从教师年龄结构来看,中小学以年轻教师为主,30 岁以下者占 28.5%,30—39 岁者占 36%,40—49 岁者占 23.3%,50 岁及以上者占 12.2%。

2017—2018 学年,全国中小学教育机构专业教师的平均满足率为 98.8%。从受教育程度来看,2017—2018 学年,蒙古国中小学教师中有 10.7% 为中学学历,72.4% 为本科学历,13.8% 为硕士学历,0.1% 为博士学历。拥有博士学历的 23 人中,5 人为蒙古语言文学专业,4 人为绘画技术专业,3 人为化学专业,历史社会学、物理学、小班师范专业各 2 人,中文、生物化学、地理、俄语、体育专业各 1 人。拥有硕士学位的 4 043 人中,18.6% 为小学师范专业,14% 为英语专业,13.5% 为蒙古语言文学专业,7.9% 为数学专业,5.7% 为历史社会学专业。

(三)教师资格

在蒙古国,如果希望从事基础教育或学前教育,根据《支持教师发展法》,"高校师范专业毕业生拥有从教权利",从教者必须拥有师范院校的学士学位。如果在高校或职业学校从教,则需要参加教育与教学法培训,从教育科学部获得资格证。教师发展学院与各省和首都教育部门联合,在全国幼儿园、中小学同时举行在线资格考试,考生可直接从系统查询结果。考试分两阶段进行,第一阶段满分为 70 分,考核内容为教育学、心理学、教学方法等,达到 40 分以上者方可参加第二阶段考核。第二阶段满分为 30 分,考核内容为撰写论文。两个阶段总分达 70 分以上者可获得教师资格。2014—2018 年,全国范围内共举行了 10 次教师资格考试,参加人数为 34 267 人次,共有 14 986 人通过。同时,幼儿园与中小学教师从业者还应满足表 9.2 中的条件。

表9.2 2014—2018年蒙古国幼儿园与中小学教师从业者标准[1]

基本标准	特殊标准
•师范类专业本科毕业及以上。 •严格遵守教师道德规范和相关法律。 •熟练掌握能够开发每位学生才能特点的方法和技术。 •具备一定研究能力、外语水平和信息技术技能。	•幼儿园或中小学一年以上工作经验。 •新入职教师须完成基本的教师培训。 •在其工作期间，对发展规划和计划的实施、开展的活动进行评估。 •支持通过评价机制，赋予教师资格。

根据上述标准，2014—2018年，共有10 515人获得教师资格，同时有13 074名教师的教师资格失效。

（四）教师发展与专业能力的提升

2008年的《教职工专业发展条例》为教师培训制度的发展奠定了基础。条例建立了国家统一在职培训体系，包括"基础培训""专业培训""自主培训"三大基本类型，全面解决了教师教育的计划、组织、筹资、信息和监督问题。基础培训为每位教师提供平等机会，以提高教师教学方法和技能；专业培训更多基于学校和教师的特定需求；自主培训的特点则是在培训中越来越多地运用信息和通信技术。

根据《教职工专业发展条例》，2010—2012年，教育科学部在各省及首都开展教师培训需求调查工作，进行培训规划、课程开发及筹备。考虑到当时可用财政和人力资源以及教师的教龄结构，决定最先针对入职第一年和第五年的教师进行基础培训。2010年，隶属于教育科学部的蒙古国教育研究所对幼儿园和中小学拥有五年教龄的教师推行基本专业发展课程，共

---

[1] 资料来源于《2019年蒙古国教育年鉴》。

有847名教师参加了在乌兰巴托、科布多省和扎布汗省三个地区组织的为期7天的培训，国家预算共支出2.02亿图格里克（约合人民币108万元）。2011年，相关培训共组织9次，涵盖幼儿园教师205名、中小学教师1 242名，国家预算共支出3.205亿图格里克（约合人民币170万元）。2013—2018年平均每位教师的培训费用见图9.3。2012年，教师发展学院重建，并入教育科学部。随着教师培训工作的合法化和制度化，教师培训系统也逐步完善，每位教师都能够系统地提高其专业技能和方法。

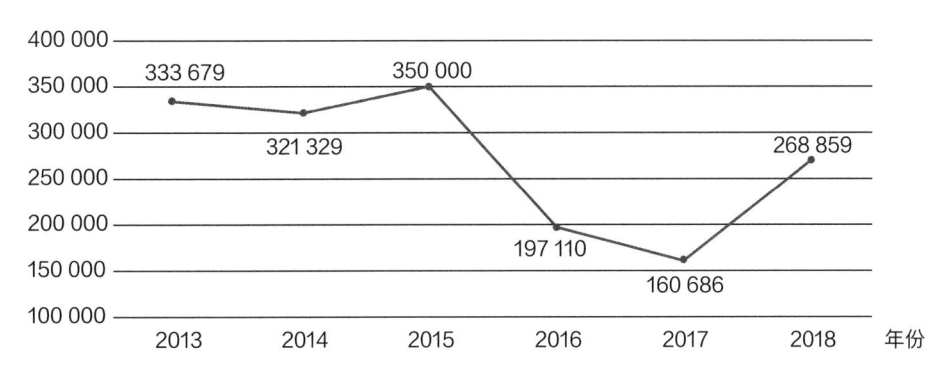

图9.3 2013—2018年蒙古国平均每位教师的培训费用（单位：图格里克）[1]

教师专业技能的提升工作以教师发展学院为中心，由国家及公民社会组织、国际合作项目共同支持而运行。2013年，教育科学部通过《学前教育与中小学教育机构教育工作者培训条例》，为中小学教育、学前教育、非正规教育或成人教育中心的教师与工作者（校长、领导层、管理层、社会工作者、教导主任、宿管、图书管理员、校医、助教）等群体提供进修机会。教育形式由线上与线下教育共同构成，培训场地由国家或地方相关级别的机构提供。

教师发展学院是全国性的教师培训和方法论机构，协助当地幼儿园和学校履行管理、专业进修及专业发展研究分析的职能。教师培训分为国家

---

[1] 资料来源于《2019年蒙古国教育年鉴》。

级、地方政府级、机构级、兴趣小组级等4个层次。

自2013年起，教师发展学院为从事教师工作第一年、第五年及第十年的工作者组织国家级培训。2013—2017年，共有27 499名教师参加了国家级培训。

国家提供的培训内容分为五大板块：教育质量改革政策的实施、专业理论、专业教学法、教育心理学和网络教学。培训的组织形式包括理论和方法培训-研讨会、讲座、实践-实习、经验共享、讨论等。对于入职一年的教师，培训侧重于岗位说明所规定的核心职能，并支持培训教学法和技能，还包括"课堂教案记录"和"班主任与家长的关系"等主题。对于入职五年的教师，培训基本内容是使教师掌握培养每个儿童的方法和技能，以及进一步发展教师自身专业技能。对于拥有十年教龄的教师，培训内容则侧重于分享教师的知识、技能和经验，彼此学习新的教学理论、方法论和咨询技能等。

专业培训是在教师发展学院、各省和首都教育机构以外，由师范类高等院校、政府和非政府组织、公民团体发起的培训活动。专业培训的目的是引入和执行教育政策并进行指导，学习特殊的教学技巧并支持个人发展。教师发展学院与教育科学部、教育专业机构、规划团队共同合作，每年都组织专业培训。

2013年，教师发展学院为23 871名教育工作者组织了"促进每个儿童成长的方法和技术"培训活动。为支持2013—2017年实施的中小学课程改革，48 671名教师参加了"在国家层面实施中小学教育核心课程的方法培训"，1 205名教师进行了"教育领域专家和实验学校管理人员培训"，4 324名教育工作者参加了"实验学校教师实施教学大纲方法学培训"。教育科学部与德国国际合作机构还共同支持在220所学校开展了监测和咨询活动。此外，在国际项目和计划的资助下，以2016—2017学年为例，教师发展学院在全国范围内组织了如表9.3所示的专业培训。

表 9.3 2016—2017 学年教师发展学院组织的培训项目 [1]

	培训内容	学员人数（人）	费用支出（图格里克）	资金来源	年份
1	在可持续发展教育项目框架下开展"高中教师教育"培训	10 500	172 752 295	德国国际合作机构	2016
2	在可持续发展教育项目框架下开展"实施基础和中等教育课程大纲"培训	2 648	94 923 217	德国国际合作机构	2016
3	在培训计划中融合教育可持续发展的方法论培训	243	65 586 200	德国国际合作机构	2016
4	在青年发展项目的框架内，为21个省和首都9个区教育部门负责人举办了"以生活技能为基础的健康教育和确保生活技能教育可持续性"培训	243	18 249 188	联合国人口署	2016
5	在可持续发展教育项目框架下，为各省和首都教育文化艺术局的专家进行培训	243	65 471 278	德国国际合作机构	2016
6	在青年发展项目的框架内，为教育管理人员提供"以生活技能为基础的健康教育和确保生活技能教育可持续性"培训	45	9 075 000	联合国人口署	2016
7	在小学教育中实施"STEM"教学法	3 393	192 485 090	世界银行	2017
8	教师道德与沟通	761	248 850 865	德国国际合作机构	2017
9	对29所特殊学校的教师进行强化培训，以提高手语专业课程的教学方法和技能	95	14 377 300	国家预算	2017

[1] 资料来源于《2019年蒙古国教育年鉴》。

续表

	培训内容	学员人数（人）	费用支出（图格里克）	资金来源	年份
10	灾害管理培训	60	20 711 700	日本儿童救助基金会与世界宣明会	2017
11	学校环境中的生理期卫生	50	7 666 703	联合国儿童基金会	2017
	总计	18 281	910 148 836		

自2014年开始，由教师发展学院负责授权政府和非政府组织实施公民教育培训活动。教师发展学院在2014—2018年共审查495份纲要，其中339份纲要拥有明确的培训内容，被授权开展特殊内容的专业培训。从内容来看，如果按课程内容和课程名称对这些课程进行分类，最常见的课程是"与儿童一起工作的方法"，以及教师发展、教学法、技术、专业理论和学科方法。这其中有50%适用于全体教师，22%为小学教育专门纲要，15%为学前教育专门纲要。

表9.4展示了2014—2018年专业培训课程小组分配情况。

表9.4 2014—2018年专业培训课程小组分配 [1]

	目标小组	2014年	2015年	2016年	2017年	2018年
1	全体教师	46	44	30	29	32
2	小学教育	7	12	14	17	13
3	学前教育	4	9	7	9	9
4	管理者	8	4	5	1	2
5	生物	3	2	2	1	0

---

[1] 资料来源于《2019年蒙古国教育年鉴》。

续表

	目标小组	2014年	2015年	2016年	2017年	2018年
6	数学	1	1	2	2	1
7	英语	2	1	1	0	0
8	物理	4	0	0	0	0
9	信息技术	3	0	0	1	0
10	历史、社会学	2	0	1	1	0
11	设计技术	0	1	1	0	1
12	蒙古语言文学	1	0	0	0	1
13	化学	1	0	0	1	0
14	俄语	1	0	0	0	0
15	地理	1	0	0	0	0
	课程大纲通过数量	84	74	63	62	59

为将可持续发展理念融入《2021—2030年教育领域中期发展纲要》，2016年，蒙古国教师发展学院出台《教师专业连续性发展需求报告》，对教师专业技能的提升问题进行了说明：在专业水平方面，教师应分享和推广优秀经验，提高专业技能，研究学生的心理和行为并提供帮助；在教学态度方面，应改善教师对其职业的态度，为教师提供新的激励措施和支持；在教育常识方面，应增进教师对教育常识的了解；在实施培训计划方面，鼓励在培训中广泛应用信息技术。2015—2018年，蒙古国科学院在"可持续发展教育"项目框架下开展研究，评估可持续发展的内容和方法在教师培训课程中的应用。2018年，教师发展学院出版了《支持将可持续发展纳入学校教与学活动的方法》教师手册，分发给所有学校并上传网络，供教师学习和使用。

三、教师发展与国际合作

2006—2018 年，蒙古国教育科学部得到了来自俄罗斯、中国、韩国、日本等国家和国际组织的资金支持，共为 1 487 名教师提供了长期与短期培训服务。

蒙俄教师培训方面，2013 年，根据蒙古国与俄罗斯伊尔库茨克国立大学的协议，俄罗斯世界基金会、俄罗斯联邦国家预算出资，组织了蒙古国俄语教师暑期培训。2018 年，俄语教师基础培训再次开班，两轮共计培训蒙古国教师 160 人。2019 年，蒙古国教师发展学院代表团赴俄罗斯圣彼得堡参加国际教育论坛，调研了俄罗斯教育的创新理论与实践。

中蒙教师培训方面，2016—2017 年，中蒙共同资助 87 名蒙古国教师在内蒙古职业学院参加回鹘体蒙古文培训。2017 年，江苏海门举办蒙古国教育代表团新教育考察培训班。这是落实加强中蒙两国人文教育交流合作、推动"一带一路"倡议发展的教育交流活动。蒙古国教育代表团由蒙古国教师发展学院 A. 托娅主任带队，一行 15 人参加了此次活动。在华期间，蒙古国教育考察团考察了新教育实验学校，就教师发展、课程研发、教室与学校文化建设、学校教育管理等多个方面进行了互动交流。本次对蒙古国教育代表团的培训分享了中国新教育实验的实践成果，加强了中国与蒙古国在教育文化领域的友好交流。

蒙日教师培训合作方面，在日本国际协力机构的支持下，蒙古国教师每年参加教学与学术研讨会，以学习日本经验。2019 年，蒙古国教师发展学院代表团赴日本大阪中学和牙医协会学习先进经验。具体学习内容包括课堂教学安排、教学创新、午餐与垃圾分类、建筑安全与简洁的空间布置、校园与课堂教学设施陈设的细节处理等。

蒙韩教师培训合作方面，2002 年，蒙古国与韩国大田教育局签署合作协议，为信息技术专业教师提供专业培训，该协议分别于 2007 年、2011 年续签。根据协议内容，大田市每年为蒙古国 20—25 名教师提供培训，迄今为止，共培训教师人数达 350 余人。2012 年，在联合国亚太地区国际理解教育中心的支持下，蒙古国和韩国开展了"蒙韩教师交流计划"，两国互派100 名教师分享工作方法和经验。2017—2018 年，教育科学部与国际社会保障中心、韩国妇女协会共同举办了"艺术认知教育培训"，共培训 200 名教师，其中小学教师 80 人、技术教师 30 人、音乐教师 90 人。根据 2017 年与韩国骊州大学签署的合作协议，2018 年，由教育科学部资助，为首都苏赫巴托区、巴嘎诺尔区、巴彦珠尔赫区、松吉海日汗区、汗乌拉区、青格尔泰区中小学共 13 名教师和管理者进行了专业培训。

2012—2018 年蒙古国教师参加国外教师培训的人数见图 9.4。

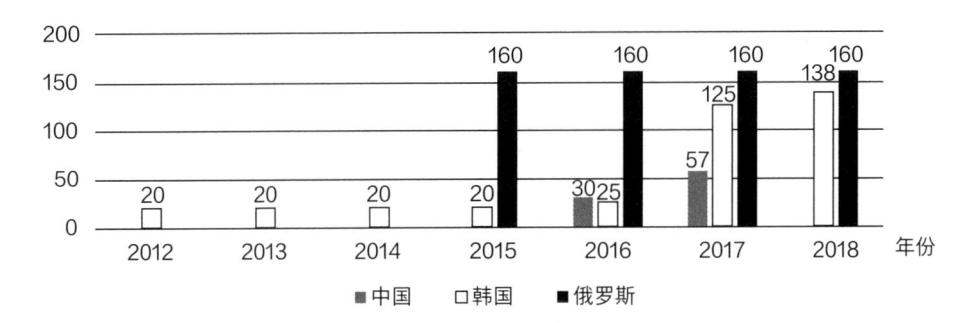

图 9.4 2012—2018 年蒙古国教师参加国外教师培训的人数（单位：人）[1]

四、学前教育与基础教育教师专业职称评定

根据《学前教育法》与《中小学教育法》，蒙古国幼儿园与中小学教师共有教学法教师、班主任和顾问 3 个等级。2007 年，蒙古国教育科学部通过《授予、解除教师专业职称条例》，并于 2013 年更新。2014 年以来，幼

---

[1] 资料来源于《2019 年蒙古国教育年鉴》。

儿园与中小学教师职称评定遵循如表 9.5 所示的原则。

表 9.5 2014 年以来蒙古国幼儿园、中小学教师职称评定标准 [1]

	教学法教师	班主任	顾问
基本标准： • 具有幼儿园、中小学教师从业资格证 • 遵守教师职业道德 • 运用开放的、发展的方法和技能培养每位学生的天赋 • 具有适当的研究能力、外语水平和信息技术知识技能			
特别标准			
学前教育、基础教育从业年限	5 年及以上	10 年及以上	15 年及以上
采取方法技能指导推进每名学生的学习活动并取得成果	—	不低于 2 次	不低于 4 次
在指导推进每名学生的活动框架下开展研究工作	有研究经历	从事研究工作取得成果	提出被学校层面采纳的建议不低于 4 次

根据 2018 年教育科学部通过的《授予和解除教师专业职称条例》，教师专业职级的授予还需要遵循以下标准：一是学生成绩；二是教师的专业、方法和技能；三是学生、教师、同事、父母、监护人的满意度；四是自我发展情况。

根据 2017—2018 学年的情况，67.5% 的幼儿园教师没有职称，27.06% 拥有教学法教师职称，5.33% 拥有班主任职称，0.1% 拥有顾问职称（见图 9.5）。同时，中小学教师中有 59.75% 无职称，28.01% 拥有教学法教师职称，11.88% 拥有班主任职称，0.36% 拥有顾问职称。

---

[1] 资料来源于《2019 年蒙古国教育年鉴》。

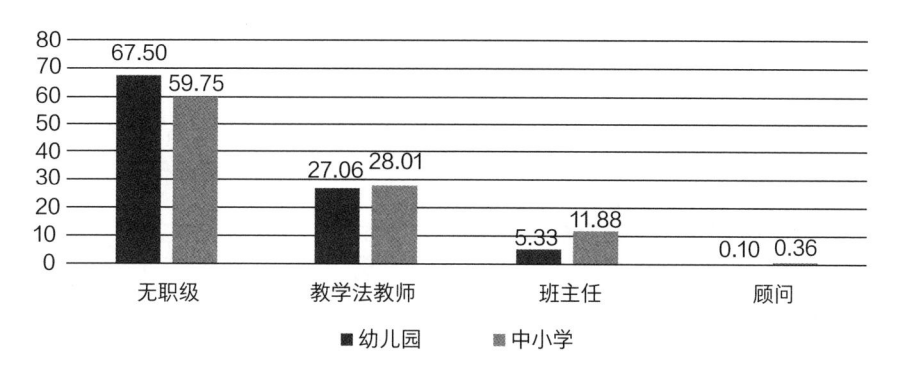

```
80
70    67.50
60         59.75
50
40
30         27.06 28.01
20
10              5.33 11.88
 0                        0.10 0.36
     无职级   教学法教师   班主任    顾问
        ■ 幼儿园    ■ 中小学
```

图 9.5 2017—2018 学年幼儿园、中小学教师职称分布比例（单位：%）[1]

自 2012 年以来，具有专业职称的教师比例逐年下降，幼儿园专业教师数量低于中小学。特别是顾问级教师比例非常低，中小学比例在 0.3%—0.8% 浮动，幼儿园比例在 0.05%—0.3% 浮动，并均有逐年减少趋势。无职称教师的占比从 2012 年至 2018 年上升了 5%—10%。

五、教师待遇

根据教育科学部、劳动和社会保障部 2007 年共同通过的关于《幼儿园、中小学教师工资计算条件》的决议，幼儿园和中小学教师每周工作时长为 40 小时。其中，中小学教师每周 34 个小时用于执行教学标准，6 个小时完成其他工作，34 个小时中必须有 19 个小时为教学时间。根据《公务员法》，教师被列为国家公职人员，其工资包括基本工资、津贴、加班费和奖金。除基本工资外，蒙古国教师还可以依法获得一定的额外收入，但并非所有教师都有资格获得。虽然国家主观上希望通过奖金方式使教师的平均工资接近全国平均水平，但这不仅增加了教师的工作，也增加了学校的工作量。

---

[1] 资料来源于《2019 年蒙古国教育年鉴》。

2007—2019 年蒙古国教师基本月工资变化情况见图 9.6。

图 9.6 2007—2019 年蒙古国教师基本月工资变化情况 [1]

根据图 9.6 数据，2007—2019 年，蒙古国教师基本月薪从 22.96 万图格里克增至 64.9 万图格里克，但同时也可以看到，因为货币贬值，同美元汇率发生变化，教师工资看似增长，实际发生下跌或涨幅有限。

第二节 教师教育的特点和经验

一、教师教育的特点

（一）逐渐实现法制化和制度化

自 20 世纪 90 年代蒙古国教师教育体系重新建立以来，国家出台法律法规、政府决议、部长令等重要文件，实现教师教育法制化和制度化。在国家

---

[1] 资料来源于《2019 年蒙古国教育年鉴》。

法律层面，蒙古国《公务员法》和一系列《教育法》对教师教育均有基本定义，如《教育法》第 9 条规定了教师的社会保障，第 15 条规定了教师的基本权利与义务，并对教师的职业和技能提出相关要求。《学前教育法》《职业教育与培训法》《高等教育法》《支持教师发展法》等法律法规也均对教师的基本条件、责任和义务进行了详细说明。在议会、政府与部长决议方面，1995—2018 年，蒙古国共出台 7 项议会决议，8 项政府决议，20 余项部长决议，使教师教育与国家教育政策密切结合，确立了教师教育的发展目标；不断完善教师培训制度，改善教师评价机制，确定了教师培训的内容与标准。

（二）教师教育体系已经形成，管理培训层级分明

经过近 30 年的发展，蒙古国教师教育体系已经形成，由教育科学部下属教师发展学院统筹管理，面向全国教师及从事教育工作的相关人员开展培训工作。根据教师的入职年份，蒙古国教师教育分为第一年、第五年、第十年共三个阶段的培训，以教师发展学院为中心，培训对象范围覆盖全国，为中小学教育、学前教育、非正规教育或成人教育中心的教师与工作者等提供进修机会。教育形式由线上与线下教育共同构成，培训场地由国家或地方相关级别的机构提供。教师培训机构分为国家级、地方政府级、机构级、兴趣小组级等四个层次，培训内容亦分为国家级、专业级两大类型。教师教育培训层次分明，以贴近蒙古国可持续发展为目标。2019—2020 学年，教师发展学院已为基础培训参与者编写并出版了《教师发展（一）》通用手册以及针对每个学科的专业手册。此外，根据每个培训目标的具体要求，使用相对应的培训材料。2020 年 1—5 月，教师发展学院针对 25 个学科方向，实施了一年、五年和十年教龄教职工及管理人员培训计划。2020 年 1 月 6 日至 1 月 31 日，教师发展学院共为十年教龄的教师群体组织了 12

次课堂培训。1 187名教师报名，999人出席，出勤率达84%。参加基本课堂培训的999名教师中，有313名来自乌兰巴托，335名来自各省省会学校，351名来自地方县级学校。[1]

（三）积极开展国际交流

蒙古国教师教育的发展离不开国际力量的支持和参与。中、俄、日、韩、德等国家和国际组织与蒙古国开展了长期与短期教师教育培训合作项目，并提供资金支持。合作内容包括教师综合与专业能力提升、对象国考察与经验交流等。如蒙古国教育科学部、教师发展学院与韩国教育部、联合国教科文组织亚太地区国际理解教育中心共同实施了"蒙韩教师交流计划"，2012—2018年共开展7次交流活动，蒙古国派遣160名教师赴韩，韩国派遣139名教师赴蒙。在蒙韩教师交流计划框架下，两国教师互相学习，并交流各自国家的文化，借鉴彼此的优秀经验，更新教学方法，提高创新能力。2019年，韩国派遣9名教师赴蒙进行为期3个月的交流；同年蒙古国派遣12名教师赴韩交流，为增进两国人民相互了解和友好关系发挥了重要作用。[2]2019年10月，蒙古国教师发展学院代表团访问韩国济州教育大学，双方讨论了扩大暑期学校范围、为教学管理教师举行分阶段培训，以及小学教师编写科学和数学类教科书方面的合作事宜。[3]应在韩蒙古国教师的要求，蒙古国教师发展学院院长宝劳尔玛以"教育领域的发展、革新、人的发展"为题目发表演讲。2020年11月2—10日，在韩国国际合作署的支持下，韩国教育计划与评估学院在网上举办了以"加强基础和中等教育课程规划、方法论和评估能力"为主题的培训活动。[4]这是韩国教育计划与评估学院连续

---

[1] 资料来源于蒙古国教师发展学院官网。
[2] 资料来源于蒙古国教师发展学院官网。
[3] 资料来源于蒙古国教师发展学院官网。
[4] 资料来源于蒙古国教师发展学院官网。

第三年举办此次活动。来自教育科学部、教师发展学院、地方教育局等单位的职工以及中小学教师代表等21人参加了培训。与会者听取了有关教科书发展、信息通信技术发展、未来全球公民教育、教师评估能力、为提高学生能力而进行的教与学、绩效评估、课程监控工具等方面的韩国经验。

二、发展教师教育的相关经验

（一）通过考核与抽查方式评估教师培训质量及效果

为提高教师教育专业发展培训的质量并对结果进行评估，教师发展学院于2020年1月对入职十年的教师课堂培训中约92%的参与者进行调查，对结果进行汇总并建立了建议数据库。调查选取了一组有十年教龄的教师作为案例研究对象，并与初等教育培训的参与者进行了一对一小组访谈。教师发展学院还根据"编制基本教师培训手册的要求"和"手册编制模板"，对近十年出版的13本学校和幼儿园教工基本培训手册进行审核，并讨论了结果和改进建议。[1]

（二）将电子资源全面向公众开放

教师发展学院将教师培训电子资源面向公众全面开放，其中包括蒙古语、数学、公民教育、生物学、地理、物理、人与环境、回鹘体蒙古文、俄语、文学、社会科学、历史、人与社会、人与自然、音乐、健康、信息学、美术、技术、英语、体育、绘画、化学、项目工作、学前教育、可持

---

[1] 资料来源于蒙古国教师发展学院官网。

续发展教育、全国教育会议、儿童发展、教育机构、教育管理、在线和远程学习、电子材料、特殊需求教育、社会工作者与宿舍管理、一般方法培训等。[1]电子资源总浏览量已达 33 000 余次，其中蒙古语、英语、数学、学前教育等课程浏览量已达到数千次。

（三）开展一系列支持教师发展多边合作项目

2020 年，教师发展学院开展了一系列支持教师发展的多边合作项目。[2]在教师资格证方面，为工作分别已满五年、十年的 2 247 名教师延长教师资格证。在数据库的资源储备方面，丰富了基础培训数据库、选修课培训数据库、教学许可与教学活动信息数据库、蒙韩教师交流计划教师信息数据库、顾问教师职称申请数据库、优秀教师数据库、专业培训数据计划数据库、管理培训数据库等。在专业自主培训方面，批准通过了 28 家机构提交的 67 个培训计划。

（四）线下培训全部转为线上，以应对新冠肺炎疫情[3]

2020 年以来，教师发展学院组织了年度教师基础培训，共分两个阶段：第一阶段是针对所有参与者的在线学习课程，内容包括课程计划、信息通信技术和研究方法论三个方面；第二阶段是基于不同目标群体使用不同方法论的在线课程，于 2020 年 10 月 1 日至 11 月 11 日进行。2020 年，教师发展学院成功对 6 509 名教师、管理人员和其他人员进行了在线培训，最终有 5 045 人取得培训证书。2020 年的教师培训突显了基于网络和视频的电子学

---

[1] 参见蒙古国教师发展学院官网。
[2] 资料来源于蒙古国教师发展学院官网。
[3] 该小节资料来源于蒙古国教师发展学院官网。

习的重要性。教师发展学院正与教育信息中心合作开发教育管理系统。该系统有助于审核2016—2019年获得顾问教师资格的教师信息，实现2016—2019年幼儿园、中小学教师及管理人员的注册工作，确认2020年参加培训的人员信息等。

第三节 教师教育的挑战和对策

一、教师教育面临的困难与挑战

教师教育是教师终身提升自身专业水平与能力的过程，教师应始终保持创造力，树立终身学习意识。在蒙古国，教师教育主要面临学前和基础教育师资缺乏、培训任务较重，高校教师培训尚未制度化等挑战与问题。

（一）学前教育、基础教育师资仍然缺乏，培训需求较大

蒙古国学前教育与基础教育普遍面临着师资缺乏、教师专业素养不足、工作压力较大等共同问题。多数幼儿园教师认为工作量大、缺乏资金、无法提高专业技能等，是自身发展面临的重要问题，中小学教师亦普遍面临教学能力不足、压力与负担较大的情况。譬如人均课时量较高、需投入大量时间应对行政与文案工作，同时基础教育课程大纲与教科书更新频繁，对教师教学带来了一定困难。《支持教师发展法》要求，中小学校班额若超过44名学生，可配备一名助理教师。总而言之，学前教育、基础教育师资缺乏，需要进一步扩大培训规模、提高培训质量与效果。

（二）高校教师培训制度须进一步规范化

尽管大学设有教师培训制度，但蒙古国内 40 多家公立和民办高校提供的教师培训课程都未经认可，这对教师培训的质量产生了负面影响。根据蒙古国科学院、国立医科大学、蒙古国科技大学 2018 年联合调查结果[1]，高校教师最希望得到培训的内容排序如下：科研能力、外语能力、专业水平、教学法、信息技术能力、团队合作能力和沟通交流能力。被调查的高校教师还反映了在自我教育提升中经常面临的问题：参加教师教育、培训、会议、研讨活动的时间经常与授课时间冲突；自我提升方面的母语资料、培训手册缺乏；参加国际会议、在高质量国际期刊发表论文均没有足够的资金支持；相关技术设备不足；满足自身需求的培训计划不足；教师在行政工作中花费了过多时间与精力，时间分配和协调给教师带来压力等。接受调研的教师群体还希望国家能解决子女入学、卫生健康与医疗等社会保障问题；针对教师发展进一步出台具体政策法规；合理利用学生满意度调查制度，使之服务于教师教育等。

二、应对措施

教师教育的发展需要国家教育部门、各级学校管理层、教师团队与个人的共同努力来实现，在逐步落实法律保障、稳定师资队伍、关注教师发展方面，蒙古国做出诸多努力。根据《2014—2024 年蒙古国国家教育政策》《支持教师发展法》、蒙古国政府《2020—2024 年执政纲领》等重要文件，可初步了解蒙古国为发展教师教育提供的支持与保障。

---

[1] 参见蒙古国立大学官网。

第一，完善法律环境，全面支持教师培训机构的发展。在国家层面，为教师发展提供资助保障，使教师发展体系与教师储备、教师教育培训、日常工作能力提升等方面相结合，从国家、地方、机构、兴趣小组、个人等5个层面提升教师能力；各级教育机构的教师都可以向有关专业组织提出建议和要求，以提高自身知识技能，实现自我发展。

第二，建立客观评价体系。出台《支持教师发展法》，并由政府每五年批准一次，旨在提高教师的专业能力、道德声誉，明确教师岗位的要求与责任，提高教师的职业价值感。

第三，建立灵活高效的财务系统，支持教师发展。提高教师薪酬，改良设备技术，提高社会保障、医疗卫生、养老金水平。

第四，支持在各级教育机构设立教师发展中心。由教师教育机构向各级教育机构的教师发展中心提供专业和方法层面的建议；将中小学、幼儿园与职业学校可变成本的2%用于教师发展中心经费支出；国家中央教育行政主管部门批准教师发展中心的职责与要求。目前，多家高等院校已经设立教师发展中心，制定了教师发展策略与路径，加大了对教师科研工作的支持力度，并不断增加经费。2021年1月，教师发展学院下属高等教育教师发展处与来自80多所高校的120名教师和管理人员、教师发展中心负责人及团队举办了在线会议，向所有蒙古国高校教师介绍2020年工作报告以及2021年的工作计划与愿景。[1]

第五，在增加师资储备方面，地方行政机关可以与学校和学生签订师资储备合同，并提供奖学金；在具有政府间互换奖学金协议的国家中，将教育教学专业作为奖学金计划的优先派出专业；教育教学或师范专业的高校学生培养方案应包括6个月的教学实习，如果在牧区实习可根据当地政策享受奖学金等。

---

[1] 资料来源于蒙古国教师发展学院官网。

第六,实施"技能型教师"计划。着重于教师培训、教师专业可持续发展、改善教师工作条件与薪水,并通过教师自我发展提高教学质量。

当前,蒙古国正在讨论出台《提高师资储备与能力建设法(草案)》。现任教育科学部部长 L. 策登布苏伦表示,该草案的核心部分聚焦于教师人文、道德、专业知识等各方面的培训,以提升高校的创新能力与科研能力。

第十章 教育政策

自20世纪90年代社会转型以来，蒙古国不断完善教育文化领域的政策与法律环境。早在1996年，蒙古国国家大呼拉尔第36号决议就批准了《蒙古国国家教育政策》，作为教育改革的基本概念文件，有效期4年。随后，蒙古国又先后制定第二次（2000—2005年）、第三次（2006—2015年）教育领域总体规划。近年，蒙古国已实施或即将实施的最具有代表性的重要政策文件包括：《2014—2024年蒙古国国家教育政策》《蒙古国2030年可持续发展目标》《2021—2030年教育领域中期发展纲要》《"远景2050年"国家长期发展规划纲要》。本章尝试从上述重要政策规划文件入手，对蒙古国教育政策与规划内容及实施情况进行梳理与展望。

第一节 政策与规划

一、《2014—2024年蒙古国国家教育政策》[1]

2014年4月，蒙古国时任教育科学部部长冈铁木尔向大呼拉尔主席

---

[1] 该小节资料来源于《2019年蒙古国教育年鉴》。

恩赫包勒德递交《2014—2024 年蒙古国国家教育政策（草案）》。草案依据《教育法》《高等教育法》《高等教育融资法》《学生社会保障法》《中等教育法》《学前教育法》等法律法规，定义了教育领域长期可持续发展的政策和战略，提出应发展平等、全覆盖、优质、多样化、免费开放的教育管理信息系统，保障信息安全，为每个公民提供教育服务，为终身学习创造环境、条件和机会，在教育中使用信息技术，开展母语教育和历史传统教育等。

在草案基础上重新制定的《2014—2024 年蒙古国国家教育政策》是符合蒙古国国家形势的政策文件，旨在通过基于多种所有制形式的竞争性教育质量体系提供教育服务；发展非正规教育；增加利益集团对教育管理的参与；实现教育内容、方法和评估自由，增加对学习方法形式和内容的选择。新文件认为：无论地理位置如何，每个公民都有机会选择一定水平的教育内容，并使用信息和通信技术改善其知识储备能力和教育水平。在全球化时代，科学技术进步要求每个人都能够生活在开放、竞争的环境中。该政策文件有利于培养知识型、技能型、有创造力、有责任感和终身学习的蒙古国公民。

《2014—2024 年蒙古国国家教育政策》根据社会秩序和社会发展中的新兴需求，指出了教育政策改革的实际需要。文件指出：要加强部门领导者和管理者之间的合作；使教育金融与投资符合行业标准，提高效率；将预算与资金支配的权力集中在地方一级；建立多种资金来源；相互承认每阶段教育的内容和成果；确保性别平等；扩展终身学习服务；使教育更加灵活、多样化、具有参与性；确保教育机构的独立性和学术自由；支持教师发展；根据人力资源规划和政策培养合格的管理者；实施培训政策，为稳定就业创造条件，发展机构的自我评估。就各分支领域而言，一是在学前教育领域，为每名儿童提供多种服务形式的学前教育，根据不同儿童的个性特点，支持儿童实现创造性发展；午餐费用由政府与父母或监护人共同承担。二是在基础教育领域，遵循国际公认的基础教育制度和结构，制定灵活的学习计划，撰写并执行与核心计划实施相关的政策。三是在高等教育和职业教育领域，支持实施以劳动力市场为导向的教学研究，在遵循国际标准的基础上发展各种类型的教育模式，改进质量保证和认证体系，相互承认国际课程和学历学位。

二、《蒙古国2030年可持续发展目标》[1]

2016年，蒙古国围绕全球可持续发展目标并根据自身实际情况，出台《蒙古国2030年可持续发展目标》。文件提出，到2030年，蒙古国将成为生态平衡和民主治理稳定的国家，社会领域以中产阶级为主，人均收入进入中等收入国家前列，实现多领域经济稳定增长。其中，文件在教育领域提出总体目标为：到2030年，基础教育和职业教育的覆盖率将达到100%，国家通过向每位公民提供普及和优质的教育，建立终身教育体系，建立知识型社会，使国民成为具备熟练技能的蒙古人。

在学前教育领域，支持每名儿童在学习的基础阶段发展个人技能和创造力，为儿童提供标准的学前教育服务，并向儿童传授蒙古语言和思维基础。该文件计划在第一阶段（2016—2020年）将学前教育覆盖率提升至70%；在第二阶段（2021—2025年）将平均每名教师看护的儿童数目减少至25人，学前教育覆盖率提升至80%；在第三阶段（2026—2030年）将平均每名教师看护的儿童数目减少至20人，学前教育覆盖率达到90%。

在基础教育领域，按照国际标准发展蒙古国公民通识教育体系，确保质量。确保公民具备科学创造力、生活知识技能，以及独立学习的能力。

---

[1] 该小节资料来源于蒙古国外交部官网。

为实现这一目标，在第一阶段（2016—2020年）为参加国际教育质量评估做准备；全国所有中小学轮班制不超过两班，制定并实施适合游牧文明传统的教育计划；让每个接受高中教育的学生都有自己的专业方向。在第二阶段（2021—2025年）正式参加2021年国际教育质量评估；到2025年，将中小学两班制学校数量减少30%；将每班学生人数减少至25人。在第三阶段（2026—2030年），将国际教育质量评估排名提高5位；为所有中小学校提供实验室和学习设备；将中小学两班制学校数量再减少50%；在2030年，每班学生人数将不超过20人。

在职业教育领域，根据蒙古国的发展重点，改进职业技术教育培训体系。在第一阶段（2016—2020年）加强职业教育师资队伍建设；将学生人数增加至6万人；将人口经济活跃度增至66%，失业率控制在6%以下，根据大型农牧业、工业和基础设施项目的劳动力需求和市场需求培训技术工人，通过职业教育和培训活动为毕业生创造就业机会。在第二阶段（2021—2025年），建立以需求为导向的职业教育体系，使毕业生掌握高级知识技能，能够在日益全球化的劳动力市场中具备竞争力。在第三阶段（2026—2030年）建成高技能的劳动力队伍，充分满足国家劳动力需求。

在高等教育与成人教育领域，建立旨在实现可持续发展目标的高等教育体系，并改善成人教育体系。第一阶段（2016—2020年），建立基于教学-研究-生产伙伴关系的高等教育分层体系，达到国际标准，并提供平等可及的优质高等教育服务。第二阶段（2021—2025年），根据发展重点，建立科技集群和园区，至少实现四所国立大学跻身亚洲顶尖大学之列。第三阶段（2026—2030年），建成高等教育系统，使毕业生掌握符合国际劳动力市场要求的知识和技能。在成人教育领域，建立开放的、普及的、有质量保障的终身教育学习系统。

三、《2021—2030 年教育领域中期发展纲要》

2018 年 2 月，亚洲开发银行与蒙古国教育科学部、财政部签署《"支持制定蒙古国教育总体规划"项目谅解备忘录》，亚洲开发银行的技术援助项目团队为蒙古教育部门制定总体规划提供支持，双方建立工作组。密切合作两年后，2020 年 2 月，蒙古国教育科学部与亚洲开发银行共同起草了《2021—2030 年教育领域中期发展纲要》，并于同年 10 月由蒙古国国家大呼拉尔正式审议通过。该文件以支持发展《蒙古国 2030 年可持续发展目标》为目标，致力于支持全民终身教育，向民众提供基于知识型社会的、开放灵活的教育服务。

该文件的特点是具有参与性，反映了公共社会和家长对教育的思考和评价，以蒙古国国民的公平发展为目标，降低政治对教育政策和管理的影响，大胆引进创新方案，将数量扩张转化为质量的提升。例如，根据学生的认知、语言、情感和社会发展水平，为其量身定制教育计划；为师资队伍的发展提供高质量培训；基于绩效原则制定专业的人力资源发展政策，包括管理层的任命工作等。蒙古国教育科学部、专业机构、研究人员和民间组织经讨论提出，应建立终身学习和开放式教育系统，使各个年龄段的人群都可以不断发展并改善他们的生活质量。2020 年 10 月，蒙古国教育科学部批准通过该纲要，世界银行、亚洲开发银行、联合国儿童基金会、日本国际协力机构、教育合作协会、公民社会机构合作伙伴等机构将密切合作，共同支持该计划的实施。

《2021—2030 年教育领域中期发展纲要》旨在基于知识型社会，建立开放灵活的教育服务体系，支持基于个人知识的教育发展目标。该文件的基本方针如下：一是利用信息技术，为公民创造灵活公平的受教育机会，发展公民的终身教育；二是创建绿色学习与教育环境，发展公民的数字技术技能，参与国际竞争；三是在各级教育计划和评估中，培养学生提出问题和解决问题的能力；四是确保国家与地方专业机构提供各阶段教育服务，明确政策执行的方向，确保执行任务高效完成；五是依托发达的信息技术建立开放的终身教育体系。该文件还设立了更为详细的任务子目标，具体如下。

学前教育目标包括：实施针对0—5岁儿童父母的计划；加强针对儿童全面发展的研究；制定教师的标准并实施；为学前教师开发灵活的在职培训项目；完善教师的培训计划和方法；完善助理教师的培训计划；制定并实施针对5岁儿童的入学准备评估程序；支持学前班的开放和远程学习计划；改善学前教育环境，使其成为儿童友好型教育环境；保障学龄前儿童食品安全和营养供应；将牧民和弱势群体儿童的入园率提高到100%；开发并重新设计学校分布；加强对学前教育机构的监测与评估。

基础教育目标包括：实施和评估计划管理周期；开展稳定的儿童综合发展研究；制定中小学校教师标准，改善教师培训和专业发展；为中学教师提供灵活的在职培训；实施教师发展计划；根据学生人数聘请助理教师；建立蒙古语能力评估系统；开发基于能力的评估系统；加强对高中生的评估；支持基础教育的开放和远程学习计划；改善初中生食品安全和伙食营养；开发并重新设计学校地图；加强学校内部监督评估等。

高等教育目标包括：更新专业领域和专业计划，实施新的国家计划；制定新的高等教育实践模式；实施高等教育教学发展计划；发展开放式远程学习；加强高等院校与企业的合作；改善高等院校的基础设施；修订和改进本科及以上学历教育的招生程序；实施能够促进灵活学习的政策；实施研究型大学政策，开发以大学为基础的研究和创新系统；开发高等教育管理和信息系统；建立国家高等教育理事会和委员会并开始其活动；建立和完善高等院校排名系统；加强牧区职业技术教育与培训能力建设，并根据培训结果完善质量保证体系。

职业教育目标包括：开发并实施基于专业和能力的职业教育培训纲要；

开展职业教育研究与创新工作；实施职业教育师资培训计划；改进职业技术教育与培训劳动力市场中信息的使用并开展劳动力技能研究；改善职业教育机构的基础设施、设备及技术；以跨学科实习基地的形式为职业教育组织创建实习培训环境；建立合作伙伴关系，生产供教育机构使用的设备、器材；倡导学员通过终身学习，不断提高技能来增加进一步深造的机会；开发职业教育管理信息系统；使职业教育融资多元化；开发职业教育数据库系统。

成人教育目标包括：加强成人教育教师与学员的能力建设和培养；改善基础设施，支持建立终身学习中心；确定各教育阶段成人学习的形式和类型；实施成人教育计划的跨部门机制；建立成人教育数据库和跟踪系统；更新并逐步淘汰当前的成人教育系统；进行成人教育质量评估等。

四、《"远景2050年"国家长期发展规划纲要》[1]

2020年5月，蒙古国国家大呼拉尔审议通过蒙古国长期发展规划纲要性文件——《"远景2050年"国家长期发展规划纲要》，该文件由时任蒙古国政府办公厅主任奥云额尔登牵头负责，先后由1 500多名专家、学者和研究人员共同研究，最终完成了文件制定工作。该文件主要分为九大领域，设立了50个具体目标和任务，自2020年开始，每10年为一个发展阶段，主要内容包括统一的民族价值观、人口发展、生活水平、经济增长、国家治理、绿色发展、和平社会、区域发展、乌兰巴托市和卫星城市发展等。预计到2050年，在当前基础上，通过积极发展社会和经济，努力实现成为亚洲地区先进国家之一的目标。该文件对1992年以来出台的517份政策性文件进行了有机统一。

---

[1] 该小节资料来源于蒙古国法律信息网。

该文件在第二部分"人口发展"议题框架下,提出了教育发展总目标:为每个人创造平等的接受优质教育的机会,完善终身教育体系,以此作为蒙古国公民个人发展、家庭生活和国家发展的基础。教育领域发展目标共分为三个阶段进行。第一阶段(2021—2030年)是使人人都能够获得平等教育机会的改革阶段,一是在教育领域基于研究与实证,制定政策规划,并进行评估,加强管理体系与多边伙伴关系;二是使每个公民享有平等的优质教育,平等入学,提高各级教育的连续性及教学活动质量;三是提供满足学生需求的、有创造力的、实力雄厚的师资力量;四是全面开发应用教育部门管理信息系统;五是开发开放的教育体系,创建电子学习平台,使每位公民不受时间与空间的局限,都有机会在自身所选领域终身学习;六是建立高等教育系统,使毕业生具备国际劳动力市场需要的知识与技能。第二阶段(2031—2040年)是提供优质教育和加强终身学习体系建设的阶段,一是在各省各地区提高中小学、职业学院、工业中心、科技专科院校、技术学院、高等院校的参与度;二是建立覆盖所有年龄和社会阶层的开放灵活的终身教育体系;三是增加符合国际标准的高等院校的数量,提高教学质量,建设被国际承认的国家研究型大学;四是明确教育管理体制,建立持续改进的问责制。第三阶段(2041—2050年)为加强开放的终身教育体系建设阶段,一是为公民提供灵活的学习方法,在价值观、行为、生活方式等方面培养公民与他人共同生活和工作的能力;二是充实开放课程内容,在所有教育层级引入人工智能技术。此外,该文件还在劳动力市场发展领域提出,要根据农牧业、工业和基础设施项目对劳动力的需求,培训专业工人,开展增加毕业生就业竞争力的职业教育和培训活动。

以上政策文件几乎在同一时期并行出台,之间既有联系,又各有侧重。如2014年出台的《2014—2024年蒙古国国家教育政策》是对2006年版总体规划的继承和革新;2016年出台的《蒙古国2030年可持续发展目标》是蒙古国政府结合联合国提出的全球可持续发展目标出台的国家全面发展总体规划文件;《2021—2030 年教育领域中期发展纲要》由蒙古国政府与亚洲开发银行共同研究制定，旨在实现 2030 年蒙古国可持续发展目标中的教育目标，对蒙古国各层级教育的发展、制度管理、经费使用均制定了详细规划与执行方案；而《"远景 2050 年"国家长期发展规划纲要》再次作为国家长期发展统领性文件，明确了未来蒙古国教育发展的长期目标与发展总方向。

第二节 实施与挑战

近年来，蒙古国出台的教育政策均涉及国家长期规划，本节暂不涉及，而是对《2006—2015 年蒙古国教育发展总体规划》的执行情况进行回顾，并对未来教育领域政策规划的推行进行展望。

一、国家教育政策的实施情况

2006 年，蒙古国国家大呼拉尔审议通过《2006—2015 年蒙古国教育发展总体规划》，这是继 1996 年、2000 年版《蒙古国国家教育政策》通过以来，蒙古国第三次革新教育领域总体规划。蒙古国教育科学部、亚洲开发银行，以及 2020 年出台的《2021—2030 年教育领域中期发展纲要》文件，对《2006—2015 年蒙古国教育发展总体规划》实施情况进行了评估，结论如下。

在学前教育领域，在 2015 年计划实施的 29 项任务目标中，有 17 项目标（58.6%）已得到完全实施，有 10 项目标（34.5%）已部分实施并处于实施阶段，有 2 项目标（6.9%）尚未实施。已完全实现的目标包括增加入园率、加强幼儿园建设、提供教学材料和环境、加强人力资源培训和能力建设；部分实现或正得到执行的目标包括，保证残疾儿童平等获得受教育的机会，建立在儿童早期发展标准基础上的监测和评估系统，以及儿童健康和营养方面的政策和法律目标。然而提高学前教育覆盖率、降低班额人数、使幼师人数完全满足需求、为全国 50% 的幼师提升专业技能等目标未能实现。

在基础教育领域，与中小学教育覆盖率相关的 18 个目标中，有 33.3% 完全实施，33.3% 未完全实施，33.3% 未实施；与教育质量相关的 18 个目标中，有 38.9% 完全实施，16.7% 未完全实施；与管理相关的 2 个目标，1 项未完全实施，1 项未实施。未实施的目标包括：将辍学学生的 40% 纳入非正规教育和同等学力教育，以及关于制定中小学位置、结构、类型的战略政策规划等。入学率方面执行情况较好。根据 2006 版总体规划，应在 2015 年实现中小学覆盖率达 97.84% 的目标，其中女生毛入学率达 99.6%，男生毛入学率为 96.1%。根据 2015—2016 学年的数据，中小学入学率达 98.4%，其中女生毛入学率达 98.6%，男生毛入学率为 98.3%。2006 版总体规划提出，牧民子女入学率到 2015 年应增加 40.5%，达到 75.0%，2015—2016 学年的实际情况为 98.1%，超额完成目标。民办中小学入学率未能达到既定目标。2006 年总体规划提出，在 2015 年实现民办中小学招生人数占全国总人数 10% 的目标，而 2015 年仅达到 5.8%。此外，2006 版总体规划还提出在 2008—2014 年全面实现中小学教育由十年制过渡为十二年制的目标，该目标已经圆满完成。

在高等教育领域，《2006—2015 年蒙古国教育发展总体规划》为高等教育制定了一系列目标。例如将工程、技术、自然科学、师范和农牧业专业的学生比例自 29.1% 提高至 45.0%，将医学、法学、人文社会科学专业比例从 32.9% 降至 21.0%，将其他专业的学生比例从 38.0% 减少至 34.0%。根据 2017—2018 学年高等教育相关数据，工程、制造和设计专业学生的入学率从18.6%降至14.5%，农牧业专业学生比例从2.9%降至2.2%，自然科学专业学生比例从4.6%降至2.7%。同时信息和通信技术专业学生比例从2.8%增至3.2%，师范专业学生比例从12.7%增至14.8%。上述数据表明，高等教育领域尚未实现2006年版总规划中的既定目标，特别是工程、技术、科学和农牧业等优先发展领域专业，只有国立高校才有能力开设，而牧区或地方院校尚不具备开设相关专业的条件。此外，在卫生健康领域的15个专业中，91%的学生集中在医学、药学、传统医学、护理和口腔医学五大专业，其他专业人员短缺。在达到国际质量标准方面，虽然国家已建立教育质量保障体系，但未能充分实现既定目标。《2006—2015年蒙古国教育发展总体规划》提出，应建立高等教育质量保证体系，使高等教育达到国际标准，具体措施包括：满足高校教学研究的环境标准；满足课程大纲认证的实施标准；满足课程大纲认证机构的国际标准；为高校教职工建立工作与服务认证标准；制定并执行大学教学与研究道德规范；与外国相互承认学历；创造有利政策环境，以增加对高等院校的技术投资支持。[1] 为了使蒙古国高等教育与国际标准接轨，亚行资助蒙古国开展"高等教育改革项目"，于2012—2016年，在发展国家认证体系并使之与国际标准保持一致方面取得了重大进展。[2] 在教育质量方面，《2006—2015年蒙古国教育发展总体规划》通过高等教育部门结构改革解决质量改革问题，此后，在2010年批准的《教育基本纲要》[3]及2012—2016年和2016—2020年的政府执政纲领中，也都提出了相应工作内容。

在职业教育领域，以下目标尚未完成：更新职业教育管理；将职业教育学生人数增加56.1%；创造有利的政策和法律环境，以增加职业教育领域的外国投资；至少实现50.0%的职业教育师资专业提升；提高职业教育

---

[1] 资料来源于蒙古国立大学官网。
[2] 资料来源于蒙古国国家教育认证委员会官网。
[3] 参见蒙古国法律信息网。

质量，使劳动力满足市场需求；实验室设备和培训材料的费用每年增加10.0%；通过图书馆向弱势群体学生免费提供教科书和培训手册。2006版国家总体规划将非正规教育和成人教育作为单独的议题并设立目标，包括：使非正规教育服务适应劳动力市场需求；改善各级非正规教育的学习环境和质量，并增加资源能力建设；改进非正规教育部门的政策和战略，建立信息和融资系统；至2008年将识字率提高到97.7%—99.0%；将辍学学生的40%纳入非正规教育和同等学力教育；使国家各级非正规教育和远程学习中心资金每年增加8.0%；将教师培训的费用纳入专业发展的一般费用，并每年为其提供资金；建立国家信息和监测系统。但根据2018—2019学年情况，成人教育未能实现总体规划中的目标，即尚未建立师资培训系统、没有独立场地、没有独立资金，也没有建立数据库和监管系统等。

在信息技术领域，2006版国家总体规划提出对教师进行计算机应用培训并提供相应资金，实现全国幼儿园的互联网信息化。根据2017—2018学年数据，全国有115所公立幼儿园（78.7%）已实现互联网连通。该数据较2007年的2.3%已实现飞速增长。但尽管如此，西部偏远地区和牧区幼儿园的联网比例却比全国平均水平低13.6%。在中小学，2017—2018学年，全国共有798所中小学校，其中690所学校已连入互联网。从2012年开始，在国家预算和亚行项目的资助下，于2013年、2014年、2015年先后投资15亿（约合人民币525万）、9.53亿（约合人民币310万）、14亿图格里克（约合人民币450万），用于建设蒙古国教育数据中心，购买服务器、硬件和网络资源。

总体来看，《2006—2015年蒙古国教育发展总体规划》在学前教育、基础教育、职业教育、成人教育等多领域部分完成了既定目标，也有一些规划目标尚未完全执行或未启动。2020年10月通过的《2021—2030年教育领域中期发展纲要》将通过更为详尽的目标和执行方案，继续推动尚未完成的规划目标，并使蒙古国教育实现《蒙古国2030年可持续发展目标》和

《"远景2050年"国家长期发展规划纲要》两大重要国家发展长期规划中的既定目标。

二、问题与挑战

自20世纪90年代社会转型以来,蒙古国各层级教育改革已取得一系列成就,但执行与完成相应的政策规划仍面临一些现实问题与挑战,主要集中在政策延续性不足、国家教育行政管理体制仍有瓶颈、缺乏充足资金、牧区人民接受教育相对困难等普遍性问题上。

(一)教育政策与标准调整频繁,教育行政管理能力仍有待提升

蒙古国社会转型以来,虽然各届政府重视发展教育,但其教育政策的制定与执行受到国家政局更迭、改革频繁、管理滞后等因素影响,中央与地方政府、执行部门、研究机构与各类院校之间协调不足。在学前教育领域,各部门政策的连续性与参与性并不稳定,教学标准与纲领的更换过于频繁,设立目标执行困难,特别是政府中心部门、地方执行部门和专家对学前教育有不同理解和评价,不利于学前教育政策的执行与落实。在基础教育领域,主要受学制改革影响。近10年,政府将基础教育学制由十年制依次改为十一年制、十二年制,研究分析和准备不足,课程大纲、教科书和教学评估程序频繁变化,破坏了教学活动的稳定性,也影响了政策目标的推行与落实。在高等教育领域,国家虽然出台系统法律法规,但常因政局更迭而遭到停止或废除。高等教育管理部门的协调也有待规范,战略规划与目标只存在于文件中,执行不力且存在拖延情况。由于政府监管缺失,民办高等院校质量难以保证。在成人教育领域,也存在地方机构对国家政

策执行不力,需要加强跨部门协调等问题。特别是成人教育的财政支出仅停留在文件层面,资金支配与管理制度仍然不完善、不明确。成人教育涵盖全体国民,政策执行与落实具有跨部门的特殊性,但目前相关部门的综合统筹管理仍面临困难,需对现有系统进行改善,加强制度建设,增强成人教育跨部门、跨领域的监管、协调与合作能力。

(二)缺乏充足的资金投入

2010—2020 年,蒙古国教育领域预算约占国内生产总值的 4.3%—6.5%,教育支出平均占国家预算总支出的 15%,已达世界平均水平。在 2018 年的教育支出中,学前教育占比 23%,基础教育占比 46%,高等教育占比 9%,职业教育占比 4%。在这 10 年,约有 85% 的教育支出用于经常性或日常消费,约 15% 用于投资或长期支出。根据 2017—2018 学年的情况,教育部门的投资主要用于提高学前教育入学率,将中小学的三班轮流教学制改善为一至两班制,以及校舍修建和设备采购。虽然教育支出占比较高,但从金额来看,蒙古国教育领域的经费仍然比较缺乏,学校修缮和购置教学设备的资金主要依赖国际援助。学前教育、基础教育、成人教育等都无法向师生提供足够的教学活动场地,教学设施陈旧,在中小学依然存在两班甚至三班轮流教学现象。教室拥挤,没有足够的桌椅,学生只能轮流来到学校接受教育,教师甚至在走廊办公。全国 354 个成人教育中心只有 4 家机构拥有独立场地,其余均通过租借教室开展教学培训工作,教学场地与设施严重不足,卫生条件也达不到标准。由于没有完备的财政制度,成人教育更加无法得到有力的资金支持,主要通过国际组织的项目资助,而能否申请到足够的经费也并不确定。

（三）教育需求迅速增长，城乡儿童受教育机会不均，教学资源不足

根据蒙古国人口移民调查报告，有大量移民人口迁移至乌兰巴托、达尔汗、额尔登特这三个城市。在移民人口中，每 10 人就有 1 人迁移至乌兰巴托及中心地区，在乌兰巴托生活的人口中每 3 人就有 1 人为移民人口。乌兰巴托年均人口增长率为 6%，是全国人口增长率的 3.3 倍。在人口数量不断增长的同时，乌兰巴托日益加快城市化步伐，导致教育资源供应不足、分配不均问题突出。从学前教育来看，蒙古国幼儿园现有床位数与容纳儿童的能力不足，班额人数过多，教学场地与用具不足，甚至幼儿环境与安全卫生问题也仍需加强，幼儿园建设的速度不能满足蒙古国儿童人数迅速增长的需求。在基础教育领域，教学场地、教学资源紧缺。2019 年，乌兰巴托仍有 180 所中小学校实施三班轮流制教学模式，部分学校甚至出现四班制轮流教学现象。与此同时，地广人稀的人口密度现状也为基础教育的均衡发展带来挑战，牧区幼儿园与学校数量较少，无论教学资源、学生还是教师数量都有较大缺口。大量牧民从牧区迁徙到乌兰巴托，但国家没有对全国学校布局进行合理调整，导致了牧区资源稀缺而首都人满为患的局面。同时，由于蒙古国地广人稀，牧民居住较为分散，牧民子女上学路途一般较远，特别是初高中阶段基本依赖住宿学校。虽然蒙古国不断改善学校住宿条件，增加床位，提供政府补贴，但牧民子女仍面临上学难问题。来自牧区或低收入家庭的儿童和少数民族儿童的认知、语言和社会心理技能均落后于城市儿童。从高等教育和职业教育分布来看，牧区教育资源稀缺，受教育机会不平等的问题同样存在。同时，贫困仍然是影响教育覆盖率的负面因素之一。2018 年，蒙古国贫困率为 28.4%，其中城市贫困率为 27.2%，

牧区为 30.8%,[1] 移民家庭、郊区家庭、单亲家庭的儿童更容易受到贫困的影响。上述问题都为蒙古国教育政策的执行与实施带来了阻碍。

面对上述困难，蒙古国政府一方面不断加大财政与管理投入，另一方面通过与以亚洲开发银行为代表的国际组织密切合作，依托国际合作力量，推动国家教育领域向前发展。亚洲开发银行全面参与了蒙古国教育政策的规划，并通过具体改革项目推进蒙古国教育发展。例如，2007—2015 年基础教育学制过渡期间，由 10 多名蒙古国内外顾问组成的团队参加了 2008 年亚行的"第三项计划"，为所有改革课程设置了结构与方案标准，为编写、审查教科书，制定教学计划，评估教师教学工作提供了便利。2015 年，亚行为蒙古国基础教育改革与管理提供了技术援助。2020 年，蒙古国通过了第四次教育政策总体规划文件，即《2021—2030 年教育领域中期发展纲要》，这也是由蒙古国教育科学部与亚洲开发银行共同起草、进行前期研究、评估、规划而完成的。除亚行外，蒙古国政府与联合国专门机构、外国政府、国际金融和专业组织之间的伙伴关系也为蒙古国各层级教育、教学大纲、教科书、教学理论与方法的改革与发展做出了贡献。

---

[1] 资料来源于世界银行官网。

第十一章 教育行政

蒙古国《教育法》规定，教育是国家优先发展的领域，应得到国家的支持、协调，受国家和公众的监督。蒙古国教育制度由正规教育和非正规教育组成，包括学前教育、基础教育（中小学）教育、职业教育和高等教育。教育机构也为营利与非营利性质并存，后者包括公立的教育与培训机构。学前教育与基础教育机构对应幼儿园和中小学；职业教育机构则采取科技专科学校和职业培训与生产中心相结合的形式运行，科技专科学校是从事技术培训的机构；高等教育机构为大学、高等学院和学院，大学分为学术研究-教学-生产类和学术研究-教学类，高等学院分为教学-研究类和音乐学院类，学院分为教学类和教学-生产类。蒙古国教育行政管理部门由负责教育工作的中央和地方行政组织、区域行政管理部门、教育机构及其下属管理部门组成。在各省、首都及首都各区都设有教育行政管理单位。对于各省及首都教育局所在地区的教育活动政策和发展规划问题，编外委员会具有提供咨询服务的职责。

第一节 中央教育行政

蒙古国国家大呼拉尔下设社会政策教育文化科学常务委员会，负责指导全国教育工作。在中央政府层面，国家教育科学部及相关政府部门共同负责教育政策的规划、实施、评估和制度保障工作。

一、社会政策教育文化科学常务委员会

社会政策教育文化科学常务委员会的主要对应机构为教育科学部、劳动和社会保障部及卫生部。常委会听取上述部门的工作汇报，并向政府提出指导性意见。

根据社会政策教育文化科学常务委员会的工作报告，2018年国家大呼拉尔秋季例行会议期间，常委会共举行11次会议，批准了3项修正案，再次批准了需要遵循的2项法律，并讨论解决了5份下属机构报告和5项审查报告。[1] 常委会还批准了《关于执行〈儿童权利法〉和〈儿童保护法〉的若干措施》相关决议和《在文化艺术领域应采取若干举措》相关决议，具体内容如下。

（一）残疾人的权利问题

劳动和社会保障部向委员会通报《残疾人权利法》及相关法律的落实和执行情况，为加强上述法律法规和政策举措的实施与落实，新设由议员钢包勒德领导的工作组。

（二）儿童权益与儿童保护问题

劳动和社会保障部向委员会通报了《儿童权利法》和《儿童保护法》

---

[1] 资料来源于蒙古国国家大呼拉尔官网。

的执行情况,并批准了《关于执行〈儿童权利法〉和〈儿童保护法〉的若干措施》的决议。常委会和总统办公厅、劳动和社会保障部共同向蒙古国总理提交了《儿童保护现状、挑战和解决方案》对策建议。随后,常委会将批准的决议和建议反馈至劳动和社会保障部、首都行政长官办公室、警察总局、家庭儿童青年发展局等相关负责部门,上述机构须每季度向常委会提供决议执行情况,每半年提供一份总结报告。该决议要求政府和企业应保障员工的工作时间不得超过法律规定时间,应为员工提供与家人和子女共处的时间,政府应在学校、幼儿园、宿舍、公共道路和蒙古包棚户地区进行安全风险评估。

(三)文化领域相关法律与文化遗产保护问题

常委会对《文化法》和《文化遗产保护法》的执行情况进行了审查,审查文化机构相关活动,改进文化和艺术领域的立法工作。常设委员会通过了《在文化艺术领域应采取若干举措》的决议,并负责对决议落实情况进行审查。

(四)监督与审查工作

常务委员会成立了3个具有审查职能的工作组,对大呼拉尔批准的法律和法规的执行情况进行审查和监督。一是审查教育科学部、劳动和社会保障部、卫生部上一年度的投资、绩效和工作执行情况,并明确提出指导性意见。二是审查《文化法》和《文化遗产保护法》的执行情况,审查文化机构的活动,改进文化和艺术领域的立法,就解决紧迫问题提出建议。三是负责加强《残疾人权利法》和其他相关立法的执行,起草关于采取进一步举措的相关决议。

2019 年秋季会议期间，社会政策教育文化科学常务委员会与有关部委和机构合作组织了八次磋商，在教育文化领域通过了保存发展蒙古民族历史、语言、文化、宗教传统和习俗并加强国民团结的法律。

2020 年 6 月，蒙古国举行新一届国家大呼拉尔选举，新国家大呼拉尔将原社会政策教育文化科学常务委员会改组为教育文化科学体育常务委员会，成员 18 人。2020 年 11 月，教育文化科学体育常务委员会与教育科学部共同宣布，在修订《教育法律政策一揽子计划草案》过程中，将对全国所有教师、职工、公职人员、家长和其他公众开展全国调研工作。常务委员会主席蒙赫巴特表示，教育是国家发展的基础，要重视教育，呼吁民众以书面或电子方式对法律草案进行投票。蒙古国自 1963 年通过第一部《教育法》迄今，已修订《教育法》25 次，《高等教育法》10 次，《中小学教育法》6 次，《学前教育法》12 次。本次修订教育法律草案的宗旨是改善教育法律环境，使之符合国际标准。

二、中央教育行政机关相关职责

根据蒙古国《教育法》及相关法律法规，中央教育行政机关应履行以下职责。

在教育立法与制度建设方面，一是组织实施国家级教育立法工作。二是制定、批准、实施、监督、评估和评价教育部门的发展政策、重要方针、规划、概念文件、基本方针准则、规定、条例、计划、项目、指示和方法，并进行监督考核。三是批准正规与非正规教育研究机构的组织结构和章程，批准各省和首都教育部门的运行原则。四是批准并执行教育机构管理者、教师和学生的道德守则。五是通过立法确定正规教育的内容与标准，确定中小学和高等、职业教育的专业方向；非正规教育的内容与标准虽不以立法形式执行，但须由中央教育行政机关批准。六是根据《预算法》制定各级教育标准和规范。七是制定并批准幼儿园、中小学教育机构教职工人员职业发展程序，与国家财政、预算、教育主管部门共同制定批准教师进修培训与方法机构的原则、组织结构。八是制定和批准法律程序，对实施国际项目的中小学和中小学实验室进行教学方案与培训等方面的特殊管理。九是与中央相关行政部门联合制定教育机构餐饮安全标准规范，制定了公立幼儿园、中小学向儿童提供食物和服务的准则。

在教育工作管理、认证与评估方面，一是对教育机构进行国家行政管理，通过正规和非正规教育使公民接受教育和专业培训，提升国民专业发展水平。二是负责注册与颁发学位证书、学历证书及其他学业证书，批准相关教育文凭、证书的范式和办理程序，并对国外文凭进行有效认证。三是评估教育机构的教学活动、教学大纲质量，支持儿童发展，在教育认证领域提供专业指导。四是根据选拔结果，对教育研究机构、教育评估机构、非正规教育研究机构、国立大学、研究机构、高等院校、学院，以及具有国际教学大纲的中小学和中小学校实验室的校长进行任免；承认高等教育的教师、教育和文化研究人员的任教资格。五是监督教学服务是否满足学生需求，是否能够充分保障学生的尊严与自由。

在教育政策落实与保障方面，一是就教育管理者与教职工培训和社会保障相关问题向上级部门汇报，并执行上级部门的相关决定。二是与相关组织开展合作，为幼儿园、各级学校及教育研究机构提供特殊设施、技术手段、设备、教具、书籍。三是为各省及首都教育部门提供专业和方法指导，并在法律范围内向非政府教育机构提供支持和帮助。四是根据政府决议解决助学贷款与无偿援助、国家负担学费等问题；根据当地劳动力需求，按照相关程序向高等院校汇报获得教育贷款基金的学生人数。五是批准授予学校社会工作者专业级别和额外报酬的相关程序。

在教育对外合作与交流方面，一是与外国和国际组织合作。二是为自费或得到对方资助赴国外大学、高等院校、研究机构的学习者提供中介服务，统一进行信息注册。三是承认境外教育机构颁发的学位证书、学历证书及其他学业证书。

在传承国家传统文化方面，为海外蒙古国籍儿童学习蒙古语言、历史、文化和习俗提供支持与帮助。

三、高等教育的行政管理

根据《高等教育法》，蒙古国中央教育行政机关负责对高等教育进行统筹管理，除《教育法》规定的职责权力外，中央教育行政机关在国家政策框架下，支持高等院校的相关活动，为其提供专业指导；同时与其他中央机关合作，联合培养特定领域的专家。

根据《高等教育法》，非营利性的公立与民办高等院校还应通过理事会依法自我管理；校长负责管理学校日常运营情况，并向上级汇报；在大学或高等学院应成立学术委员会，在科技专科学校或技术学院应成立培训方法委员会；由校长批准学术委员会和培训方法委员会的组成及其议事规则；行政会议在校长的领导下进行。

2011年，蒙古国通过《高等教育经费来源与学生社会保障法》，以单独立法的形式对高等教育的经费筹措与学生社会保障进行详细规定。[1] 在经费来源方面，国家中央教育行政机关应当制定高等教育短期与长期发展政策规划，并组织高等院校提交相关信息。公立高等院校的资金来源包括机构创始资金、国家财政预算资金、筹措的研究经费、学生学费、来自合同服务和其他商业活动的经营所得、企业非营利性资金流入、经国家中央管理

---

[1] 资料来源于蒙古国法律信息网。

机构批准备案的商业机构和个人的捐赠、贷款和援助款及其他来源。高等院校的创办者应提供高等教育运营所需的建筑和技术设备，并进行翻新和扩建。公办高等院校固定资产设立、翻新和扩建有关的投资应由国家预算承担。高等院校的研究经费和学费筹措，应由国家审计部门年度审计并向公众告知国家预算支出和使用情况。

接受财政支持的高等院校应符合以下要求：建立有效利用国家预算资金的责任制，并对高等院校运行进行质量评估；协助增加高等教育毕业生就业率，为学生提供财政支持、提供工作和就业的信息，并举办相关活动；建立管理信息和登记制度；有固定资金来源，为学生提供奖学金和助学金；对未能履行合同义务支付学费的学生，建立赔偿责任制度；创建灵活的学费支付形式；高等院校应拥有财务、会计、学费、学生奖学金和社会保障相关的电子数据库，信息应透明，并向公众公开。

在学生社会保障方面，国家为学生获得高质量的教育和创业提供必要的财政支持、奖励措施和社会服务。政府向学生提供财政资助的主要形式如下：一是以国家奖学金和荣誉奖学金两种形式向学生提供奖学金；二是为满足地方专业人才需求，地方行政组织可以为高等院校学生提供财政支持，其支持的类型、数额、条件和程序应由各省公民议会确定，并体现在年度预算中；三是商业实体、机构、非政府组织、公民和教育机构可以以自身名义向符合条件的学生提供奖学金，其条件由资助人确定；四是可以按照政府程序，向出国留学的蒙古国公民提供奖学金和学生贷款；五是由国家预算参与，国家大呼拉尔制定相关程序，发放、取消、减免、偿还包括学费和生活费在内的学生贷款；六是向学生发放贷款，总额不得超过学生学费与生活费的总和，在偿还前不应给贷款人生活造成负担。

在高校学生生活保障方面：一是高等院校应为学生提供学习条件，创造兼职的机会，提供教室、图书馆、公共餐饮、体育馆等活动场地；二是政府应制定统一政策，支持向学生提供信息、社会、文化、健康和体育服务，并进行管理和协调；三是为参加监考、阅卷、学位论文答辩的学生提供报酬；四是中央教育行政机关负责制定、实施统一政策，并进行信息统计，为境外赴蒙古国的留学生提供支持和帮助；五是境外使领馆应负责维持在国外学习的蒙古国公民登记工作，提供有关信息和必要帮助。

四、职业教育的行政管理

蒙古国《职业教育与培训法》规定，政府下设的全国职业教育和培训理事会"对职业教育和培训实施最高管理"，理事会的职能包括制定全国职业教育方针政策；批准、参与并监督职业教育培训预算资金的使用；确保职业教育机构的人力资源保障等。全国职业教育和培训理事会的下级对接单位为劳动和社会保障部，后者负责职业教育政策和规划的实施与协调，为职业教育机构提供支持和指导，并负责职业教育师资与人才培养工作。由于职业教育行业的特殊性，全国雇主联合会、蒙古国工商协会作为非政府组织，在职业教育体系中也发挥了重要作用。这些机构与劳动和社会保障部直接对接，特别在采矿业、重工业、建筑业、交通运输业、食品农牧业和能源产业，向职业教育机构和企业双向提供各类信息和咨询服务，同时也为劳动者提供利益保护和法律咨询服务。在资金来源方面，除国家与地方政府财政预算外，职业教育机构还会得到政府委托项目资金、国际发展援助、国内外企业和个人的捐赠、学费等多元资金支持。

五、成人教育的行政管理

在国家层面，成人教育政策的执行机构为蒙古国教育科学部下属的国家成人（终身）教育中心，由跨部门理事会协调，下辖首都各区与各省成人（终身）教育中心。同时，成人（终身）教育委员会还设有教育评估中心教育研究所、教师专业进修机构，以及审核与认证委员会。国家成人（终身）教育中心的宗旨是使每名公民根据社会发展趋势和个人兴趣接受终身教育，为成人教育提供所需要的教学知识、教学技能、教学环境、教育认证、师资力量和财政支持。中心的优先发展事项为建立终身教育体系、建立开放的教育系统、提高公众意识与参与度、提供预算规划和资金来源。国家成人（终身）教育中心负责制定、实施全国成人教育政策方针，向国家教育部门提供相关信息、理论和方法研究成果，并为地方成人教育机构提供专业指导。参与成人教育服务的各级组织机构的主要工作内容为消除文盲、改善人口素质、向民众传授工作和生活技能，使民众通过劳动增加收入，减少贫困等。

第二节 地方教育行政

一、地方政府、议会、行政长官对教育的领导与管理

蒙古国各省省长、首都乌兰巴托市行政长官，以及负责落实《教育法》的政府官员签署教育服务协议，由当地教育局负责实施国家教育政策，并为学校和幼儿园等教育机构提供专业和方法上的指导。其中，首都地区教育部门应履行的职责由首都行政长官、国家教育行政机关协商确定。具体职责如下。

负责落实教育政策。首先，在地方一级组织实施有关教育的法律法规；其次，对当地是否批准新建中小学、幼儿园进行评估，并为各省省长和首都行政长官提供建议参考；最后，各省省长、首都行政长官、各区县长官

和负责落实的相关区县幼儿园、学校以及所有提供教育服务的机构负责人签署协议，执行教育政策。

负责日常管理并提供支持保障。第一，首都各区区长有义务通过地方政府教育部门对辖区内公立和非公立幼儿园、中小学校进行日常管理；第二，乡镇或街道一级机构有义务根据《教育法》《学前教育法》《中小学教育法》，将每户应享受学前教育和基础教育的适龄儿童纳入受教育范围；第三，各省、首都教育局，首都各区教育部门，应对当地幼儿园和院校提供行政领导和专业协助，并有职责对教育机构的管理者、师资、公民的教育和专业提升进行研究与分析；第四，依法向民办教育机构提供支持和帮助；第五，确定公立幼儿园和学校的覆盖范围；第六，组织选拔当地公立学校校长、幼儿园园长和负责人；第七，通过教育研究机构为幼儿园和学校提供支持；第八，依法向有关部门提交教育报告、数据信息；第九，批准各省和首都各区中小学校服样式等。

负责进行教学活动评估。一方面，客观评价和奖励师生工作，支持改善师生权益的社会保障；另一方面，对教学活动进行审核、评估。

负责落实教师的可持续发展工作。为所有形式的幼儿园和中小学提供专业和方法上的支持与帮助，确保教职工专业技能可持续发展。

除地方政府教育职能机构外，根据《教育法》，地方各省、乡，首都及市内各区公民议会应讨论有关各级和下级关于教育问题的报告并提出指导方针；同时应批准地方公立教育机构发展规划，并监督执行；此外还包括法律规定的其他权力。

二、教育机构的自我管理

根据《教育法》，在教育机构的自我管理方面，各类教育培训机构应由创始人或其授权人任命专职理事会主席或执行主席。在中小学、幼儿园、高等院校及职业培训机构，分别成立理事会。理事会由9—11名教职工、学生、父母和其他组织代表人员通过选举产生，任期3年。

学校和幼儿园理事会应履行以下职能：一是批准、支持并落实学校和幼儿园发展规划；二是确立学校和幼儿园内部组织结构和所有制形式；三是讨论和评估学校和幼儿园的教学活动；四是向学校和幼儿园行政部门及创办人提出建议，以提高教育质量、促进儿童发展；五是支持并监督理事会主席或执行主席的工作活动；六是保障教师、学生及其他教育工作者的权利；七是根据相关程序确定学费金额，对学校和幼儿园的投资和预算计划进行表决，并解决满6岁牧民子女入学问题；八是对学校和幼儿园预算和支出进行监督，了解并报告预算执行情况和财务审计结果；九是编写学校和幼儿园理事会活动报告并提交社区。

教育机构理事会产生办法与职责如下：理事会包含创始人、教师、学生和校友代表，创始人代表占理事会成员的51%—60%。师生代表由社区会议选举产生。理事会成员经选举任命，任期3年，每年更换1/3。理事会应在其任期内每年至少召开两次会议，并至少召集一次特别会议，校长就具体问题向理事会主席提议召开理事会，理事会根据多数票结果做出决策。主席由理事会选举产生。理事会主席如履行职责不力或违反法律，可能被弹劾而提前换届。

《教育法》还规定教育研究机构应有常设机构，在以下领域进行研究和分析，并提供培训服务：一是改善学前及基础教育机构的教育水平、课程内容及课程大纲，促进幼儿园和中小学教师的专业发展；二是开展针对教科书内容、教学法、教育管理、儿童养育、信息和通信技术等领域的专业培训。成人教育培训的教育研究机构，应由当地的成人和非正规教育机构进行综合管理、政策协调，并提供专业和方法指导，组织成人教育领域的师资进修和培训活动。各省、首都、县和区所建的成人教育或非正规教育机构，应独立运营或以培训机构为依托运营。

三、首都及地方教育局案例介绍

本节选取首都乌兰巴托市、与中国唯一有铁路口岸连通的东戈壁省，以及少数民族人口最多的西部边疆省份巴彦乌列盖省作为典型案例，以其教育机构作为切入点，展现蒙古国地方教育的行政管理情况。

（一）乌兰巴托市

乌兰巴托现有917个学前与中小学教学机构，占全国学前与中小学教学机构总数的41.0%，民办幼儿园占80.7%，民办中小学占73.3%。乌兰巴托教育局属地方教育行政机构，负责执行学前教育、基础教育和非正规教育领域的国家政策，并组织各种活动，以保障首都公民的受教育权。教育局受首都公民议会、首都行政长官、首都行政长官办公室直接领导，上级部门为蒙古国教育科学部，下级单位为各区级教育处（区教委）、公办与民办中小学、幼儿园、成人教育机构。教育局的内部机构设置为：局长1名、副局长2名，下设行政管理处、财务投资规划处、教育政策执行处、审查评估处4个部门，全局现有工作人员36人。乌兰巴托教育局的工作宗旨为：负责教育管理者与师生的能力发展；将蒙古人的发展情况介绍给国际社会，使首都教育走在国家前列，根据国际教育的发展趋势提供平等优质的教育服务；提高教学质量与覆盖率，培养具有良好教育、道德、健康、有竞争力的公民。

乌兰巴托教育局负责落实国家关于教育的相关法律政策，组织国际交流培训、组织教师发展培训活动、面向社会招聘中小学教师，以及发布教育报告等。在新冠肺炎疫情期间，乌兰巴托教育局负责向居家学习的中小学生提供全部电子课程资源。

（二）东戈壁省

东戈壁省交通便利，航空、铁路、公路运输条件齐备，该省设有扎门乌德和杭吉两个口岸通往中国，其中扎门乌德是蒙古国通往中国的唯一铁路口岸，是蒙古国对外经济贸易的重要过境物资转运站之一。东戈壁省现有普通中小学校 22 所，其中公立学校 21 所，民办学校 1 所。铁路幼儿园 4 所。铁路等职业培训中心 2 所。医院、诊所等医疗机构 100 多家。省会赛音山达还设有蒙古国立医科大学分校。

东戈壁省教育局负责全省的教育、文化、艺术工作，为全省公民提供教育、文化、艺术领域的行政管理与活动服务，旨在改善教育公平、提高教育质量、不断增加人才资源储备，提高人才能力与价值，为教育机构营造健康、安全的友好环境。东戈壁省教育局曾获系统内排名第二（2005年）、第三（2011年）的好成绩，并于2018年获得全省优秀单位的称号。该机构于1998年成功举办全国蒙古语奥林匹克竞赛，2003年举办全国物理奥林匹克竞赛，2008年、2018年成功举办全国数学奥林匹克竞赛。该机构还专注于教师职业发展，每年集中培训教师100—150名，在地区和当地培训教师900—950名。东戈壁省还每两年在全省举办"教师才艺节""教师体育节""青年教师大会""教师敬拜活动""高级教师论坛"等活动。

（三）巴彦乌列盖省

巴彦乌列盖省属蒙古国西部边疆地区，全省人口10.31万（2018年12月数据），是蒙古国少数民族人口分布最多的省份，其中哈萨克族占93%。

根据2018—2019学年的统计数据，巴彦乌列盖省现有普通中小学校43所，在校生23 192人；幼儿园45家，在园儿童7 238人。此外还有科布多大学分校等高等院校。该省有公共图书馆14个，文化中心13家。

巴彦乌列盖省教育局在省长领导下负责全省的教育、文化、艺术工作，工作指导方针为《蒙古国2030年可持续发展目标》及政府执政纲领等重要文件框架下关于教育、文化、艺术领域的工作目标。截至2020年11月，全局共有21名工作人员，全部为哈萨克人。巴彦乌列盖省教育局主要履行以下职责：一是宣传、组织并实施国家有关教育政策和立法，监督、评估政策实施效果；二是发展当地教育，确定政策与发展方向，制定战略规划并进行实施、协调、监督与评估；三是制定公立教育与地方机构的教育活动计划，提交预算，并就执行情况进行监督、评估，定期向上级单位汇报；四是组织实施地方一级的教育标准、国家课程和培训计划，向有关组织和个人提供专业和方法建议，通过并实施高级专业培训计划；五是组织教育机构、学生、教职工、各界人才参与的研讨会、培训班、竞赛和艺术节等活动，并及时发布报告；六是对各级学校和幼儿园活动进行监督、评估，并就其活动提出建议和结论；七是减少辍学现象，通过正式或非正式形式为公民提供优质高效的教育和职业培训服务；八是组织普通教育学校毕业考试和职业学校入学考试，为公民颁发教育水平证书；九是组织、计划和实施校舍翻新与扩建工作；十是统筹规划各教育机构书籍、乐器、设备、家具、计算机和实验室物品购置工作，并对其使用情况进行监督和维护。

2018—2019学年，巴彦乌列盖省教育局共设11个教育工作目标：一是全面提高教育质量，提高教师的知识与技能并改善管理；二是适当协调哈萨克语-蒙古语双语中小学校蒙古语教材的编写和课程设置问题；三是逐步提高小学蒙古语教师的蒙古语知识和技能；四是组织相关活动，使哈萨克族儿童尊重母语、历史和文化；五是优化高考科目的选择，选拔合格的教师并提高教学质量，将全省高考平均分提高10—15分；六是提高满6

岁儿童的入学率；七是有效实施"反网络歧视"计划；八是提高幼儿园老师的知识能力并促进父母的参与；九是实施"让我们创造无垃圾环境"计划；十是实施"使每个儿童都有才华"和"使每个儿童都成为读者"计划；十一是定期举行比赛，以提高当地师生的蒙古语知识和技能。

第十二章 中蒙教育交流

第一节 交流历史

中蒙两国自1949年建交以来，在教育与人文交流领域保持着良好的合作传统，经历了开端与发展时期、曲折时期、恢复时期、快速发展时期四个阶段。

一、20世纪50—60年代

1952年10月4日，中华人民共和国总理周恩来和蒙古人民共和国总理泽登巴尔在北京签署《中华人民共和国和蒙古人民共和国经济及文化合作协定》，这是中蒙两国建交后签订的第一个政府间协定，也是中蒙教育交流与合作的开始。根据该协定，1958年2月，双方签署了《中华人民共和国和蒙古人民共和国政府文化合作协定》。此后，两国在文化、教育、体育、科技领域的交流不断加深和扩大，主要形式包括举办图片展和美术展、举办电影周、互派艺术表演团体赴对方国家演出、互派体育和文艺代表团、互换留学生、互换出版物和资料等。1960年，两国缔结《中华人民共和国和蒙古人民共和国友好互助条约》，缔约双方重申将根据中华人民共和国和蒙古人民共和国

1952 年 10 月 4 日所签订的经济及文化合作协定，继续巩固和发展两国间的经济、文化和科学技术的合作。据不完全统计，1952—1960 年，双方共举行文艺交流与演出活动 10 余场、展览 11 场、文化周及文化日活动 6 场，并签署文化合作文件 9 份，[1] 包括《中华人民共和国和蒙古人民共和国 1955 年文化合作执行计划》《中华人民共和国和蒙古人民共和国 1956 年文化合作执行计划》《中华人民共和国和蒙古人民共和国政府文化合作执行协定》《中华人民共和国和蒙古人民共和国 1959 年文化合作执行计划》《中华人民共和国和蒙古人民共和国 1960 年文化合作执行计划》《中华人民共和国和蒙古人民共和国友好互助条约》等。

1961—1965 年的中蒙人文交流活动统计显示，双方共进行文化艺术交流演出 6 场，举办展览 1 场，签署文化合作文件 4 份，即《中华人民共和国和蒙古人民共和国 1961 年文化合作计划》《中华人民共和国和蒙古人民共和国文化合作协定 1962 年执行计划》《中华人民共和国和蒙古人民共和国文化合作协定 1964 年执行计划》《中华人民共和国和蒙古人民共和国 1965 年文化合作执行计划》。

二、20 世纪 60 年代末至 80 年代中期

20 世纪 60 年代末到 80 年代中期，中蒙两国文教交流基本处于停顿状态。80 年代中后期，中蒙关系开始回暖，文化、体育、群众团体、边界事务等领域的交流最先得到恢复。1984—1985 年，双方举办了文化艺术类的诸多重要活动。1986 年 6 月，中国驻蒙古人民共和国大使与蒙古人民共和国外交部副部长签署了自 1967 年以来两国政府间第一个年度文化交流计

---

[1] 蒙古国驻华大使馆. 友谊合作的一甲子（1949—2009）[Z]. 2010: 365-379.

划，标志着两国文化教育交流新时期的开始。1989年3月，蒙古外长访华，同年8月，中国外长访蒙，标志着两国国家关系实现正常化。总体来说，1986—1991年，中蒙人文交流合作恢复的步伐逐步加快，主要通过体育、文化交流及民间组织的互访得以巩固。期间举办文化艺术交流演出活动22场，展览4次，签署合作文件4份。

三、20世纪90年代

1992年，蒙古人民共和国改国名为蒙古国，在政治、经济、社会、文化、外交等各领域推行全面改革。中蒙关系也从逐步回暖迈向发展。在中蒙两国政府支持及双方教育与文化界人士的辛勤耕耘下，教育与文化交流得到进一步恢复与发展。1994年，双方修订并签署《中华人民共和国和蒙古国友好合作关系条约》，为中蒙教育与文化交流发展奠定了新基础。在蒙古国社会转型的第一个十年，即20世纪90年代至21世纪初，中蒙双边交流以高层互访为主，人文交流为辅，合作形式为展览、文艺交流演出和文化周等。1992—1999年，中蒙教育与文化交流领域的高层互访主要包括：蒙古国《人民权利报》代表团访华（1992年），蒙中友好协会代表团访华（1994年），蒙古国文化部部长访华（1994年），蒙古和平与友好联合会代表团访华（1995年），蒙古国国家档案馆馆长访华（1997年），中国文化部部长访蒙（1997年），蒙古国广播电视局局长访华（1997年），蒙通社社长访华（1997年），蒙古国文化部部长访华（1999年），蒙古国总统宗教事务顾问访华（1999年），蒙中友协会长访华（1999年）等。

四、21 世纪以来

21 世纪以来,随着中蒙关系不断提升,教育与文化交流迎来快速发展的新时期。2003 年,胡锦涛作为国家主席,首访选择了蒙古国,中蒙两国建立"睦邻互信伙伴关系",中蒙教育与文化交流合作快速发展。经过双方共同努力,2011 年,中蒙关系从"睦邻互信伙伴关系"提升为"战略伙伴关系"。2014 年,习近平主席访问蒙古国,两国关系再次提升为"全面战略伙伴关系"。自中蒙建交以来至 2020 年年底,两国在教育与文化领域签署重要合作文件近 30 份,共建多项合作机制与交流机构,特别是 2014 年以来取得了丰硕的合作成果,具体见表 12.1、表 12.2、表 12.3。

表 12.1 1952—2018 年中蒙两国教育与文化合作重要文件 [1]

签署年份	文件名称
1952	中华人民共和国和蒙古人民共和国经济及文化合作协定
1960	中华人民共和国和蒙古人民共和国友好互助条约
1986	中华人民共和国和蒙古人民共和国 1986 年文化交流计划
1986	中华人民共和国和蒙古人民共和国 1987—1988 年文化合作执行计划
1989	中华人民共和国和蒙古人民共和国 1989—1990 年度科技合作计划
1989	中华人民共和国和蒙古人民共和国 1989—1990 年度文化交流执行计划
1994	中华人民共和国和蒙古国友好合作关系条约
1994	中华人民共和国和蒙古国文化合作协定
1996	中华人民共和国和蒙古国 1996—2000 年教育交流与合作计划
1998	中华人民共和国和蒙古国 1998—2000 年文化交流执行计划
1998	中华人民共和国政府和蒙古国政府相互承认学位学历的协定
2000	利用中国无偿援助款项培养蒙古留学生项目执行计划

---

[1] 现蒙古国教育科学部的名称曾数次更迭,表内各文件均按当时实际情况称谓。该部的名称变化情况见本书第 42 页页下注。本书正文统称教育科学部。

续表

签署年份	文件名称
2001	中华人民共和国和蒙古国政府2001—2003年文化交流合作执行计划
2005	中华人民共和国教育部与蒙古国教育文化科学部2005—2010年教育交流与合作计划
2008	关于组织国际汉语教师中国志愿者赴蒙古国任教的协议书
2010	中华人民共和国和蒙古国相互承认学历、学位证书的协定修订备忘录
2011	中华人民共和国教育部与蒙古国教育文化科学部2011—2016年教育交流与合作执行计划
2011	中华人民共和国科学技术部和蒙古国教育文化科学部2011—2015年科学技术合作协议
2014	中国孔子学院总部/国家汉办与蒙古国教育科学部关于组织汉语教师志愿者赴蒙古国任教的协议
2014	中华人民共和国科学技术部与蒙古国教育科学部关于推进科技人员交流的协议
2014	中华人民共和国文化部与蒙古国文化体育旅游部2014—2017年文化交流执行计划
2015	中华人民共和国教育部和蒙古国教育科学部关于合作设立中蒙专项奖学金项目备忘录
2017	中国科技部与蒙古教育文化科学体育部关于在蒙古国建立科技园区和创新基础设施发展合作的谅解备忘录
2018	中华人民共和国教育部与蒙古国教育文化科学体育部2018—2021年教育交流与合作执行计划

表12.2 中蒙两国教育与文化合作机制

成立年份	合作机制
2010	中华人民共和国和蒙古国联合保护非物质文化遗产合作机制
2014	中华人民共和国和蒙古国青少年互访交流机制
2018	中华人民共和国和蒙古国人文交流共同委员会机制

表 12.3 中蒙教育与文化合作代表性机构

成立年份	机构名称
2008	蒙古国立大学孔子学院
2010	乌兰巴托中国文化中心
2015	蒙古国立教育大学孔子学院
2016	奥特根腾格尔大学蒙中友好交流中心
2018	蒙古国立文化艺术大学汉语文化中心
2018	乌兰巴托市国立第 23 中学汉语教学中心
2018	蒙古国防大学"中蒙友好体育馆"
2018	中央省民族剧院"中蒙友好文化中心"
2018	蒙古国民族大学"中蒙友好汉语中心"

　　回顾中蒙建交 70 年来两国关系的发展史，可以看出人文交流领域的合作已经从举办展览、体育赛事、文化周为主的活动形式，逐步扩大至教育、医疗、卫生、科技、新闻、媒体、青年交流、环境治理等多个领域。上述合作文件、合作机制与合作机构在促进两国互信与友好合作方面发挥了重要作用。2014 年，习近平主席在蒙古国国家大呼拉尔发表演讲，指出中蒙是山水相连的友好邻邦，要做守望相助的好邻居，互利共赢的好伙伴，常来常往的好朋友。中蒙友好已经根植于两国人民心中，这是中蒙关系发展最大的信心和动力源泉。[1] 蒙古国总统巴特图勒嘎也在 2018 年上合峰会期间表示，发展对华友好关系和互利合作是蒙古国外交的优先方向；蒙方希望同中方保持高层交往，密切各领域的交流合作，增进民间友好。中蒙两国支持发展教育与文化交流合作，这不仅符合两国各自的政策目标，有利于增进中蒙两国的民间理解与互信，同时也能够带动中蒙两国及周边地区的繁荣、和平与稳定，对我国"一带一路"倡议与蒙古国"发展之路"战略对接也具有重要意义。

---

[1] 习近平. 守望相助，共创中蒙关系发展新时代——在蒙古国国家大呼拉尔的演讲 [EB/OL]. (2014-08-22) [2020-12-12]. https://www.chinacourt.org/article/detail/2014/08/id/1426177.shtml.

第二节 现状、模式与原则

一、教育交流的现状

中蒙两国自建交以来，在汉语、蒙古语教学，汉学、蒙古学等学术研究，青年交流，互派留学生，大专院校合作等方面，开展了长期深入的交流与合作。

（一）中蒙两国间的高校合作

中国与蒙古国都十分重视汉语和蒙古语的教学研究工作。中国的蒙古语教学始自中蒙两国建交之初，在外国语言文学的学科框架下，1949年8月，北京大学东方语言文学系成立蒙古语言文化教研室并开始招生，是中国最早开始从事蒙古国通用的喀尔喀方言与西里尔蒙古文教学和科研的单位。2015年，北京外国语大学开设蒙古语"三外"课程，2019年招收第一批蒙古语专业的本科生。吉林外国语大学、黑龙江外国语学院、天津外国语大学也相继在外国语言文学学科框架下开设蒙古语专业。此外，在中国少数民族（蒙古）语言文学的学科框架下，西北民族大学、中央民族大学、内蒙古大学等高校均开设了蒙古语言文学专业。上述高校及中国社会科学院、内蒙古自治区社会科学院等研究机构均与蒙古国科学院、蒙古国立大学等蒙古国高校和科研机构建立了学术合作关系，为促进中蒙两国语言文化交流做出了重要贡献。

1957年，蒙古国立大学外语系首开汉语课程，为蒙古人民共和国培养了第一批汉语人才。20世纪90年代以后，随着中蒙友好关系的发展，汉语教育开始升温。进入21世纪后，由于中蒙关系的进一步提升，汉语教学进入了快车道，层次不断深入，规模不断扩大，学习汉语的人数逐年增加，汉语已成为蒙古国大中小学重要外语课程之一。由于师资缺乏，蒙古国教育科学部向中国教育部提出派遣汉语教师的需求，希望中国支持蒙古国开展汉语教学，中国教育部门积极回应。2005—2018年，中国共向蒙古国派遣汉语教师志愿者14批，共计1 644人次，分布于蒙古国8个省市的51所学校，累计教授学生10 000多人次。目前，蒙古国许多高校都设立了汉语专业，中国高校还与蒙古国部分高校合作，建立了孔子学院和孔子课堂。2008年，蒙古国第一家孔子学院揭牌，由山东大学与蒙古国立大学合建，现下辖4家孔子课堂（乌兰巴托大学、国立第23中学、希望中学和达尔汗彩虹中学）和8个教学点。2010年，东北师范大学和蒙古国立教育大学共同开设孔子课堂。2015年，东北师范大学与蒙古国立教育大学、新疆职业大学与蒙古国科布多大学又相继创办了两家孔子学院。截至2018年年底，由中国大使馆援建的各类汉语课堂、文化中心已有10余家，为当地青少年了解和学习中国文化提供了良好条件。蒙古国立大学孔子学院自成立以来，每年举办"汉语奥赛"、"汉语桥"比赛、征文比赛、朗诵比赛、中文歌曲比赛、舞蹈比赛等。孔子学院教学效果良好，已经赢得"学汉语，到孔院"的良好口碑。目前，孔子学院每年举办"蒙中语言文化国际论坛"，2010年成立"蒙古国汉学家俱乐部"，于2010年、2012年两度荣获"全球优秀孔子学院"荣誉称号，蒙方院长其米德策耶荣获2011年度"全球孔子学院先进个人"荣誉称号。2014年，蒙古国立大学孔子学院出版《蒙古国汉学研究》试刊号，2015年正式出版《蒙古国汉学研究》学术期刊创刊号。孔子学院不仅是语言教学的重要平台，也是深化中蒙人文交流、促进多元文明交流互鉴的载体。

（二）互派留学生与青年互访

1953年，蒙古人民共和国开始向我国派遣留学生，留学地点为北京大学，专业为中国语言文学、历史、经济学，这也开启了蒙古青年学生学习汉语的先河。2017年，蒙古国境内大约有50余所大中院校教授汉语，汉语学习人数达9000余人，规模较2003年增加3倍，较2007年增加2倍，其中90%的学生集中在乌兰巴托。目前，中方每年向蒙方提供的不同形式奖学金名额超过500个，除中蒙交流专项奖学金项目外，中国还向蒙古国提供政府奖学金、内蒙古自治区奖学金、孔子学院奖学金等多种奖学金。截至2020年年底，超过1.4万名蒙古国留学生在中国30多个城市攻读学士、硕士和博士学位。其中呼和浩特人数最多，达2000余人，北京、上海也分别有蒙古国留学生近千名。根据联合国教科文组织公布数据，2018年共有1118名中国学生赴蒙古国学习，占蒙古国内留学生人数之首。据蒙古国移民局2020年通报，蒙古国当年新入学的中国留学生人数近1500人。

中蒙青年交流为两国增进民间互信发挥了重要作用。2009年7月，蒙古国时任总理巴亚尔邀请四川地震灾区60名儿童赴蒙古国休养访问。2010年，蒙古国时任总理巴特包勒德邀请青海玉树地震灾区59名学生赴蒙古国友谊国际儿童中心疗养度假。儿童是未来的建设者，是中蒙两国友谊的传递者，中蒙两国青少年相互交流，相互学习，同吃同住，进一步增进了中蒙两国青少年间的了解和友谊，丰富了中蒙友好合作内涵。2014年，习近平主席访蒙，进一步扩大两国人文交流，双方就青年交流达成共识：自2015年起连续5年，中方每年邀请100名蒙古国青年代表访华，蒙方每年邀请50名中国青年代表访蒙，中蒙两国政府间的大规模青年交流机制形成。中蒙两国重视青年发展工作，积极推进中蒙两国青年交流，为中蒙友谊的传承和发展提供了源源不断的动力，增进了两国青年间的交流和了解。

（三）短期培训

中国商务部主办的援外短期培训已在蒙古国开展多年，2014—2016年，经中国驻蒙古使馆选派赴华培训的人员已超过1 000人，涉及经贸、法律、农业、医疗、教育、能源、矿产、生态保护、技术监督、影视传媒等领域，几乎涵盖了所有行业和部门，其中还包括特别为蒙方开设的双边培训班，均取得积极反响。2017年，在中方援外资金项目框架下，中方安排近900名蒙古国学员赴华参加短期培训和学历学位教育。2018年，中国面向蒙古国开展的研修班和培训班包括"中国-蒙古国跨境经济合作建设研修班""蒙古国大棚蔬菜技术培训班""蒙古国专业技术人才培训班""蒙古国戈壁阿尔泰省、科布多省畜牧业培训班""蒙古国戈壁熊技术援助项目培训班""蒙古国'一带一路'共建安保培训班""蒙古国教师职业技术培训班""蒙古国科技园区创新创业人才交流培训班""蒙古国电力技术工程师培训班"等，涉及部门包括中国商务部、中国林业科学研究院、内蒙古农业大学、内蒙古工业大学、内蒙古警察职业学院、兴安职业技术学院、华北电力大学、内蒙古自贸区管委会，蒙古国外交部、蒙古国食品农牧业与轻工业部、蒙古国矿业与重工业部、蒙古国海关、蒙古国检验检疫局、蒙古国移民局、蒙古国副总理办公室等多个单位和部门。蒙古国学员积极参加中方组织的各领域培训，普遍反映切实学到了知识和技能。在"蒙古国戈壁熊技术援助项目培训班"，共15名蒙古国学员接受了林草虚拟现实系统的学习培训，对虚拟现实和可视化技术在自然保护地管理与生物多样性监测方向的应用表现了浓厚兴趣。

二、教育交流的模式与原则

中蒙两国自建交以来，友好交流合作始终是两国关系的主流。两国人民和平相处、守望相助、携手发展，两国教育交流坚持独立自主、平等互利、相互尊重的原则，主要通过以下模式开展合作。

（一）和平友好是教育交流的根本保障

和平友好是中蒙教育交流与合作的根基。中蒙关系实现正常化以来，两国高层交往热络频繁，政治互信不断深化。两国元首就双边关系达成一系列重要共识，为中蒙全面战略伙伴关系在各领域的发展指明了大方向。2014年，习近平主席访蒙，承诺中方将向蒙方提供1 000个培训名额，增加提供1 000个中国政府全额奖学金名额，为蒙方培训500名留学生，邀请500名蒙方青年访华，邀请250名蒙方记者访华，向蒙方免费提供25部中国优秀影视剧译作，为中蒙两国人民间的友谊架起一座又一座桥梁。2020年2月，蒙古国总统巴特图勒嘎成为新冠肺炎疫情发生以来首位访华的外国元首。同年9月，国务委员兼外交部部长王毅对蒙古国进行正式访问，两国守望相助、共克时艰，双方达成了广泛合作共识，同意加快开展"一带一路"倡议和蒙方"发展之路"战略的对接。和平友好的理念深深根植于中蒙两国人民心中，为中蒙两国教育交流提供了坚定的信心与发展动力。

（二）以口岸城市为依托，发展中蒙学前教育交流

中蒙两国的学前教育交流以互派人员、借鉴彼此经验为主要模式。多年以来，我国内蒙古二连浩特市加强与蒙古国人文领域的交流与合作，从接收蒙古国幼儿在中国入园开始，不断巩固与深化往来，双方互派教员学

习交流，借鉴对方先进经验，让幼儿得到不同风格的学前教育。2015年，二连浩特市各公立幼儿园与蒙古国乌兰巴托市、扎门乌德市的幼儿园建立了相应的合作关系。2015年11月，蒙古国乌兰巴托市青格尔泰区第9幼儿园与内蒙古二连浩特市第一幼儿园建立了长期交流合作关系。蒙方幼儿园园长巴雅尔赛汗观摩了二连浩特市第一幼儿园的美术课和音乐课，表示该园在教学过程中注重让儿童得到全面发展，大力培养想象力和创造力，使儿童的主体性得到了完美体现。2016年，内蒙古锡林郭勒职业学院附属幼儿园的新聘教师赴蒙古国乌兰巴托第35幼儿园和第67幼儿园观摩学习，蒙古国幼儿园的管理人员为老师们介绍了先进的办园理念及灵活的办园思路。通过近距离观摩学习，教师们收获颇多，幼儿园整体环境创设的民族性、情景性、开放性、特色性都给中方代表团留下了深刻印象。2017年11月，蒙古国乌兰巴托市巴彦高勒区第164幼儿园的12名教师访问内蒙古克什克腾旗经棚镇蒙古族幼儿园，双方交流了课堂经验，通过观摩听课活动，更加深入地了解了两国幼儿教育的发展状况。

（三）将汉语学习作为中蒙两国基础教育交流的重要内容

进入21世纪以来，随着中蒙两国政经文化等各领域关系的升温，在蒙古国青少年间掀起了学习汉语、了解中国的热潮。汉语教育在蒙古国基础教育体系中的地位得到明显提高，在学校规模、学生数量、师资力量、课程设置、教材设备等方面都有了较大改善。中国有关部门通过派遣志愿者及中文教师，提供教材和教学设备，举办教师访问团、汉语研修班，组织青少年夏令营、汉语知识竞赛、汉字听写大赛等方式，多方面支持蒙古国学生的汉语学习。蒙古国的汉语志愿者教师团队为蒙古国汉语教学事业作出了积极贡献，是中蒙两国友谊重要的民间使者。

2002年，蒙古国汉语水平考试中心在蒙古国立教育大学挂牌，并举办首次汉语水平考试（HSK），至今已组织实施20年，报考人数逐年增加，学生成绩也越来越好，为加深中蒙文化交流作出了积极贡献。目前，除首都乌兰巴托外，汉语水平考试在蒙古国还有达尔汗考场、额尔登特考场，每年都有近千名考生参加，考取中国HSK证书已成为蒙古国每一名汉语学习爱好者的必选项目，为增进中蒙两国人民间的世代友好做出了贡献。此外，"汉语桥"世界大学生、中学生中文比赛对于蒙古国学习汉语的青少年也是重要赛事，多名学生曾经获奖。2020年，蒙古国立大学孔子学院学员古义格荣获"汉语桥"世界大学生中文比赛亚洲组冠军、全球季军，创造了蒙古国选手在此赛事最佳成绩。

蒙古国有育才完全中文中学、旅蒙华侨友谊学校等20余所规模不等的中文中学。其中育才中文中学创办于1997年，是一所私立全日制学校，分小学、初中、高中三个学部。该校推行蒙古语、汉语同步教学，但更注重汉语教学，采取蒙古国籍与中国籍教师双班主任制，采用汉语沉浸式教学法，是蒙古国汉语教学效果最突出的中文学校，多名学生参加"汉语桥"等中文比赛获奖，学生HSK考试通过率较高。

旅蒙华侨友谊学校始建于1964年，现有小学至高中全日制班22个，在校生520名，周末汉语实习班9个，学生120名，其中90%以上是蒙古国学生。该校秉承"友谊、求实、奋进、创新"的校训，培养出一大批汉语成绩优秀的双语人才，为中蒙两国文化教育交流发挥了重要作用。多名学生在"汉语桥"世界中学生中文比赛等各类中文大赛获奖。2009年该校被中国国务院侨务办公室评为"华文教育示范学校"。

（四）在高校搭建平台，推动中蒙人文交流合作

中蒙建交70余年来，两国的高校培养了一批又一批既精通语言，又掌握专业知识的优秀人才，维护着中蒙两国人民的世代友好。特别是近年来，

蒙古国赴华留学生人数增长迅速，很多学生学有所成，成长为中蒙交流的使者，为两国关系发展贡献自身力量。以北京大学和蒙古国立大学为代表的中蒙高校，也积极为蒙古国汉语学子搭建平台，不断向相关企业与机构输送人才。在人文合作方面，高等教育的交流与合作是推进中蒙人文合作的重要保障。随着越来越多的学校建立起汉语中心，越来越多的蒙古国青年喜爱学习汉语、了解中国。蒙方高校的汉学家团队承担着汉语教学与孔子学院建设、中国经典著作译介工作等人文交流领域的重要任务，并取得了丰硕的成果，如以中国四大名著为代表的中国优秀文学作品已经在蒙古国译制出版。

2010年，中国教育部和蒙古国教育科学部共同组织了中国高等教育展，来自中国的清华大学、中国人民大学、北京航空航天大学、上海交通大学、浙江大学等53所高校参加了此次活动。2013年、2019年，中国高等教育展再次走进蒙古国，加深了蒙古国青年学生对中国高等教育的了解，夯实了中蒙两国教育合作的基础。

2019年，应东北师范大学和蒙古国立教育大学倡议发起的"中蒙大学联盟"成立，旨在凝聚中蒙两国高等教育力量，推进中蒙教育人才交流与科研项目合作，促进中蒙两国文化教育的共同发展，将联盟打造成中蒙高等教育的重要合作平台，为"一带一路"倡议和"发展之路"战略对接做出贡献。

（五）在职业教育和教师教育领域合作高效务实

中国商务部主办的援外短期培训几乎涵盖了蒙古国所有行业和部门，内容多为职业技术培训，也包括教师培训项目，均在蒙古国取得积极反响，如跨境经济合作建设培训、大棚蔬菜技术培训、专业技术人才培训、畜牧业培训、安保培训、教师职业技术培训、创新创业人才培训、电力工程师培训等。中方承接培训的机构涵盖政府、高校、企业，范围大、领域广，培训内容契合蒙古国发展需要，也符合"一带一路"倡议下夯实中蒙人文合作、促进民心相通的宗旨与精神。

第三节 案例与思考

一、教育合作中的案例与经验

（一）互派留学生增进民心相通

中蒙两国重视以青年学生为代表的人员往来，在中国政府奖学金的支持下，越来越多的蒙古国学生到中国深造，截至2020年年底，已有超过1.4万名蒙古国留学生赴华学习，与中国和中国人民建立了深厚的感情。2020年新冠肺炎疫情暴发以来，蒙古国政府第一时间宣布向中方提供20万美元捐助；蒙古国社会各界人士自主发起捐款活动，多家公司员工自愿捐出一天工资支援中国。蒙古国留华学生回国后积极参与了"永久邻邦、暖心支持"行动，自主制作公益片《武汉加油》，使用中蒙双语为武汉祈福，此举体现了蒙古国留学生对中国人民的真挚情谊。蒙古国驻华大使巴德尔勒表示："对于这些留学生来说，中国就是他们的'第二故乡'。"

（二）切实为蒙古国儿童发展事业谋福利的中方援助

长期以来，中国通过援建校舍、医院、儿童发展中心等形式，对蒙古国教育与文化领域提供无私援助，帮助蒙方提升教育基础设施水平，体现了中国人民与蒙古国人民间的友好情谊。2016年12月，中国驻蒙古国大使馆向乌兰巴托第50幼儿园捐资修建中蒙儿童发展友好中心。2018年3月，中国出资援建蒙古国乌兰巴托那莱河区儿童医院项目，并赠送设备。2018年，中国政府无偿援助的蒙古国学校项目三期相继开工建设，项目共包括7所学校和1所幼儿园，建成后可容纳4 100多名学生。2019年1月，中国政府无偿援助的蒙古国残疾儿童发展中心正式竣工移交，项目总建筑面积约1.5万平方米，拥有250张床位，弥补了蒙古国当地残疾儿童康复设施的不足，是蒙古全国规模最大、功能最齐全、设施最先进的残疾儿童治疗康复场所。蒙古国教育科学部部长朝格卓勒玛表示，近年来中方援建多所学校和幼儿园项目，让更多的蒙古国儿童有机会享受优质教育资源，蒙方对此表示感谢。蒙古国教育科学部愿同中方有关部门不断深化交流与合作，落实好这些项目，为两国民心相通作出贡献。2019年，由北京大鸾翔宇慈善基金会等中国慈善机构组织的公益活动"风铃行动"走进蒙古国，活动旨在通过捐赠病床、助听器、爱心书包等物资的方式，帮助蒙古国听障儿童成长。蒙古国听障儿童家长纷纷感谢中国朋友带来的现代化设备，表示此举让广大蒙古国听障儿童的家庭在物质上得到帮助，在心灵上得到安慰。2019年11月21日，由中国和平发展基金会援建的乌兰巴托市汗乌拉区儿童医院举行开业典礼，蒙古国卫生部部长萨仁格日勒等蒙方嘉宾表示，中国是蒙古国的友好邻邦，中方急蒙方之所急，想蒙方之所想，汗乌拉区儿童医院的建成缓解了蒙古国儿童医疗资源不足的难题。

（三）凝聚中资机构的公益力量，通过奖学金、助学金项目使蒙古国家庭和儿童受益

为进一步凝聚蒙古国各中资机构的公益力量，更好地促进蒙古国的经济发展和社会进步，中国银行在驻蒙使馆的大力支持下，于2013年、2014

年分别设立"中蒙文化教育基金"和"中蒙社会发展基金"。2017 年,两个基金会合并为中蒙文化教育暨社会发展基金会。基金会设立奖学金,资助蒙古国大、中、小学生学习汉语,并在蒙开展与汉语教育相关的推广活动,以及扶贫救助、居民创业等社会公益事业。该基金会框架下的文化教育项目包括"暖冬计划"、大学生"栋梁计划"助学金项目、中小学生"希望之星"奖学金项目、中小学生"雏鹰计划"助学金项目、大学生"卓越之星"奖学金项目、"雏鹰计划"特困助学金项目等。2013—2019 年,已有累计超过 5 000 个蒙古国家庭和个人受益于基金会项目。受助学生和学生家长感谢中国大使馆和基金会的帮助,表示中方的捐助激发了他们学习汉语的热情,帮助他们完成了继续求学的梦想。他们从中方的帮助中感受到了中国人民的深情厚谊,将刻苦求学,奋发进取,做蒙中友好关系的传承者和发扬者,为蒙中友好关系的发展做出自己的贡献。

中方在力所能及的范围内继续对蒙古教育事业提供支持和帮助,为蒙古国儿童教育、健康和医疗卫生事业发展做出了贡献。

二、建议与思考

蒙古国 2011 年《国家对外政策构想》重要文件提到,文化与人文领域的主要目标是保护蒙古国的游牧文明类型、独特的文化遗产,丰富世界文化的共同成果,恢复振兴历史文化价值,培养专业人才,向国外介绍蒙古国,增加其对蒙古国的兴趣与欣赏,支持发展其他国家的蒙古学研究,使其了解蒙古国人民,增进蒙古国人民与其他国家人民的相互理解与信任。其开展文化与人文外交的具体目标是与其他国家、联合国教科文组织和其他相关国际组织合作,保护与修复历史文物古迹、自然遗产,将物质和非物质遗产在世界文化和自然遗产名录中登记入册。在教育、卫生与社会保障服务方面更加接近国际标准，学习发达国家的经验。在发达国家培养蒙古国发展需要的重要专家人才，为引进国外先进人才创造条件，建立学校与研究机构，支持发展与国外学校、研究机构、教育部门的合作。积极与教育、文化、艺术、体育、公共和信息领域的国际组织交流沟通，签署必要的合作文件，促进同类型组织间直接交流，参加国际文化、艺术和体育活动，并支持在本国举办此类活动。习近平主席在亚洲文明对话大会开幕式上指出，深化人文交流互鉴是消除隔阂和误解、促进民心相知相通的重要途径。这些年来，中国同各国一道，在教育、文化、体育、卫生等领域搭建了众多合作平台，开辟了广泛合作渠道。中国愿同各国加强青少年、民间团体、地方、媒体等各界交流，打造智库交流合作网络，创新合作模式，推动各种形式的合作走深走实，为推动文明交流互鉴创造条件。[1]中蒙两国国情不同、文明类型不同、国家制度也不同，但追求和平与发展是中蒙两国人民的共同心愿。未来，中蒙两国在教育与文化领域的对接与合作仍然有广阔的提升空间。

（一）继续相互尊重发展道路，相互尊重文明类型、宗教信仰与风俗习惯

"文明因交流而多彩，文明因互鉴而丰富。文明交流互鉴，是推动人类文明进步和世界和平发展的重要动力。"[2]"以文明交流超越文明隔阂，以文明互鉴超越文明冲突，以文明共存超越文明优越。"[3]落实到中蒙关系上，既

---

[1] 习近平. 深化文明交流互鉴 共建亚洲命运共同体——在亚洲文明对话大会开幕式上的主旨演讲[EB/OL]. (2019-05-15)[2020-12-12]. http://politics.people.com.cn/n1/2019/0516/c1001-31087124.html.

[2] 习近平. 在联合国教科文组织总部的演讲[EB/OL]. (2014-03-27)[2020-12-12]. http://world.people.com.cn/n/2014/0328/c1002-24761811.html.

[3] 习近平. 弘扬"上海精神"构建命运共同体——在上海合作组织成员国元首理事会第十八次会议上的讲话[EB/OL]. (2018-06-10)[2020-12-12]. http://news.cnr.cn/native/gd/20180610/t20180610_524264903.shtml.

要客观、清晰地认识自我文化和历史，也要尊重他国文化，从国家、民族、历史、宗教等多重角度理解中蒙关系的内涵。

（二）继续保持当前教育与文化领域的交流势头，坚持并完善机制化交流平台，抓住教育与文化合作发展机遇

在交流项目方面，增进中蒙两国科技交流、妇女与青年交流、民间交流，鼓励基础条件较好的中国社会团体和非政府组织拓展民间合作的能力，为中蒙两国人民创造更多双向互动与交流机会。在高校合作方面，继续支持在中国高校开展蒙古语教学，继续支持中蒙两国互派留学生；通过双方合作，进一步完善针对彼此语言文化教学的课程设置；充分发挥两国高等教育的学科优势和特色特长，继续鼓励合作办学。

（三）推动中蒙基础教育领域的教科书编写交流合作

近 10 年来，蒙古国致力于改革基础教育学制，不断更新教科书与核心教学大纲，导致教科书编撰存在淘汰过快、编写仓促、质量低、编写人员专业素养不足等诸多问题。中方可以和蒙方一起探索推动中蒙两国在基础教育领域的教科书编写交流合作，在合作中交流经验，并提供相应的援助。

（四）积极进行软硬件或校舍援助

中方可以针对蒙古国各类教育存在的困难，提供力所能及的援助与合作，使中方援建的学校和幼儿园成为优质典范工程，改善当地中小学生及学前儿童的就学条件，有效缓解乌兰巴托市和蒙古国其他省份教育资源紧缺的现状。

（五）加强高校及中小学教师间的人文交流

研究表明，蒙古国民对华态度是否友好，与其是否有来华经历或者通过各种渠道了解中国，有着很自然的关系。高校及中小学教师是青少年学生了解世界的窗口，未来中方可为蒙古国中小学教师，特别是教科书编写人员提供赴华交流培训的机会，使他们通过切身体会熟悉中国、了解中国，进而将对中国的真实感受传递给蒙古国青少年，通过人文交流增进民心相通。

结　语

蒙古国重视发展人民教育事业，于1921年开始建立现代教育体系，于1940年基本完成基础教育体系的设置。蒙古国现代教育体系分为学前教育、基础教育、高等教育、职业教育和成人教育，其中基础教育又包含小学教育、不完全中学教育（初中）与完全中学教育（高中）三个部分。20世纪80年代末90年代初，受国际形势影响，蒙古国内外思潮发生急剧变化，教育制度与经验开始向市场化、国际化、多元化方向转变。进入21世纪，蒙古国各层次学校和教育机构的数量不断增加，学制、课程设置和教材建设方面也推行了大量改革，各层次学校的课程安排上更加注重民族传统文化的教育，取得了令人瞩目的成就。学前教育形式灵活，逐步扩大城郊和牧区儿童的覆盖范围；基础教育完成了由十年制向十二年制过渡的重大改革，并通过更新核心教学纲要，使基础教育密切衔接高等教育、职业教育；高等教育积极落实可持续发展理念，逐步向国际标准迈进；职业教育专业设置紧贴国家经济发展需要，加强校企合作；成人教育与终身教育相结合，全面推行了全民教育目标。

一、蒙古国现代教育的发展经验值得借鉴

（一）重视教育公平，采取系列举措提高各阶段教育覆盖率

蒙古国的教育政策与社会、经济的发展密切结合，要实现减少贫困、提升社会服务覆盖率与质量、增加就业、缩水城乡差距等政策目标，都离不开对教育事业的关注。由于政府重视保障学生的学习权，并全面支持教育公平，蒙古国儿童受教育的机会和教育质量逐年提高。在学前教育阶段，政府通过建设蒙古包幼儿园、发展替代教育等多元化模式解决教育资源分布不均等问题；在基础教育阶段，蒙古国政府增加学校数量并注重均衡分布；在高等教育阶段，政府通过提供各类奖学金、学生贷款、住宿费、往返路费等方式，资助牧区与偏远地区的学生入学。从2008—2020年的政府执政纲领来看，蒙古国教育覆盖范围不断扩大，幼儿园与校舍数量不断增多，为城市和牧区儿童与青少年提供了更多受教育的机会。

（二）加大财政投入，改善教学环境与学生的学习生活条件

在饮食保障上，政府批准基础教育"午餐计划"，覆盖十万余名小学生；在卫生与健康方面，批准《幼儿园、学校、宿舍用水、卫生和个人卫生规范》，特别值得一提的是牧区和乌兰巴托郊外建立了使用新技术的环保节能幼儿园，既能有效增加儿童入园率，又能够满足儿童卫生健康、学习活动的环境需要；在教材供应保障方面，政府为基础教育涵盖的贫困家庭中小学生提供免费教科书，为少数民族（哈萨克族为主）儿童印刷母语小学教材，提供满足残疾儿童特殊需求的教材，全部费用由政府承担。

（三）在基础教育、高等教育阶段积极推行学制与课程改革

为与国际接轨，实行基础教育制度一体化，蒙古国于 2007—2014 年全面推行基础教育学制改革，将十年制改为十二年制。2014 年以后，全面实现儿童 6 岁入学，基础教育自 2014—2015 学年开始全面实现十二年制的转变，这被蒙古国视为基础教育体系迈向国际水平的重要成就之一。同时，蒙古国不断更新基础教育课程标准，自 2014 年起，推行教育核心课程、必选课程和高级选修课等课程类型，以促进基础教育与高等教育或职业教育相衔接。在完全中等教育课程的高级选修课程中设置学分制，为蒙古国高中生提供多元机会，使他们能够根据自己的兴趣和理想深入学习。为减少高等院校的数量并提高其质量，2010—2015 年，蒙古国教育科学部对国内高校开展认证工作，全国教育认证委员会已认证 72 所高校、250 个课程大纲，并有来自 18 所高校的 90 多门课程获得国际认证，这是蒙古国高等教育质量提升的关键性成果。为增加学术自由度，教育科学部不再确定高校具体专业名称，而仅批准审核课程纲要中的名称和索引。该命令将此前高等教育 24 个领域中 417 个专业改为 10 个方向、181 个课程纲要。高等院校不再提供过多门类的专业教学，而转换为更少的教学纲要，重视培养具备终身学习技能的专业人员。

（四）提高教师薪酬与社会保障水平

在蒙古国，随着《教育法》的不断修订，教师薪酬与社会保障水平不断提高。2017 年，议会通过《支持教师发展法》，对教师的发展和社会保障有了更加明确的规定。2019 年，政府通过《关于更新国家公职人员薪资待遇标准》决议，将教师工资再次提高约 40%。

（五）通过校企合作，探索更加灵活的、符合市场需求的职业教育

在国家资金支持下，蒙古国政府扩大职业技术教育与培训学校运作的自主权。此外，鼓励企业对技术工人的培训进行投资，使他们切实参与国家职业教育人才培养；支持具备实力的企业机构管理层，使其能够参与职业技术教育培训院校工作；推进校企结合，重新考虑制定职业教育培训标准及课程指南，为提高学生和教师能力提供更多方法上的支持，探索更加灵活的、符合市场和雇主需要的职业培训计划。

二、推进中蒙教育交流，夯实两国全面战略伙伴关系

回望中蒙教育交流之历史，结合蒙古国现代教育体系的特点与现状，在"一带一路"倡议框架下，未来两国宜继续通过教育交流，夯实互信基础，使人文交流在润物细无声中浸润两国民众的深厚友谊。

（一）继续坚持独立自主、平等互利、相互尊重的原则，互相借鉴彼此先进经验

和平友好是中蒙两国教育交流的坚实根基与保障。两国在发展教育合作方面，应继续尊重彼此的独立主权、领土完整和各自选择的发展道路，尊重两国不同的文明类型、宗教信仰与风俗习惯。要客观、清晰地认识自我文化和历史，也要尊重他国文化，从国家、民族、历史、宗教等多重角度理解中蒙关系的内涵。

（二）加强教科书编写、课程改革理论与方法领域的合作

蒙古国的教育制度在该领域取得诸多成就，但仍面临教材落后及更新过快影响质量、师资不足、资金与设备不足等问题，应该编写或发展更多满足当前学习需求的教科书与教学资源。中蒙两国可共同探索在教科书编写方面的合作。另外，蒙古国的基础教育、高等教育在课程改革、教学理论与方法领域都有较为深入的发展，两国可在教育教学改革领域推进合作交流。

（三）充分运用"跨部门伙伴关系"机制，发挥中方积极作用

蒙古国教育制度的发展离不开国际援助，在创建和发展国内教育体系的过程中，蒙古国教育科学部与联合国诸多部门、全球和区域性银行与金融机构、外国政府及其他捐助者之间建立了"跨部门伙伴关系"。例如基础教育学制改革、高等教育改革、课程与教学质量评估等重大教育改革事项，均由亚洲开发银行提供方案并予以落实。除亚行以外，其他伙伴关系为蒙古国基础及高等教育的标准、课程及教学方法的发展也做出了重大贡献。中方可积极参与跨部门伙伴关系机制，将优秀的经验和理念传递给蒙方，有效加强两国教育交流与合作效果。

（四）保持人员交流与已有合作力度

对此前文已有详细提及，一是增加留学生与青少年交流；二是增加教师和教育工作者的往来交流，特别是基础教育领域的工作者；三是增加人员培养与培训交流，具体包括为学前教育、基础教育与高等教育培训高水平的师资，为职业教育、成人教育培训高水平的技术人员和专业人员等。

在保持现有人员交流力度的同时，中蒙可探讨联合办学模式，培养两国劳动力市场所需要的国际化、专业化人才。此外，中蒙两国还可就女性教育与就业领域共同开展研究与合作。

（五）在校舍援建、设备更新、奖学金等领域提供力所能及的支持

蒙古国地广人稀，除首都乌兰巴托及各省省会以外，其他地区基础设施落后，学校条件、师资与城市均有较大差距，教学场地与资源缺乏。同时校舍卫生与安全问题也仍然存在，且城乡差异更加明显。中方可以在校舍援建、设备更新、设置奖学金等方面为蒙方提供力所能及的支持与帮助，切实增加校舍场地、提供更多住宿床位、改善校园卫生与安全标准，为学生提供良好的学习环境。

三、蒙古国教育发展的未来走向

（一）继续推进教育领域全覆盖，促进城市与牧区教育均衡发展

人口密度低、城乡差异大、教育资源分布不均是蒙古国教育事业发展面临的重要问题。幼儿园与校舍建设速度难以满足儿童和学生数量的急剧增长，虽然弱势群体的受教育权逐步得到保障，但教育均衡发展仍然需要进一步推进。未来，蒙古国将争取在基础教育中提供不超过两班制轮流教学，完善并推广与传统游牧生活方式相协调的教育规划纲要，到2025年，将基础教育中实施两班制轮流教学的学校数量减少30%，减少班额，全国平均班额人数不超过25人。到2030年，实现所有基础教育学校配备实验室、实验教学设备与器材，将基础教育中实施两班制轮流教学的学校数量减少

50%，继续减少班额，使全国平均班额人数不超过 20 人。

（二）继续为少数民族、残疾儿童、贫困儿童等弱势群体创造学习条件

增加少数民族教科书的普及与使用；设立特殊学校，满足残疾儿童基础教育需要，同时其他学校也应该为残疾儿童入学创造条件；增加牧区学校的入学率。提高牧区的整体入学率，使牧区学生所学专业与当地劳动力市场需求保持一致，使牧区学生的素质达到与城市学生相同水平，提高牧区毕业生的竞争力等。以上都是蒙古国教育部门继续努力的方向。

（三）强调基础教育对蒙古民族传统文化传承的重要价值

2013 年，蒙古国学者集体撰写了《培养合格的蒙古儿童》国家计划，以培养儿童爱国主义思想和生活技能为宗旨，提出少年儿童应该成长为自信、果断、合作、具备终身学习能力、身体健康、有思想、有道德，尊崇母语、文化与传统的公民，提出应由父母、社会与国家通力合作，将"公共儿童"概念发展为"每位儿童发展"的目标。未来，蒙古国将继续培养掌握母语基本技能、能够独立学习、具备通识能力的公民，特别使儿童和青少年以蒙古国为骄傲、为国家传统文化而自豪。

（四）继续推行教育改革，提高国际化水平，落实可持续发展目标

在教育改革中注重培养学生综合能力，努力推动国际化进程，是蒙古国教育事业未来发展的重要目标之一。《蒙古国 2030 年可持续发展目标》提出，应使每一位获得完全中等教育的学生拥有自己的专业目标，并通过开

设核心课程、选修课程、学分制等方式实现。未来，蒙古国拟密切结合教育国际化发展趋势，将生态、健康、经济、法律等学科作为必修课引入基础教育课堂，使学生具备可持续发展的综合能力。在国际化程度方面，将实现蒙古国基础教育体制向国际化过渡，提高教育国际化水平，完成参与教育国际化评估（PISA）准备工作，纳入教育国际质量评估范围，逐步提升教育国际质量评估排名。

蒙古国现代教育起自20世纪20年代，并于20世纪90年代以来逐步实现了教育制度全面革新，虽然在发展阶段仍面临一些困难，但政府通过诸多努力，关注教育公平、改进学制、积极推进教育改革，其具有鲜明特色的教育模式、教育理念与方法有许多值得研究、借鉴与学习之处。"关系亲不亲，关键在民心"，中蒙两国政府支持民间友好，中方愿加强教育交流与合作，增进两国人民的理解与互信，实现中国"一带一路"倡议与蒙古国"发展之路"战略的对接，使教育交流在中蒙两国多元文明交流互鉴中切实发挥积极作用。

参考文献

一、中文文献

北京师范大学国际与比较教育研究院. 国际教育政策与发展趋势年度报告（2015）[M]. 北京：北京师范大学出版社，2016.

鲍里奇. 有效教学方法 [M]. 9 版. 杨鲁新，译. 上海：华东师范大学出版社，2021.

本书编写组. 习近平总书记教育重要论述讲义 [M]. 北京：高等教育出版社，2020.

达力扎布. 蒙古史纲要 [M]. 北京：中央民族大学出版社，2011.

樊明方. 1911—1921 年的外蒙古 [M]. 西安：西北工业大学出版社，2015.

方汉文. 比较文化学新编 [M]. 北京：北京师范大学出版社，2011.

冯增俊，陈时见，项贤明. 当代比较教育学 [M]. 2 版. 北京：人民教育出版社，2015.

格利克曼. 教育督导学：一种发展性视角 [M]. 10 版. 任文，译. 上海：华东师范大学出版社，2021.

顾明远. 顾明远教育演讲录 [M]. 北京：人民教育出版社，2014.

国家信息中心"一带一路"大数据中心. "一带一路"大数据报告（2017）

[M]．北京：商务印书馆，2017．

郝时远，杜世伟．蒙古 [M]．北京：社会科学文献出版社，2007．

贺国庆，朱文富，等．外国职业教育通史 [M]．北京：人民教育出版社，2014．

教育部课题组．深入学习习近平关于教育的重要论述 [M]．北京：人民出版社，2019．

李春生．比较教育管理 [M]．南京：江苏教育出版社，2008．

刘江红．中国社会结构变动与文化政策演进 [M]．北京：社会科学文献出版社，2016．

刘捷，谢维和．栅栏内外：中国高等师范教育百年省思 [M]．北京：北京师范大学出版社，2002．

刘捷．教育的追问与求索 [M]．北京：人民出版社，2021．

刘捷．专业化：挑战 21 世纪的教师 [M]．北京：教育科学出版社，2002．

刘进，张志强，孔繁盛．"一带一路"高等教育研究（2019）：国际化展望 [M]．北京：北京理工大学出版社，2020．

刘进．"一带一路"学生流动与教育国际化 [M]．北京：北京理工大学出版社，2020．

刘生全．教育成层研究 [M]．北京：教育科学出版社，2011．

卢晓中．比较教育学 [M]．北京：人民教育出版社，2020．

陆有铨．教育的哲思与审视 [M]．北京：人民教育出版社，2016．

马健生．比较教育 [M]．北京：高等教育出版社，2010．

戚万学．现代西方道德教育理论研究：上卷，下卷 [M]．北京：人民教育出版社，2020．

秦惠民，王名扬．高等教育与家庭流动 [M]．北京：科学出版社，2019．

任钟印．东西方教育的覃思 [M]．北京：人民教育出版社，2017．

桑戴克．世界文化史 [M]．陈廷璠，译．上海：上海三联书店，2005．

单中惠．在世界范围内寻觅现代教育智慧 [M]．北京：人民教育出版社，

2014.

石筠弢．学前教育课程论 [M]．2 版．北京：北京师范大学出版社，2014.

史习成．蒙古国现代文学 [M]．北京：昆仑出版社，2001.

孙有中．跨文化研究论丛 [M]．北京：外语教学与研究出版社，2019.

滕大春．教育史研究与教育规律探索 [M]．北京：人民教育出版社，2019.

滕大春．美国教育史 [M]．2 版．北京：人民教育出版社，2001.

万作芳．谁是好学生：关于学校评优标准的社会学研究 [M]．长春：吉林人民出版社，2006.

王承绪，顾明远．比较教育 [M]．5 版．北京：人民教育出版社，2015.

王定华，秦惠民．北外教育评论：第 1 辑 [M]．北京：外语教学与研究出版社，2019.

王定华，杨丹．人类命运的回响——中国共产党外语教育 100 年 [M]．北京：外语教学与研究出版社，2021.

王定华，曾天山．民族复兴的强音——新中国外语教育 70 年 [M]．北京：外语教学与研究出版社，2019.

王定华．教育路上行与思 [M]．北京：人民出版社，2020.

王定华．美国高等教育：观察与研究 [M]．北京：人民教育出版社，2016.

王定华．美国基础教育：观察与研究 [M]．2 版．北京：人民教育出版社，2021.

王定华．中国基础教育：观察与研究 [M]．北京：人民教育出版社，2021.

王定华．中国教师教育：观察与研究 [M]．北京：人民教育出版社，2020.

王浩．启蒙与建构：策·达木丁苏伦蒙古文学研究 [M]．北京：北京大学出版社，2016.

王晓辉．比较教育政策 [M]．南京：江苏教育出版社，2009.

乌本．校长创新领导力：引领学校走向卓越 [M]．8 版．王定华，译．上海：华东师范大学出版社，2021.

吴式颖，李明德. 外国教育史教程 [M]. 3 版. 北京：人民教育出版社，2015.

吴遵民. 教育政策国际比较 [M]. 上海：上海教育出版社，2009.

习近平. 论坚持推动构建人类命运共同体 [M]. 北京：中央文献出版社，2018.

习近平. 习近平谈"一带一路" [M]. 北京：中央文献出版社，2018.

谢维和. 教育活动的社会学分析：一种教育社会学研究 [M]. 修订版. 北京：教育科学出版社，2007.

谢维和. 我的教育觉悟 [M]. 北京：人民教育出版社，2016.

徐辉. 国际教育初探——比较教育的新进展 [M]. 2 版. 成都：四川教育出版社，2005.

杨汉清. 比较教育学 [M]. 3 版. 北京：人民教育出版社，2015.

叶留金. 苏联高等学校 [M]. 张天恩，曲程，吴福生，译. 北京：教育科学出版社，1983.

裔昭印、徐善伟，赵鸣歧. 世界文化史 [M]. 增订版. 北京：北京大学出版社，2010.

苑大勇. 终身学习视角下英国高等教育扩大参与政策研究 [M]. 北京：高等教育出版社，2013.

曾天山，王定华. 改革开放的先声——中国外语教育实践探索 [M]. 2 版. 北京：外语教学与研究出版社，2019.

郑通涛，方环海，陈荣岚. "一带一路"视角下的教育发展研究 [M]. 广州：世界图书出版广东有限公司，2017.

祝贺. 外国学前教育史 [M]. 北京：中国人民大学出版社，2019.

二、外文文献

BANDII R，KHISHIGBUYAN D. School dropouts in Mongolia[M]. Ulaanbaatar：Institute for Education Development, 1996.

LATTIMORE O. Nomads and commissars (Mongolia revisited)[M]. New York：Oxford University Press, 1962.

UNESCO Education Sector. Mongolia education policy review: towards a lifelong learning system[M]. UNESCO, 2020.

Б. Баабар. Монголчууд: Нүүдэл суудал, II боть[M]. УБ：NEPKO хэвлэлийн газар, 2006.

Б. Пунсалдулам. Шинэ соёл монголд төлөвшсөн түүх (XX зуун)[M]. УБ, 2018.

Г. Чулуунбаатар, Б. Даш-Ёндон. Монголын Нийгмийн Өөрчлөлт[M]. УБ：ШУА-ийн Философийн хүрээлэн, 2013.

О. Батсайхан, З. Лонжид. Монголын түүх (1911—2017)[M]. УБ, 2018.

С. Байгалсайхан. XX зууны Монголын уран зохиол[M]. УБ, 2017.

Ш. Шагдар. Монголын боловсролын түүх[M]. УБ, 2017.

Ч. Дашдаваа. БНМАУ дахь соёлын хувьсгал: түүхэн туршлага, орчин үеийн асуудал[M]. УБ, 1989.

Дэлхийн Банк. Алсын хараа 2050: Боловсролын салбар эрх тэгш байдал, үр ашиг, үр дүнг нэмэгдүүлэх нь[M]. УБ: БСШУЯ, 2020.

Бага насны хүүхдийг хөгжүүлэх боломж: Сайн туршлагын эмхэтгэл[M]. УБ：Японы Хүүхдийг Ивээх Сангийн Монгол дахь хөтөлбөр, 2017.

БНМАУ-ын соёлын түүх, I, II боть[M]. УБ：Улсын хэвлэлийн газар, 1981.

Монгол Ардын Хувьсгалт Намын тогтоол, шийдвэр, баримт бичгүүд[M]. УБ：Улсын хэвлэлийн газар, 1989.

МАХН-ын их бага хурал, Төв Хорооны бүгд хурлуудын тогтоол, шийдвэр

(1921—1939)[M]. УБ, 1956.

МАХН-ын их бага хурал, Төв Хорооны бүгд хурлуудын тогтоол, шийдвэр (1940—1956)[M]. УБ, 1956.

МАХН-ын их, бага хурал, Намын Төв Хорооны бүгд хурлуудын тухай (1921—1982)[M]. УБ, 1983.

Монголын соёлын түүх, I, II, III боть[M]. УБ, 1999.

Монгол Улсын боловсролын суурь мэдээллийн тайлан 2019[M]. УБ: БСШУСЯ, БХ, ЮНЕСКО-ийн Монголын үндэсний комисс, 2019.

Монгол Улсын түүх V боть[M]. УБ: ШУА Түүхийн Хүрээлэн, 2003.

Монголчууд—Нийгэм журамд давшин орон нь (1924—1959)[M]. УБ: Монсудар хэвлэлийн газар, 1989.

Монголчуудын түүх, соёлын атлас[M]. УБ, 2004.

Насан туршийн боловсролын үндэсний төвийн 2019 оны үйл ажиллагааны тайлан 2019[M]. УБ: Насан туршийн боловсролын үндэсний төв, 2019.

Хорьдугаар зууны монгол: түүхийн тойм[M]. УБ: Монгол Улсын Шинжлэх Ухааны Академийн Түүхийн Хүрээлэн, 1995.

Хүүхдэд ээлтэй цэцэрлэгийн өөрийн үнэлгээ[M]. УБ: БШУЯ, НҮБ-ын Хүүхдийн сан, 2013.